中央民族大学“985”“211”工程项目成果
中央民族大学管理学文库

民族地区公共文化建设研究

Public Cultural Construction in Ethnic Regions in China

周晓丽◆著

中央民族大学出版社
China Minzu University Press

图书在版编目（CIP）数据

民族地区公共文化建设研究/周晓丽著．—北京：中央民族大学出版社，2013.11

ISBN 978-7-5660-0561-8

Ⅰ．①民…　Ⅱ．①周…　Ⅲ．①民族地区—公共管理—文化工作—研究—中国　Ⅳ．①G127

中国版本图书馆 CIP 数据核字（2013）第 275094 号

民族地区公共文化建设研究

作　　者　周晓丽
责任编辑　宁　玉
封面设计　范　凡
出 版 者　中央民族大学出版社
　　　　　北京市海淀区中关村南大街 27 号　邮编：100081
　　　　　电话：68472815（发行部）　传真：68932751（发行部）
　　　　　　　　68932218（总编室）　　　　68932447（办公室）
发 行 者　全国各地新华书店
印 刷 厂　北京华正印刷有限公司
开　　本　787×1092（毫米）　1/16　印张：13
字　　数　270 千字
版　　次　2014 年 3 月第 1 版　2014 年 3 月第 1 次印刷
书　　号　ISBN 978-7-5660-0561-8
定　　价　42.00 元

总 序

中央民族大学管理学院从2002年12月组建至今已逾十载，现在已发展成为横跨管理学和法学两大学科门类，设有九个本科专业、十四个硕士学位（含两个专业学位）点、两个博士学位点的综合性管理学院。伴随着这种进步与成长，学校的管理学科也从无到有，逐渐成长壮大，初步形成了以研究民族地区管理问题为中心的特色，对促进少数民族地区社会发展产生了积极影响。

要使这种正面效应长期稳定地发展下去，需要借助多种途径，搭建多个平台，让研究者有展示成果的渠道，也使社会有了解我们的窗口。基于这种认识，为了激发广大教师研究民族地区管理问题的热情与坚持，深化和拓展大家的科研意识，增强全院教师教书育人、追求真理的历史使命感，在探索和碰撞中产生新的思想、培养科学精神、形成新的理论，进而推动学科的发展，我们决定资助出版“中央民族大学管理学文库”，探索建立适合中国少数民族地区管理研究的模式。

从学科建设的角度看，国内外的经验表明，高校是科学研究和培养人才的重要基地，学科的综合实力体现了学校的水平，是社会评价和认识学校的重要指标。世界上一流大学无不有若干学科居于国际前列。建设和完善特色鲜明的管理学科，不仅是管理学院发展所需，也是学校总体学科建设的重要组成部分。建设优秀的师资队伍是学科建设的根本所在，积极开展和促进国际、国内的学术交流，出版学术书刊，为研究者开辟成果展示窗口，有利于形成浓郁的学术氛围，提升学科的科研水平，是支持和培育师资的一个重要方式。

策划和出版我院研究成果是酝酿已久的事情。早在五年以前，我们就在“学生论文大赛”、“青年学者论丛”、“博士文库”等几个方面做了尝试，并取得了初步成果，积累了一定的经验。以此为基础，为了便于管理、统一格式规范，从整体上提高著作成果的质量，协调研究内容，我们将把得到院内资助的出版成果统称为“中央民族大学管理学文库”。

需要说明的是，目前的出版资助成果是以学院已有的学科为基础形成的，在内容上涵盖了公共管理、工商管理、政治学等几大门类，这些成果或是以研究者的教学为基础提炼形成的教材，或是以研究者的科研课题为基础产生的独立成果，或者是两者兼具。但不论如何，都直接或间接地服务于教学，促进了我院整体教学水平的提升，发挥了科研带动教学水平提高的作用。随着学术研究的深化，会有一些新兴学科出现,相应的,我们的教学和科研也会有新的调整,资助出版的成果也要顺应这种变化。高等教育不仅要教书育人,也要不断寻找新的学科生长点,努力创新和追踪知识发展,这样才能使教学和学科建设充满生机。

学科建设的载体是科学研究,关键是梯队建设,特别是学科带头人的培养。要想在当前竞争激烈的环境中求得生存、赢得发展,确立自身的地位,就需要形成特色鲜明的学科,选择能在国内外产生重大影响或独辟蹊径的研究方向。中央民族大学所肩负的历史使命,要求我们学院从管理学的角度为国家培养人才,为党和政府建言献策,促进社会的和谐有序发展。民族地区的特殊环境、我们所担负的特殊使命,为我们发展特色学科提供了独特的条件。

管理是一种人与人交往的活动,需要以尊重彼此的文化风俗习惯为基础,在相互作用中形成合力、发挥作用。民族在本质上是一个文化共同体,相互之间的差别主要在于信仰、价值观与生活习惯的独特性。如何将现代管理学理论应用于特定的文化环境,解决具体的问题,是目前管理学研究需要化解的困境。本丛书即以研究普遍性管理学理论的特殊化应用为着力点。

回顾十余载的发展历程,我们清晰地认识到学院学科的发展脉络:必须立足于少数民族地区、必须深入实地了解具体情况、必须着眼并服务于党和国家的工作大局,为国家统一、民族团结进步发挥智库功能。管理学讲求效率,我们要积极为国家在资源配置、公平价值建设等方面发挥应有的作用。

学术的发展需要长时间的积累,是一个前赴后继的承继过程。我们建设"管理学文库",就是要倡导传承学院已有的文化,弘扬开拓精神,激发广大教师对教育、科研事业的热爱、投入,增强其自身的使命意识。我们编纂的这套"管理学文库",从不同角度、以不同形式探寻了民族地区管理学的应用特征,分析其演化源流,揭示了理论适用的条件,弥补、充实了已有认识的不足。

这套丛书不论形式、文体如何,要向社会传递的信息是:少数民族地区的管理问题是中国管理学的有机组成部分,与我们的国情紧紧相连,它亟须得到开拓、深化,以适应、引领不断发展变化的建设实践。

我们积累今天,是为了丰富未来。"日出江花红胜火,春来江水绿如蓝",管理学科在中国的发展正值一个百花齐放、春意盎然的时节。"春山磔磔鸣春禽,此间不可无我吟"。中央民族大学的管理学研究虽然起步较晚,但发展势头强劲,特色优势明显。我们广大教学科研人员对知识、真理孜孜以求,对民族地区管理学的发展前景充满了期待,坚信通过大家的共同努力,会在教书育人、学科发展、社会建设等方面发挥积极效应。

在这套丛书出版之际,谨以此为序,作为对研究者的希冀和对社会的郑重承诺!真诚希望广大读者提出宝贵意见和建议。

李俊清

2013 年 11 月

目 录

导　言

第一节　研究的背景及意义

一、研究背景

文化作为一个民族的灵魂，是国家和地区持续、协调、全面发展的重要内容和精神动力。同时，文化又是一个民族的根基，是促进一个国家不断进步、不断创新的源泉。文化构建属于上层建筑，上层建筑可推动经济基础的发展，文化产品作为文化的载体，对于文化的传播、承载与升华有着重大的意义。而公共文化产品作为文化产品的一种，具有广泛性、公益性等公共产品所具有的一般特征。公共文化产品可使广大群众得到物质和精神层面的双重享受，并且其对于整合社会秩序，促进社会全面发展有着极为重要的作用。因而，如何加大公共文化产品的供给量，如何进行有效率的公共文化产品供给，如何提高公共文化“供给——产出”率，如何让公共文化产品供给的内容与数量与群众的需求保持同步等一系列问题，非常值得我们去探讨。

我国的公共文化的服务体系是在不断的摸索之中坎坷前进的。从计划经济体制下的公共文化产品供给向市场经济体制下公共文化产品的供给转变经历了相当长的时间，在这期间我们看到了政府在公共文化产品供给方面取得的成就，而另外一方面存在的问题也值得我们深思。2006 年《中华人民共和国国民经济和社会发展第十一个五年规划纲要》指出：“要积极发展文化事业和文化产业，创造更多更好适应人民群众需求的文化产品，加大政府对文化事业的投入，逐渐形成覆盖全社会比较完备的公共文化服务体系。”① 2007 年 6 月，中共中央政治局会议进一步指出：“加强公共文化服务体系建设的目标任务是按照结构合理、发展平衡、网络健全、

① 国家“十一五”时期文化发展规划纲要，http：//news. xinhuanet. cn/.

运行有效、惠及全民的原则，以政府为主导，以公益性文化单位为骨干、鼓励全社会参与，努力建设公共文化产品生产网络、设施网络、资金人才技术网络、组织支撑和运行评估为基本框架的覆盖全社会的公共文化服务体系。”① 党的十七大报告再次提出：“保障人民基本文化权益，使社会文化生活更加丰富多彩。”温家宝总理在2010年的政府工作报告中也十分强调：“政府要更好地履行发展公益性文化事业的责任，保障人民群众的基本需求和权益。文化基础设施建设和公共文化资源配置要向基层、特别是农村和中西部地区倾斜，推进美术馆、图书馆、文化馆、博物馆免费开放，丰富人民群众的精神文化生活。”由此可见，政府已深刻认识到公共文化供给的重要性，并出台一系列的政策条例对公共文化服务体系的构建加以规范。从纵向来看，我国公共文化服务体系正在向一个更加成熟的阶段迈进。公共文化服务的范围扩大：从城市走向到农村；公共文化产品的供给主体趋于多元化：从政府逐渐向政府、企业、社会公益组织协调供给；服务体系管理的系统化：从单一的公共文化产品供给管理逐渐转向生产管理、人员管理、技术管理、资金管理、绩效管理的多层次管理体系。

2005年，中央提出了建设社会主义新农村的战略任务，用“生产发展、生活宽裕、乡风文明、村容整洁、管理民主”20个字描绘出了一幅新农村的美好蓝图。其中，“乡风文明”是文化下乡的使命。近年来，虽然一些地区的农村经济发展速度较快，但文化生活却单调乏味，存在文化基础设施落后、文化体制不完善、机制不活等问题。在党中央关于开展科技、文化、卫生“三下乡”的政策出台后，政府部门和社会各界都为新农村建设提供了大量的物资。在这一过程中，文化下乡以生动有效的形式进行着，比如：建立乡镇文化站，图书室，义务支教，相关农业政策法规宣传，农业知识讲座，文艺演出，露天电影等。文化下乡形式的多样性，调动了全社会的积极性。

另外，在发展少数民族文化事业方面，国家制定了许多特殊的优惠政策，保护和发展少数民族文化艺术，继承少数民族优秀文化艺术传统，集中力量完成边疆和少数民族地区的文物调查；扶持少数民族剧种建设；充分发挥少数民族地区的优势，开发利用少数民族地区丰富的文化资源；加强少数民族地区的文化设施建设，因地制宜地搞好少数民族地区的各项文化建设，促进各民族文化的共同繁荣。为了扶植和帮助各少数民族发展文化事业，国家实行了对少数民族地区文化设施建设、文艺人才培养、对外文化交流、文物保护“四优先”政策。

二、研究的现实和理论意义

现实中，不同地区的社会公众对公共文化产品和服务的需求不同。特别是在多

① 文化发展论坛：http：//www.ccmedu.com.cn/.

民族聚居的地区，由于受民族、历史、经济状况、风俗习惯的影响，不同族群对公共文化产品和服务的需求存在巨大的差异性。如何根据民族地区不同公众的需求提供令人满意的公共文化产品和服务，是公共文化服务体系建设中必须面对和解决的问题。

总的来说，对民族地区公共文化服务进行研究具有重要的现实和理论意义。一是立足于民族地区不同公众对公共文化产品和服务的不同偏好，探索适合民族地区公众需求的公共文化产品和服务供给模式，提高民族地区公众对公共文化活动的参与度和满意度。二是通过反思民族地区以前公共文化产品和服务供给方法和评价体系，重点关注公众对公共文化产品和公共文化活动的需求度、满意度和参与度，构建公众评价公共文化产品和服务指标体系，审视民族地区公共文化服务体系的发展规律和供给策略，为公共文化产品和服务的供给研究开辟新的思路和方法，拓展政府公共文化管理的研究视野，丰富其基础理论。

第二节 国内外研究现状述评及研究思路

一、国内外研究现状述评

我国对公共文化服务相关内容的研究，虽然是近几年才被提到研究日程，但日益受到国家的重视。2010 年文化部成立了由清华大学、北京大学、中国社会科学院等高校和科研机构的 13 名专家组成的国家公共文化服务体系建设专家组，负责国家公共文化服务体系的研究和规划工作。

从宏观层面，陈威（2006）、李景源、陈威（2007）、王列生、郭全中、肖庆（2009）对公共文化服务体系的构成、支持保障系统、绩效管理与评估与公民文化权利的实现以及公共文化发展中的问题等进行了研究讨论。叶辛、蒯大申（2007），奚建华（2009）分别以上海和浙江为例，对公共文化服务体系建设中的问题进行调查和反思，并对英美等国公共文化体系及其特点进行介绍，使我们对国外相关体系进行了解和借鉴。章建刚、陈新亮、张晓明（2008）以调研报告的形式，对我国公共文化发展的现状、问题进行了思考，并提出依靠制度规范、财政投入、借鉴经验改革文化服务机构的对策。另外，也有学者希望通过文化市场的发展，推动文化的繁荣和经济的发展（李德顺，2004；章建刚，2008；张晓明、胡惠林、章建刚，2008）。与此同时，一些地方政府（如上海、深圳、南京等）也开始探索公共文化服务体系的改革和发展，根据本地区的情况促进公共文化事业的全面发展。在公共文化服务供给方面，周晓丽等（2008）提出公共文化产品和服务的供给必须坚持权威型供给、商业型供给和志愿型供给相结合的供给模式。

从微观层面，学者主要从单一的文化产品、文化活动入手提出自己的思路和建议。冯守仁（2004）、王世伟（2008）主要从图书馆作为公共文化资源的功能、发展和利用的角度，进行相应的研究和思考。另外，博物馆免费开放之后，也有许多学者对其的管理、财政投入体制进行了相应的思考（姬建民，2008；项平，2008；杨静，2008；李文儒，2009；韩利忠，2010）。

对于民族地区公共文化服务的研究，一是对民族地区公共文化服务体系构建对策的探讨。陈坚良（2008）认为，必须加强民族地区公共文化基础设施和服务网络建设，大力培养少数民族文化人才，积极进行文化创新，提升民族地区文化服务的实效。罗明华（2008）认为财政投入是民族地区公共文化服务建设经费来源的主要渠道。二是对我国民族地区公共文化事业改革、文化产业发展等问题的研究。李海峰（2007）在对广西壮族自治区民族文化发展进行调研的基础上，认为必须从立法、财政投入、尊重民族共同发展意识方面促进民族地区公共文化事业的发展。孔维萍、吴艳华（2007）也针对新疆地区文化的特殊性，即地处多民族、多宗教、多种文化融汇的西部边陲，公共文化建设应从其文化的地域性、民族性、复杂性与多元并存性等特性出发来把握公共文化建设重点。三是对民族地区图书馆文化作用的研究（李彩霞，2007；程结晶，2008；侯镔，2009）。国内学者丰富的研究成果为本课题研究提供了很好的理论基础、分析视角和经验材料。

上述研究成果都是本课题研究的基础，从总体来说，针对民族地区公共文化服务建设方面的研究和实践尚处于起步阶段，宏观研究较多，实证研究不足，许多问题还需要进一步厘清，民族地区因为自身民族构成、文化的特殊性，绝不能简单照搬国外以及非民族地区的做法，这也是本课题作为应用性学术研究的意义所在。

国外学者对大众文化、文化理论以及文化发展中存在的动力、矛盾的研究已经具有完整的体系。既有以本雅明、霍克海默、阿多诺为代表的马克思主义法兰克福学派，也有以霍加特、威廉姆斯、霍尔为代表的伯明翰学派；既包含了一段大众文化内涵不断演变的历史，又包含了对这一变化的不同批评的争论、提升的逻辑化的过程。从法兰克福学派的文化理论到葛兰西的“文化霸权”理论，从“文化工业”理论到杰姆逊对大众文化后现代主义的诠释，从鲍德里亚所认为的“要成为消费的对象，物品必须变成符号”，到费斯克所认为的“大众文化是大众创造的，而不是加在大众身上的”反思，以及美国学者丹尼尔·贝尔和塞缪尔·亨廷顿对文化冲突和矛盾等都具有独到的见解，他们的研究和思考构成了文化及大众文化研究的“五色土”。

这些研究成为西方社会公共文化服务研究的重要理论来源。对于公共文化服务，西方国家主要关注公共文化政策；公共文化资源的布局；文化事业的发展；文化传统的教育培养；文化历史的保护以及公共文化产品的供给。在公共文化产品的供给上，西方国家都比较注重通过两个方面提供质优价廉、有吸引力的文化服务：

一是用低价格的文化演出吸引市民参与；二是公共文化场所对市民免费或者低价开放。这对我们国家公共文化供给具有重要的借鉴意义。但是把少数民族与公共文化结合起来的研究相对较少，这一方面在西方国家往往被看做是一种亚文化，甚至常常与民族认同混在一起。

二、研究的基本思路、方法和内容

摒弃传统上政府对于公共文化的供需假设，建立以“公众为导向、公众满意”的供给思路。首先，对基本概念、基本原理、基本理论进行梳理，为本课题研究作理论铺垫；其次，从某一民族地区城乡公共文化服务需求及满意度问卷调查入手，分析公共文化服务供需现状，找出目前民族地区公共文化服务供给中存在的问题。最后，针对我国民族地区的实际情况，从价值取向、运行机制和绩效衡量等方面具体提出民族地方政府创新公共文化服务供给模式的构想，在此主要运用政府绩效管理、公民参与、服务质量管理等相关理论，系统分析和建构民族地区公共文化供给的绩效评价体系，并提出民族地区公共文化供给基本原则和方式，以期实现研究目标。

在研究方法上，本书将综合运用理论研究和实证分析相结合的方法。理论分析主要运用于民族地区公共文化服务供给的价值理念，政府在公共文化服务的角色与责任；实证分析主要是通过对目前我国民族地区公共文化服务供需状况以及公众对公共文化服务参与度和满意度的调查，分析我国民族地区公共文化产品和服务供给中面临的问题与困境，为相关的对策研究提供素材。

在内容上，首先在阐明民族地区公共文化产品和服务内涵及其外延的基础上，基于新公共服务、公共物品和公民参与等相关理论，揭示民族地区公共文化产品和服务的有效供给，对于民族地区各民族团结与和谐，建立服务导向型政府以及提高公众对政府公共文化服务的满意度的意义和作用。其次，将通过抽样的方法选取某些民族地区为研究对象，设计《民族地区公共文化服务供需状况调查问卷》，从文化活动的开展、文化设施的可获得性、服务质量、公众参与度、总体满意度等方面了解公共文化供需状况，一方面用以分析地方政府部门在公共文化服务提供上的绩效与不足，帮助地方政府改善公共文化服务提供；另一方面对公共文化服务的参与度和满意度进行分析，找出政府公共文化服务供给中的问题以及公众的真正需求。最后，结合民族地区公共文化需求和供给的矛盾，在分析公共文化供给问题的基础上，提出民族地区公共文化供给的原则以及民族地方政府、社会公众、第三部门在公共文化供给中的责任边界及相互合作的关系等。

第一章　民族地区公共文化服务建设的理论和现实依据

一、公共文化与公共文化服务[①]

（一）相关定义诠释

要理解公共文化，首先要了解什么是文化。文化一词，人们的理解是多种多样的。英国学者泰勒在《原始文化》一书中认为，文化是一个复合体，包括知识、信仰、艺术、道德、法律、风俗，以及其他人在社会中所学习的能力和习惯。[②]德国学者彼得·克斯洛夫斯基在《后现代文化》一书中认为，"人从人自身、以人们的相互关系以及自然中创造出的东西，就是文化，是有文化特征的世界。"[③]美国文化人类学家 A. L·克罗伯和 C. 哼克鲁柯认为，文化是各种外显或内隐的行为模式；它通过符号的运用使人们习得及传授，并构成人类群体的显著成就，包括体现于人工制品中的成就；文化的基本核心包括由历史衍生及选择而成的传统观念，尤其是价值观念；文化的体系虽然是人类活动的产物，但也可以被视为限制人类作进一步活动的因素。[④]《辞海》中也把文化分为广义和狭义两类："广义指人类在社会实践中获得的物质、精神的生产能力和创造的物质、精神财富的总和。狭义指精神生产能力和精神产品，包括一切社会意识形式：自然科学、技术科学、社会意识形态。"[⑤]在我们看来，文化可以从多个角度来理解，一是从现实生活来看，我们可以看到什么是经济，什么是文化，什么是政治。所谓的文化，往往与图书馆，音乐厅，书店，画展，娱乐场所等相关。二是从逻辑上来看，它区别于政治的，是它不

① 本部分相关内容参看周晓丽，毛寿龙：《我国公共文化服务供给模式》，《江苏社会科学》2008 年第 1 期。或党秀云主编《民族地区公共服务导论》第六章（作者参编章节内容）。

② C. F. Primitive Culture：Researshes into the Mythology，Philosophy，Religion，Art and Custom. VOL1：Origins of Culture，1958，Glongcester，Mass：Smith，p. 1.

③ ［德］彼得·科斯洛夫斯基，毛怡红译：《后现代文化》，中央编译出版社，1999 年第 11 页。

④ 转引自冯天瑜：《中国文化史》题记 22 页，上海人民出版社，1988 年。

⑤ 《辞海》，上海辞书出版社，2002 年第 1765 页。

涉及权力，它区别于经济的，它不以物质性的生产和消费为主，它是往往与审美和知识相关。三是从价值上来看，政治的价值往往是和平与秩序，以及公民权利的保护。在本书中，文化主要是指艺术、娱乐、新闻出版、广播电影电视、文物博物等精神范畴的统称。概而言之，在此所指的文化不仅包括有关这些领域的思想理论、价值准则、精神形态的内容，主要的还是指这些内容的载体、传播方式、文化设施和文化组织机构与管理体制等客观的内容。

学术界对公共文化的关注是从哈贝马斯研究市民社会及其公共领域开始的。哈贝马斯认为，虽然在古希腊存在着一种公共领域，但是随着资本主义的发展，公共领域才显示出其更为独特的形式。一是提供了从文学批评转向政治批评的社会交流的一种社会空间。在这空间之内，胜人一筹的论辩的权利得到坚持，以反对业已确立的现状。二是在封建体制下带有枷锁的社会辩论诸领域失去了原先由教会和法庭提供的框架。三是文化具有高尚的形式，进而使之彻底成为一种可供讨论的文化。① 所以，在哈贝马斯看来，经济生活是市民社会的私人领域，而文化生活是其公共领域。在这一公共领域中，人们可以就共同关心的经济、政治、文化和其他一切问题展开辩论，从而形成公共舆论或公共文化。事实上，“公共文化”是一个极难定义的概念。作为一个多维概念，不仅包括人的活动，而且涉及时空和组织机构。公共文化几乎涵盖了任何需要有“一般”观众参与的活动。无论是博物馆的展览、体育赛事、政治辩论，还是通过电视播放的系列节目，均属于公共文化的范围。正因为公共文化的组成部分可以无限制扩展下去，所以必须对其加以限定。在澳大利亚，公共文化的含义包括两个方面。一是各种公助的文化机构或制度，其中包括教育体制以及依赖于教育体制的各种社区艺术和文化空间。二是关于产生于商业媒体的文化指称和理解的共有的专门词汇。②

另外，由“公共”和“文化”合并构成的公共文化，是建立在“公”与“私”二元对立基础之上的独立概念，是在公共文化物品与私人文化物品的相对意义上提出的概念。美国经济学家萨缪尔森认为，“一种私有物品意味着，我对它的消费阻止了你对它的消费，也意味着我可以排除你吃我的面包；一种公共物品意味着，其消费是非对抗性的”。③ 从这个意义上看，公共文化物品或服务也具有消费上的排他性和非竞争性。一方面公共文化物品或服务的非排他性在于，它不会成为私人独占的文化消费品，个人对公共文化物品或服务的消费，并不影响或妨碍相关个人同时消费公共物品；另一方面，公共文化物品或服务的非竞争性表明，它是一种国家

① ［德］哈贝马斯，曹卫东，王晓珏，刘北城，宋伟杰译：《公共领域的结构转型》，学林出版社，2004年第40－42页。

② Morris Meaghan and McCalman lain，1998，Public Culture，5 \ 18，in Ausralian Academy of Humanities，1998.

③ ［美］P. A. 萨缪尔森，W. D. 诸德豪斯，梁小民译：《经济学》（下），中国发展出版社，1992年第1198页。

或社团的文化福利，相关个人无须通过出价竞争购买的方式获得该文化物品或服务。在一定程度上，要理解公共文化，还要了解什么是“公共”。根据《辞海》的解释，“公”的中文含义为“公共、共同”，与“私”相对。《牛津高阶英汉双解词典》对“公共”的解释是public，是指“公众的、与公众有关的，或为公众的、公用的、公共的（尤指由中央或地方政府提供的）”。[①]“公共”一词在古希腊中有两个来源，一是来自希腊语的“pubes”或者“maturity”，强调一个在身体、情感或智力已经成熟的个人能够超出自身利益去理解并考虑他人的利益。二是来源于古希腊语“koinon”或“kom－ois”一词，意思是关心。[②]可见，公共是一种超越个人与集体或者大家共同的东西相关的，其类似的用语有社会的，或者大众的，与政府可能相关，也可能不相关。

从文化服务的角度看，公共文化就是能为广大社会公众接触或享用的具有物质或精神享受的一些产品或设施，如图书馆、博物馆等。[③]所以，公共文化服务就是基于社会效益，不以营利为目的，为社会提供非竞争性、非排他性的公共文化产品的资源配置活动。如有学者所说，“公共文化服务是一个相互关联的、严密的涉及公共文化服务全过程的体系。其主观责任来自于公共文化服务组织对公共文化服务责任的认识、理解、感受和全社会对公共文化服务的信赖，是公共文化服务组织忠实履行职责和义务的内在驱动力，其客观责任则是指政府公共管理部门客观应尽的义务和责任，如对社会公众利益负责，对公共文化服务负责”。[④]

从文化管理的角度看，作为一种面向公共领域的，非盈利的文化供给系统，公共文化是以国家福利性配置机制和“第三部门”志愿性配置机制为核心，通过公益性文化营销路径，由代表国家、社会或社团的法人或其他组织，向公共领域提供文化产品和文化服务的公益性文化组织形态。[⑤]所以，公共文化管理，是政府及其相关部门对公共文化领域的各种社会活动，诸如文化设施建设、文化人才培养、文化创作活动、文化交流、文化产品的生产与流通和文化消费等所进行的管理活动。

（二）公共文化的特征

作为一种创造性的审美活动，在外延上，民族地区公共文化主要指具有群体性、共享性等外在公共性特征的文化，其特点是以民族地区文化站、群众艺术馆等公共文化场所为依托，借助公共图书馆、公共博物馆等公共文化资源，发展群众参与性、资源共享性公共文化。在内涵方面，民族地区公共文化是在文化的精神品质上具有整体性、公开性、公益性、一致性、资源共享性特征的文化，它培养人们的

① 《牛津高阶英汉双解词典》，商务印书馆，1997年第1196页。

② ［美］乔治·弗雷德里克森：《公共行政的精神》，中国人民大学出版社，2003年第18页。

③ 周晓丽，毛寿龙：《论我国公共文化服务及其模式选择》，载《公共行政》2008年第5期。

④ 罗争玉：《文化事业的改革与发展》，人民出版社，2006年第85页。

⑤ 陈鸣：《西方文化管理概论》，书海出版社，2006年第291页。

群体意识，公共观念以及文化价值观念上的群体认同感和社会归属感，追求文化的和谐发展与文化整合。① 民族地区有丰富的文化资源，在深入挖掘的基础上，开发多种多样，鲜活生动的文化产品，提供人们喜闻乐见的文化服务，发展人人参与的文化氛围，对我国民族团结和和谐社会的实现具有重要的意义。结合民族地区公共文化的外延和内涵，以及民族地区公共文化的实际，民族地区公共文化具有以下特征②：

一是文化性。公共文化属于文化范畴，文化性是其本质特征。文化性本身包含有对客体与主体的双重要求，即作为公共文化设施、场所、活动等，本身需要具有一定的文化素质与精神积淀；同时对文化活动参与者、艺术品欣赏者的自身文化素养和能力也有一定的要求。

二是公益性。公共文化是与产业性艺术文化相对的“公益性”社会文化，是最典型的公共产品或公共服务。例如，图书馆、博物馆、文化馆等文化机构，就是面向社会为公众提供文化服务，即使一些代表国家和民族水平或一定地方特色的学术研究和文艺创作有一定的经济收益，如稿酬、门票收入，但其收益远远不能达到其从事文化创造或艺术生产所付出的劳动价值。所以，公共文化面向社会，为公众提供具有公益特色的文化产品和服务，这与追求经济利益的文化产业产品具有本质的区别。同时，公共文化的公益特性是公共文化均衡提升大众文化水平、减小地区间文化差异的重要途径，它的存在标志着社会成员可以无偿获取那些能够满足其精神需求的文化产品或艺术知识，它对于提高人们的思想道德素质和科学文化水平、促进社会发展具有特殊的意义和作用。

三是社会性。公共文化的社会性主要体现在两个层面：一是指随着历史发展，一部分宗教圣地、名胜古迹、名人故居、文物古籍等历史遗存的私人属性发生改变，逐渐沉淀为社会性的公共文化，成为广大公民追忆往昔的凭借场所，同时也成为相关科研工作者进行历史研究的依据；另一方面，是指绝大多数公共文化设施、产品具有大众化特征，具有满足社会大众精神需要之功能。公共文化尽管在一定程度上可能带有精英艺术家的创造性思维，但大部分仍然以通俗言语为其主要表现手段，成为传达内心意志的载体之一。

四是民族性。由于公共文化的文化性而带来显著的民族差异性。人类历史上优秀的文化总是通过“民族”这一载体存在和发展的，以民族性为根基呈现出丰富的文化表征，并在世界范围内与其他民族之间相互认可与理解。公共文化就是要将民族精神渗透于其中，通过公共文化设施、场所与活动弘扬民族文化的精髓，尽可能在社会范围内实现对民族性的固守以及对民族精神的维系、继承和发扬。在公共文

① 万林艳：《公共文化及其在当代中国的发展》，载《中国人民大学学报》2006 年第 1 期。

② 朱亚铭，王柏轩：《深圳市福田区公共文化服务体系建设调研报告》，〔R/OL〕 http：//www. szft. gov. cn/sqmy.

化建设过程中有选择地、发展地理解并彰显民族性特征，是保持公共文化个性的重要途径，也是积极弘扬优秀民族文化，发扬民族文化精华的有利契机。

五是地域性。公共文化的差异源于其地域性。地域文化是公共文化的具体表现形式和文化样式，它是在同一地域生活的人们在长期的共同生产、生活中逐渐形成的具有地域特色的独特的文化体系。它一方面表现在物质层面上，以器具、工艺品、历史遗迹等方式存在；另一方面则是以民风民俗等共同的心理结构为基础。这也就形成了公共文化地域性的两重内涵：首先是指因自然、地理条件而生成的文化的地域性差别，主要指带有地域特色的城市文化精神。

公共文化的建设与发展需要在尊重和把握其基本特性的基础上，正确分析其审美特征与发展规律，努力挖掘其功能和现代价值，为社会主义经济文化建设和社会发展创造良好环境和基础平台。[①]

（三）公共文化的功能、性质和类型

1. 公共文化的功能

公共文化及其服务与管理是一种具有很强的积极外部效应的公共服务，是一种公益性的服务，其正的外部效应主要表现在如下三个方面[②]：

首先是对政治意识形态的建构作用。这主要是指文化物品和服务在传播主流意识形态，形成特定政治体系所要求的公民政治文化，维护国家政治稳定、文化安全等方面所发挥的作用。因为公共文化物品和服务在提供给社会公众教育、娱乐、信息服务等功能的同时，还常常传递着特定的思想文化主张、价值观，宣传特定政治统治和政治制度的合法性，着力于强化社会公众对国家、社会及其政策的认同，从而维护国家的稳定和长治久安。

其次是公共文化服务对经济、社会发展的外部效应。由于社会公众在消费公共文化物品和服务时陶冶情操，提高文化修养，所以社会公众的生活质量与公共文化服务的供给密切相关。另外，由于公共文化服务是创造文化价值，实现文化消费的载体，所以，后工业时代的来临使经济价值越来越依赖于文化价值，经济的增长使消费重点也从物质向文化转型。

最后是公共文化服务对区域发展的推动力。随着区域经济发展与合作的出现，公共文化服务的有效供给是提高区域的创意和创造能力的基础；公共文化服务的规模、质量和水平成为区域吸引力的重要来源，随着公共文化服务能力的改善，也将成为提高区域综合能力的重要手段。通常情况下，公共文化服务的主体一般是公共部门而非私人机构；公共文化活动的目标是为了满足社会共同文化的需要；衡量标

---

① 朱亚铭，王柏轩：《深圳市福田区公共文化服务体系建设调研报告》，〔R/OL〕http：//www. szft. gov. cn/sqmy.

② 周晓丽，毛寿龙：《论我国公共文化服务及其模式选择》，载《公共行政》2008 年第 5 期。

准是服务的质量、数量和公众的满足度以及公众的参与度。

2. 公共文化的性质及类型

公共文化服务是文化领域的公益性物品或者服务，不过，其公益性并不是一定的，根据其公益性水平不同，根据其是否具有排他性或者竞争性，还可以细分为纯粹公益性质的公共文化物品和服务，具有有限竞争性的准公益文化物品和服务，以及具有有限排他性的准公益文化物品和服务。

纯粹公益性质的公共文化物品或者服务，典型的例子是街头雕塑、广场音乐会和免费开放的图书馆、博物馆等。这类服务一般不具有排他性，或者说排他成本很高，或者从消费角度来看，排他只会降低其价值。

这类纯公共文化服务在现实中并不多，大量存在的是准公共文化物品和服务或俱乐部物品。这种准公共文化物品和服务的特征是在一定范围内没有竞争性，但一定范围之外有竞争性，也就是说，在一定的消费容量下，单个会员对俱乐部物品和服务的消费不会影响其他会员对同一物品和服务的消费，然而一旦超过临界点，非竞争性就会消失，拥挤就会出现。其典型的例子如公园，博物馆，图书馆，高速公路等。这种物品和服务在一定范围内不值得排他，具有公益性，但一定范围之外，就需要排他，而且值得排他。具有这两种特性的物品，就是通常所说的俱乐部性质的物品或者服务。俱乐部物品往往通过会员制来获得融资，并对会员提供服务。如图书馆一般会控制流量，需要发放阅览证或者借书证来建立排他机制。博物馆和公园往往销售年票和零售票相结合。年票具有会员性质，零售则具有市场性质。流量大的博物馆，如故宫博物馆，还会对每天的流量进行控制。对于俱乐部的全体成员来说服务是非排他的，但对于非会员来说则是排他的。

根据这一理论，我国的公共文化服务主要有以下几类：一是具有排他性和一定非竞争性的公共文化物品和服务，这类文化物品和服务不排斥任何社会成员的消费行为，但边际成本不为零，物品和服务供给存在有限性，因为在消费上具有一定的竞争性。如发行的报纸、期刊、杂志等。二是具有非竞争性和一定排他性的公共文化物品和服务。这类公共文化产品在其流量许可范围内，边际消费成本为零，但消费存在着一定的排他性。如有线电视、文物展览、文化旅游等。三是非排他性和非竞争性特点均不充分的公共文化物品和服务。如音像制品、工业产品的制作与销售，即那些作为文化产业发展的物品和服务。①

也有学者认为，公共文化是一种较为特殊的文化经济形态，一方面它与文化公共行政不同，是公共文化产品和公共文化服务的供给者，采取的是公益性文化性文化经营路径，而不是以文化公共行政管制者的身份，调控文化市场和文化公共行为；另一方面，它与一般非赢利组织区别，是艺术文化领域内的非赢利实体，以艺术文化产品的生产和服务占据着非赢利组织的位置。依据于此，公共文化类型可以

① 周晓丽，毛寿龙：《论我国公共文化服务及其模式选择》，载《公共行政》2008年第5期。

作如下划分①：

根据服务对象和范围，分为两种类型：社会型公共文化与社团型公共文化。前者是面向所有社会公众的公共文化组织，一种开放性的公共文化系统，如公共广播电视网、公共博物馆、公共图书馆、国家公园等；后者则是面向某一社团的公共文化组织，一种封闭性的公共文化系统，如各种社会团体所属的非赢利性文化俱乐部、文化活动中心等。

根据文化内容和媒介的特性，可以分为四类：一是公共文化遗产，具有国家、民族和地区历史价值的文化物品及其服务，如各类公共的博物馆、档案馆、文化遗址等。二是公共文化传媒，非赢利的文化传媒机构，如公共广播电视公司。三是公共艺术文化，非赢利的艺术社团和艺术教育组织，如各类非赢利的艺术表演院团、艺术文化展览、艺术文化培训等。四是公共文化娱乐，国家、地区政府、社区或企业等主办的非赢利娱乐设施和文化休闲组织，如各种非赢利的健身娱乐中心、文化休闲中心等。

根据文化所有权的不同，可以分为三种类型：一是国有国营型，是国家所有和国家经营的公共文化机构，其财产为国家所有，经费来源主要由国家财政拨款；组织上隶属于国家文化行政机构，经营管理者是国家官员或政府聘用的专业人员。如各国的文化部等国家文化行政机构设立的各类国家公共文化实体，包括国家广播电视台、国家档案馆、国家艺术文化中心等。二是国有公营型，是国家所有而委托公共组织具体经营的公共文化机构，通常依靠中央政府的财政拨款，由国家文化行政机关指导下的独立基金董事会负责管理，如国家博物馆、国家级的艺术表演团体等。三是公有公营型，是公共所有并经营的民间文化公共服务机构，其财产为公共法人所有，资金来源于各类基金资助、社会捐助和赞助等，由独立的基金董事会聘任文化经理人或首席执行官从事具体的经营管理事务，执行董事会的方针和决策，如公共广播电视组织、公共艺术文化中心等。

无论如何划分，公共文化产品或服务并不能像传统经济学理论那样简单地归结为纯公益物品，其在属性上具有多样性，这为其提供和生产的多样性提供了机会。

二、民族地区公共文化服务建设的理论依据

（一）公共产品理论

美国经济学家保罗·萨缪尔森曾在《公共支出的纯理论》（Pure Theory of Public Expenditure）一文中第一次使用“公共产品”的概念。在他看来，公共产品的特征是任何人对该种物品的消费都不会导致他人消费的减少。由于市场失灵状况的

① 陈鸣：《西方文化管理概论》，书海出版社，2006 年第 294 页。

存在，不完全竞争和外部效应等生产或消费无效率的情况在市场经济中普遍存在着，此时只有通过政府的干预，由政府来提供公共产品才能够保证经济的正常运行。因而，政府提供公共产品和服务可以提高市场效率、稳定经济并实现社会平等。

由于公共产品具有非排他性和非竞争性特征，因而在对公共产品的消费中，人们普遍存在着“搭便车”的动机，即每个人都想不付出或者少付出成本来享有公共产品。正是这种问题的存在，使得市场机制难以正常运行，即便提供某种公共产品会给人们带来利益，且这种利益大于成本，私人也不愿意提供。在这种情况下，政府不得不担负起这种职能，以保证在需求普遍存在时能够提供相应的供给。至于公共产品的供给价值，公共产品理论提出了效用—费用—税收的价值衡量程式，即以税收作为衡量公共产品供给的“价格”，人们享用公共产品和服务就需要付出相应的“缴税”代价，从而连接了公共产品的供应成本和收费。按照边际效用价值论的相关观点，公共产品被赋予“主观价值”，这使得社会能够采用统一的货币尺度来衡量公共产品的供应成本和运用效果之间的关系。在公共经济活动中，存在着广泛的市场失灵，政府应发挥中心作用，依靠财政收入和支出，为社会提供更多的公共产品和服务，进行社会资源的配置和调节市场需求的活动。

公共文化产品和资源作为一种公共产品，具有如下特征：

（1）非排他性。人们对公共文化产品进行消费时，并不能排除他人对该种文化产品的消费或者排除成本很高。比如当一位观众观看街头的演出时，并不能排除其他人也站在街边观看演出

（2）非竞争性。当人们消费某种文化产品时，若有其他人同时消费，并不会增加供给成本，即边际生产成本和边际拥挤成本均为零。仍然以街头演出为例，一个人观看演出跟几十个人一起观看演出对于产品提供者来讲所付出的成本都是一样的，这几十个人观看演出的数量和质量也是一致的。

（3）持久的外部性。公共文化产品不同于一般的物质产品，它作用于人的精神。通常可以这样理解，对于物质产品而言，一旦其外部形态消失，这种产品的影响短暂时间之后就消失了；而文化产品则不同，如街头的文艺演出，不仅无法向过路观看的人收费，而且人们在消费过这种产品以后，它对精神的影响不会随着演出的结束而消失，反而会持续很久。

（4）产权的公共性和难以交易性。在消费文化产品时，人们会产生强烈的“搭便车”心理，这使得文化产品的供应者很难收回成本。因此，一般而言，私人是不愿意提供公共文化产品的，这也就使得公共文化产品的产品不能私人化，而由政府提供的话，势必会使得公共文化产品的产权出现公共性特征；同时政府也不可能将这部分产权转让给任何私人，更不可能会有私人愿意花费成本来购买这种无法取得收益的产权。

一般的公共产品与公共文化产品具有本质上的不同，一般公共产品通常情况下

满足的是公众的某种物质需求，而公共文化产品或服务更多的是为了满足人们的精神需求，在形态上也通常表现为非物质的状态。由于文化产品带给人们的是精神上的影响，且这种影响范围广大，持续时间长，不易磨灭。因此就要求政府在向社会成员提供一般的娱乐性精神文化产品的同时，不能像对待一般的公共物品一样仅从经济学角度考虑，而应考虑到公共文化产品的人文属性和社会意义，更多的强调公民道德素质的提高、精神境界的提升，达到促进国家精神文明建设、推动社会整体进步的目的。从这个意义上来讲，文化领域作为一个公共领域，在为全体公众普遍认可的同时成为社会整体的文化财富，而对某一地区来讲，则成为代表区域文化形象、提高区域竞争能力的一种体现，所以首先应该强调文化的公共性和公益性。

就政府而言，应当担负起培养全民族共同价值观和理想的责任，通过以公众喜闻乐见、易于接受的方式，来传播广大群众共同需求的文化产品和思想内容。对市场来说，由于其本身固有的追求利润最大化的属性，所以无论其怎样高效和正常地运行都不能够提供符合公众需求的公共文化产品和服务，因此，也只有政府通过税收和财政制度来提供高水平高质量的公共文化服务，来弥补市场在提供和分配公共文化产品和服务上的不足，才能实现全体公民的文化利益，体现社会公平。

（二）新公共服务理论①

在对新公共管理理论批判的基础上，以登哈特为代表的新公共服务理论的倡导者认为，不论是作为理论创新，还是为许多值得效仿的公共管理者所实施的先进的实践，新公共服务都已呈现出其固有的特征②。与新公共管理理论不同，新公共服务理论不以经济学理论和私营部门的管理方法为基础，而是以公民权理论、组织人本主义和话语理论、社区和市民社会的理论为理论基础。新公共服务理论的特点在于将公民置于治理体系的中心位置，政府行政的首要目的是帮助公民表达并实现其公共利益，为实现公民的整体意愿而做出努力。政府不能控制或者凌驾在社会和公众之上，实现服务社会而非为社会公众“掌舵”。新公共服务重视政府与社会、与公民之间的沟通与合作，强调建设公民社会的意义，推崇公共服务精神，提升公共服务的价值，实现政府与全体公民共同治理国家。具体而言，建立在民主社会公民权理论、社区和公民社会模式，人本主义和话语理论基础之上的新公共服务理论，通过对新公共管理理论的反思，提出了具有指导意义的七大原则。③

1. 政府服务的对象是公民，而不是顾客。新公共服务理论认为，基于共同利益

---

① 本部分参考周晓丽，马晓东：《新公共服务理论及其对中国政府管理的借鉴》，载《新疆社科论坛》2005 年第 3 期。

② Robert Denhardt and Janet Denhardt. Leadership for Charge：Case Studies in American local Government，Arlington，VA：Price Waterhouse Coopers Endownment for the Business of Government，1999.

③ ［美］珍妮特·V·登哈特，罗伯特·B·登哈特：《新公共服务：服务而不是掌舵》，中国人民大学出版社，2004 年第 40 – 41 页。

的对话产生的公共利益，不是个人自身利益的聚积。因此，公务员不仅仅是关注“顾客”的需要，而是要关注公民并且在公民之间建立一种信任与合作的关系，政府与公民之间的关系不是市场与顾客之间的关系。因为利用“顾客服务”的言词和方法既有实际的困难也有理论上的困难。一是政府部门存在的可供顾客选择的方案具有稀缺性。如果当地只有一个消费部门，顾客如何选择？二是在有些时候，顾客宁愿不接受服务。哪位顾客愿意受到有关超速行驶的传票？三是对顾客识别的困难性。谁是一个地方卫生部的顾客？是去诊所看病的病人，还是可能会担心某一种健康危险的公民？是医生和护士，还是地方医院？是普通公众，还是上述的所有这些人和机构？最后，政府的所有顾客具有不同的利益要求，如果要使每一个都满意，如何满足？“顾客的利益与主人的利益并不总是一致的——无论在企业中还是在政府中，情况都是如此。尽管企业可以通过使顾客满意而长期获益，但政府却不可能做到”。①

新公共服务理论认为一个真正的公民应当关注更广泛的社会，至少在某种程度上受一种承诺的推动去为别人服务。不仅政府的服务对象不是顾客，而且为其提供服务的人也是一群特殊的公民。“公共行政官员的道德身份于是就应该是被雇用来作为我们中的一员为我们工作的公民，他们是一种职业公民，他们所委以从事的工作是我们在一个复杂的大型政治共同体中所不能亲自干的工作。行政官员应该是那些‘特别负责任的’公民，他们是公民这个整体的受托人”②。所以，新公共服务理论认为政府不应该首先关注“顾客”的短期利益，而是要关注公民的需要和利益，并鼓励越来越多的人去履行他们作为公民的责任。

2. 政府追求的应是公共利益。新公共服务理论认为“公共行政官员不仅要促进对自我利益的追求，而且还要不断地努力与民选的代表和公民一起去发现和明确地表达一种大众的利益或共同的利益并且要促使政府去追求那种利益”③。也就是说公共行政官员不是公共利益的单独主宰者，而是应该被视为在一个包括公民团体、民选代表以及其他机构在内的更大治理系统中的关键角色，确保公共问题的解决方案本身及其产生的过程都符合公平与正义的民主规范。

3. 政府的职能在于服务，而不是掌舵。新公共服务认为对公务员来说，越来越重要的是要利用基于价值的共同领导来帮助公民明确表达和满足他们的共同利益，而不是试图控制或掌控社会新的发展方向。过去，政府业已减少的服务角色描述为引导社会的一种更佳途径，并建议政府应该日益离开一种提供服务的角色（划桨）。

---

① ［美］珍妮特·V·登哈特，罗伯特·B·登哈特：《新公共服务：服务而不是掌舵》，中国人民大学出版社，2004 年第 57 页。

② Cooper，Terry L. An Ethic of Citizenship for Public Administration，Englewood Cliffs，NJ：Pretice－Hall，1991，P139.

③ Frederickson，H. G. Toward a Theory of the Public Administration for Public Administration. Administration and Society 22（4），1991，P415－416.

并且应该去关注政策开发（掌舵）。掌舵的组织制定政策，为具体操作的机构提供资金，并且对绩效进行评估。随着现代社会生活的复杂性，这种掌舵的角色既不恰当，也不可能。所以新公共服务理论认为，政府不应再主管一切，而是应成为一个参与者。“公共行政官员不仅要共享权力，通过人们来工作，以及经纪解决方案，而且还必须把他们在治理过程中的角色重新界定为不是企业家，而是负责的参与者”①。

这就要实现政府角色的转换，在这一过程中，政府应由原来的控制者转变为议程的安排者，打破过去对公共产品和服务的一元供给模式，大力联合和培育公共部门、私人部门以及第三部门来共同解决，实现多元治理。所以公务员不仅要承担公共产品和服务提供的角色，还要扮演协调者、调解者甚至仲裁者的角色。

4. 政府应重视公民权胜于重视企业家精神。新公共服务理论认为尽管企业家可能会有创造性和创新性，但是他们也可能会是机会主义者并且可能会不妥协。况且这种“企业家”在利用公众的企业或公众的资金方面存在着不负责任的问题。所以新公共服务认为要培养为社会做出有益贡献的公务员和公民要比具有企业家精神的管理者能够更好地促进公共利益，因为后一种管理者的行为似乎表明公共资金就是他们自己的财产。所以新公共服务特别重视公民对行政过程的参与，并为更加直接的公民参与开辟了一些新的途径。如请求公民进入政策过程，其范围从公共听证到公民调查，从规划委员会到社区小组。这些努力虽然还没有实现“真正参与”，而且还需要改进，但是“这种新的公共参与已经改变了公共管理者的工作……公众对管理过程的参与已经成为生活的事实。在未来，这可能会成为有更多管理者的理由，因为公众对参与的需要似乎并不是在减少”。② 所以政府应是为公民所拥有，而不是为个别企业家所拥有。

5. 政府应重视人，而不是只重视生产率。新公共服务认为公共服务是“一种态度，一种责任——乃至一种公共道德意识”。③ 生产力体系的改善与提高、流程的优化、执行措施的改善被看做是设计管理体系的重要工作，但是新公共服务的倡导者认为，如此控制人类行为理性的意图，从长远来看注定是要失败的，同时，还会导致对组织成员个体的价值观和利益的漠视。并且即便这些方法也可能达到某种结果，但这些方法和措施并不能培养公民或雇员的责任感、参与意识及热心公益的行为。所以在新公共服务中处于核心地位的要素有人的尊严、信任、归属感、关心他人、服务以及基于共同理想和公共利益的公民意识，而不仅仅是对经济价值目标的追求。

① ［美］珍妮特·V·登哈特，罗伯特·B·登哈特：《新公共服务：服务而不是掌舵》，中国人民大学出版社，2004 年第 148 页。

② Thomas, John Clayton. Public Participation in Public Decisions. San Francisco: Jossey - Bass, 1995. P11.

③ Staats, Elmer. Public Service and the Public interest. Public Administration review (March - April) . 1988. P602.

6. 政府的责任与义务并不简单。新公共服务认为新公共管理只关注市场，造成了责任的简单化。首先，民营化以及试图模仿私营部门的种种努力缩小了责任的范围并且把关注的焦点放在了达到标准和使顾客满意上。这样的方法并没有反应公共部门中多重的、重叠的责任途径，因为私营部门的标准更缺乏严格性。就政府而言，“其强调的是公共权力的责任，强调的是如何使政府及其机构和官员对其最终的所有者——公民更加负责”。[①] 其次，新公共管理没有适度地强调公法和民主规范。第三，在新公共管理中，公共行政官员被视为企业家，他们寻找机会来创造私人的合伙关系并且为顾客服务，这种关于公共行政官员角色的观点很狭隘，它不适合于实现诸如公平、正义、参与和表达公共利益这样的民主原则。而事实上公共服务中的责任问题极其复杂。因为它涉及职业标准、公民偏好、道德问题、公法以及最终的公共利益等复杂的外部控制网络中的竞争性规范和责任的平衡。所以，新公共服务要求公共行政人员不要单独制定决策，应通过对话、讨价还价、公民的授权和基于广泛的公民参与的基础上，来解决存在的问题，制定政策。换言之，公共行政官员应该关注我们复杂治理系统的所有竞争性规范、价值观以及偏好。责任并不简单，而且它也不能被当作简单的事情。

7. 政府要战略性的思考，民主的行动。新公共服务认为满足公共需要的政策和方案可以通过集体努力和协作过程得以最有效并且最负责任地实现。不仅要确立一种远见，然后再把它交给政府去执行，而且要使所有相关各方共同参与到一些将会朝着预期方向发展的政策方案的执行过程。也就是说在意识到集体的洞察力和远见之后，要建立制度和责任机制，通过特定的行为过程向所希望达到的目标努力。这一过程是一个多元治理的过程，通过公民参与治理，政府可以刺激或唤起公民的自豪感和公民责任，并希望这样一种自豪感和社会责任感在各个层面都得到体现，产生美好的意愿，使各党派共同参与，努力协作，为社会创造更多的机会。

一个社区中的共同生产依赖于相互信任、合作以及共同的责任。如果公民与行政官员共同承担责任并且一起为执行项目而工作，公民不仅对政府有了更多的了解，而且政府也对公民有了更多的了解，只有这样，政府的战略性思考和民主的行动才能实行。公民才能“逐渐把自己视为行政国家的公民……而不把自己视为行政国家的顾客、当事人和受益人”。[②]

新公共服务理论的形成为现代政府建成公共服务型政府提供了理论基础，就文化领域而言，也逐渐形成了重视公民文化权利的社会环境。随着政府服务公众意识的不断增强，政府的文化职责也在不断明确。从新公共服务理论的角度看，政府应

① Mulgan, Richard. Comparing Accountability in the Public and Private Sectors. Australian Journal of Public Administration 59 (1), 2000. P87.

② Stivers, Camilla. The Public Agency as Polis: Active Citizenship in Administrative State. Administration & Society 22 (1), 1990. P96.

保障的公民文化的权利主要包括：

第一，政府具有为公众提供基本的公共文化产品和服务的责任和义务。服务型政府的重要标志是以满足公众需要为努力方向。在公众的物质生活得到部分满足的情况下，对精神产品的需求日渐增长，政府应依靠财政和税收努力缩小现实的文化产品与公众需求之间的差距，为公众提供高品质的充足的公共文化产品和服务。

其次，尊重和保障公民享有文化和发展个人文化倾向的权利。文化权利是公民权利的重要组成部分，政府尊重和保障公民的文化权就是保障公民权利的体现。任何人的文化权利都应得到应有的保护，少数民族、弱势群体的成员同样具有表现自身文化特征和发扬文化传统的权利。服务型政府应当对个人合理合法的文化权利给予充分保护，可以根据公共利益的需要做出某些限制，但不能从根本上剥夺。

第三，保障公民的文化参与权。政府应提供各种设施和条件确保公民能够顺利、便捷地参与到公共文化活动中来。因而，政府应考虑到各种情况，为不同人群设置不同的参与标准，并且努力吸引各类人群参与到公共文化活动中来，确保每个人都能平等地利用文化设施，参与文化活动。同时还应当保护公民个人的文化利益，包括物质和精神的利益，以鼓励他们不断地、更加积极地参与到文化活动中，推动社会的文化进步。

第四，以公众的满意度作为评价政府公共文化服务供给水平的重要指标。这是公民参与国家治理和以人为本理念的重要体现。公民既是文化的需求者，也是政府提供公共文化服务的享受者，对政府公共文化服务的供给水平和状况具有充分的发言权。以公众的满意度作为评价指标，不仅可以提高公众参与文化活动的热情，更能激励政府为公众提供水平更高、更为完善的公共文化服务，也是促使政府向服务型政府不断转变的机制。

三、民族地区公共文化服务建设的现实依据

（一）民族地区公共文化管理及政策

民族地区文化，特别是少数民族文化的发展历来受到党和政府的高度重视。为使各少数民族的传统文化得到保护，国家一方面通过对各少数民族的文化遗产进行有计划地进行搜集、整理、翻译和出版工作，保护少数民族的名胜古迹、珍贵文物和其他重要历史文化遗产。另一方面，国家通过组建少数民族文艺团体、艺术院校等措施大力培养少数民族文艺人才，繁荣少数民族文艺创作，发展少数民族文化艺术事业。新中国成立以来，党和政府制定了一整套制度和政策措施，保障民族地区群众的文化权利，保护少数民族文化资源，提高少数民族地区人口的文化素质，提升民族地区科技发展水平，全面推动少数民族地区公共文化事业的发展和繁荣。

新中国成立以来特别是改革开放以来，为了使民族地区公共文化工作体系不断

完善，国家制定了一套有利于民族地方文化发展的管理政策、财政政策，从而保障期公共文化事业的健康开展。具体来说，其有利于民族地区公共文化服务发展的政策主要体现在以下几个方面：

首先，创造有利于民族地区公共文化发展的制度体系。1954 年，新中国颁布的第一部《中华人民共和国宪法》规定，中华人民共和国各民族一律平等，都有接受教育、使用和发展本民族语言文字、从事各类文化活动的权利，并享有言论、出版、集会、结社、游行、示威、宗教信仰以及保持或改革自己风俗习惯等方面的自由。改革开放以来，少数民族文化发展问题受到更多的重视。1982 年修订的《中华人民共和国宪法》和 1984 年颁布的《中华人民共和国民族区域自治法》，进一步明确了少数民族群众发展本民族文化的权利。我国尊重、保护和发展少数民族文化的基本法律制度基本形成。与此同时，为加强对少数民族文化发展的统筹指导，国家行政管理系统中也设立了少数民族文化管理的专门机构。进入新世纪以来，为了应对民族地区经济、社会内外环境的变化，国家集中出台了一批重要的法规和文件，包括《中共中央国务院关于进一步加强民族工作，加快少数民族和民族地区经济社会发展的决定》、《扶持人口较少民族发展规划（2005—2010 年）》、《少数民族事业“十一五”规划》等，对新的历史条件下少数民族文化发展的方向、目标、政策和措施进行了多方面的创新与发展。① 2009 年 7 月 5 日，国务院又颁布了《关于进一步繁荣发展少数民族文化事业的若干意见》，对繁荣和发展民族文化的意义、民族文化事业的指导思想、基本原则和目标任务、政策措施以及完善少数民族文化事业发展的体制机制等都进行了明确的阐释。

根据国务院《关于进一步繁荣发展少数民族文化事业的若干意见》，民族地区公共文化事业发展的指导思想是：全面贯彻党的十七大精神，高举中国特色社会主义伟大旗帜，以邓小平理论和“三个代表”重要思想为指导，深入贯彻落实科学发展观，牢牢把握社会主义先进文化的前进方向，紧紧围绕共同团结奋斗、共同繁荣发展的民族工作主题，以建设社会主义核心价值体系为主线，以完善公共文化服务体系为重点，以加强基础设施建设为手段，以推动文化创新为动力，以改革体制机制为保障，以满足各族群众日益增长的精神文化需求为出发点和落脚点，促进少数民族文化建设与全国文化建设、与民族地区经济社会建设、与民族地区教育事业协调发展，促进民族团结、实现共同进步，更加自觉、更加主动地为推动社会主义文化大发展大繁荣作贡献。民族地区公共文化事业发展的基本原则是：坚持为人民服务、为社会主义服务的方向和百花齐放、百家争鸣的方针，尊重差异、包容多样，既要继承、保护、弘扬少数民族文化，又要推动各民族文化相互借鉴、加强交流、和谐发展。坚持面向现代化、面向世界、面向未来，把握规律性，保持民族性，体

---

① 金星华，张晓明，兰智奇，惠鸣，徐平：《以科学发展观为指导，推动少数民族文化加快发展》，http：//www. chinaorg. cn，2009－06－19。

现时代性，推动少数民族文化的改革创新，不断解放和发展少数民族文化生产力。坚持贴近实际、贴近生活、贴近群众，生产更多各族群众喜闻乐见的优秀精神文化产品。坚持社会效益和经济效益相统一，把社会效益放在首位，充分发挥政府和市场的作用，促进少数民族文化事业和文化产业协调发展。坚持基本公共服务均等化，优先发展少数民族和民族地区文化事业，保障少数民族和民族地区各族群众的基本文化权益。坚持因地制宜、分类指导，不断完善扶持少数民族文化事业发展的政策措施。目标任务是到2020年，民族地区文化基础设施相对完备，覆盖少数民族和民族地区的公共文化服务体系基本建立，主要指标接近或达到全国平均水平，少数民族群众读书看报难、收听收看广播影视难、开展文化活动难等问题得到较好解决，少数民族优秀传统文化得到有效保护、传承和弘扬。实施一批重大文化项目和工程，推出一批体现民族特色、反映时代精神、具有很高艺术水准的文化艺术精品，创作生产更多更好适应各族群众需求的优秀文化产品。文化工作体制机制创新取得重大突破，科学有效的宏观管理体制和微观服务运行机制基本形成，政策法规更臻完备，政府文化管理和服务职能显著增强。文化市场体系更加健全，以公有制为主体、多种所有制共同发展的少数民族文化产业格局更加合理。少数民族文化对外交流迈出重大步伐，国际影响力和竞争力进一步提高。

具体到繁荣发展少数民族文化事业的政策措施，主要有：①加快少数民族和民族地区公共文化基础设施建设，大力推进民族地区县级图书馆文化馆、乡镇综合文化站和村文化室、广播电视村村通工程、农村电影放映工程、农家书屋工程、文化信息资源共享工程等建设，保障民族地区基层文化设施有效运转。地广人稀的民族地区配备流动文化服务车和相关设备，建设和完善流动服务网络。大力推进数字和网络技术等现代科技手段的应用和普及，形成实用、便捷、高效的公共文化服务体系。国家实施各项重大文化工程时，切实加大对少数民族和民族地区的倾斜力度。②繁荣发展少数民族新闻出版事业。加大对民族类新闻媒体的扶持力度，加快设备和技术的更新改造，提高信息化水平和传播能力，扩大覆盖面和受益面。对涉及少数民族事务的重大宣传报道活动、少数民族文字重大出版项目，给予重点扶持。逐步实现向少数民族群众和民族地区基层单位免费赠阅宣传党和国家大政方针、传播社会主义核心价值体系、普及科学文化技术知识的图书、报刊和音像制品等出版物。加强少数民族语文翻译出版工作，逐步提高优秀汉文、外文出版物和优秀少数民族文字出版物双向翻译出版的数量和质量。扶持民族类重点新闻网站建设，支持少数民族文字网站和新兴传播载体有序发展，加强管理和引导。少数民族出版事业属公益性文化事业，中央和地方财政要加大对纳入公益性出版单位的少数民族出版社的资金投入力度，逐步增加对少数民族文字出版的财政补贴。③大力发展少数民族广播影视事业。巩固广播电视村村通工程、农村电影放映工程建设成果，扩大民族地区广播影视覆盖面，对设施维护进行适当补助，确保长期通、安全通。提高少数民族语言广播影视节目制作能力，加强优秀广播影视作品少数民族语言译制工作。提高民族地区电台、电视台少数民族语言节目自办率，改善民族地区尤其是边远农牧区电影放映条件，增加播放内容和时间。推出内容更加新颖、形式更加多样、数量更加丰富的少数民族广播影视作品，更好地满足各族群众多层次、多方面、多样化精神文化需求。④加大对少数民族文艺院团和博物馆建设扶持力度。重点扶持体现民族特色和国家水准的少数民族文艺院团建设，积极鼓励少数民族文艺院团发展。扶持民族自治地方重点民族博物馆或民俗博物馆建设，鼓励社会力量兴办各类民族博物馆。民族自治地方的综合博物馆要突出少数民族特色，适当设立少数民族文物展览室、陈列室。加强少数民族文物征集工作，改善馆藏少数民族文物保存条件，做好少数民族文物鉴定、定级工作，提升管理、研究和展示服务水平。⑤大力开展群众性少数民族文化活动。鼓励举办具有民族特色的文化展演和体育活动，支持基层开展丰富多彩的群众性少数民族传统节庆、文化活动，加强指导和管理。尊重群众首创精神，发挥各族群众在文化建设中的主体作用，努力探索保护和传承少数民族优秀传统文化的有效途径。进一步办好全国少数民族文艺会演和全国少数民族传统体育运动会。⑥加强对少数民族文化遗产的挖掘和保护。结合第三次全国文物普查和非物质文化遗产普查，开展少数民族文化遗产调查登记工作，对濒危少数民族重要文化遗产进行抢救性保护。加大现代科技手段运用力度，加快少数民族文化资源数字化建设进程。进一步加强人口较少民族文化遗产保护。扶持少数民族古籍抢救、搜集、保管、整理、翻译、出版和研究工作，逐步实现少数民族古籍的科学管理和有效保护。加强少数民族非物质文化遗产发掘和保护工作，对少数民族和民族地区非物质文化遗产保护予以重点倾斜，推进少数民族非物质文化遗产申报联合国教科文组织“人类非物质文化遗产代表作名录”和国家级非物质文化遗产名录，加大对列入名录的非物质文化遗产项目保护力度。积极开展少数民族文化生态保护工作，有计划地进行整体性动态保护。加强保护具有浓郁传统文化特色的少数民族建筑、村寨。⑦尊重、继承和弘扬少数民族优秀传统文化。加强宣传引导，营造尊重和弘扬少数民族优秀传统文化的社会氛围。国家保障各民族使用和发展本民族语言文字的自由，鼓励各民族公民互相尊重、互相学习语言文字。尊重语言文字发展规律，推进少数民族语言文字的规范化、标准化和信息处理工作。在有利于社会发展和民族进步前提下，使各民族饮食习惯、衣着服饰、建筑风格、生产方式、技术技艺、文学艺术、宗教信仰、节日风俗等，得到切实尊重、保护和传承。加强对工业化、信息化、城镇化、市场化、国际化深入发展形势下少数民族文化发展特点和规律研究，不断开辟传承和弘扬少数民族优秀传统文化的有效途径，推进和谐文化和中华民族共有精神家园建设。⑧大力推动少数民族文化创新。促进现代技术和手段在少数民族文化发展中的应用，鼓励具有民族特色和时代气息的优秀文化作品创作，提高少数民族文化产品数量和质量。加大对少数民族艺术精品创作扶持力度，打造一批有影响的少数民族文学、戏曲、影视、音乐等文化艺术品牌。国家舞台艺术精品工程要进一步向少数民族和民族地区倾斜。国家各级各类文化奖项，少数民族文化作品获奖应占合理比重，对优秀少数民族文化作品及有突出贡献的文化工作者给予奖励和表彰，进一步激发少数民族文化创作的积极性、主动性和创造性。⑨积极促进少数民族文化产业发展。把握少数民族文化发展特点和规律，建设统一、开放、竞争、有序的文化市场体系，培育文化产品市场和要素市场，形成富有效率的文化生产和服务运行机制。充分发挥少数民族文化资源优势，鼓励少数民族文化产业多样化发展，促进文化产业与教育、科技、信息、体育、旅游、休闲等领域联动发展。确定重点发展的文化产业门类，推出一批具有战略性、引导性和带动性的重大文化产业项目，建设一批少数民族文化产业园区和基地，在重点领域取得跨越式发展。⑩加强边疆民族地区文化建设。支持边疆地区少数民族语言文字新闻出版业发展，增加公共文化产品特别是少数民族语言文字文化产品有效供给。进一步提高边疆民族地区广播电视覆盖率和影响力。发挥边疆少数民族人文优势，加强与周边国家文化交流，促进和谐周边环境建设。加强边疆民族地区文化产品进出口市场监管，清除各类非法印刷品，加强卫星接收设施监督管理工作，防止非法盗版、接收、传播境外广播电视节目，有效防范境外敌对势力文化渗透活动，维护边疆地区文化安全。⑪努力推进少数民族文化对外交流。切实增加少数民族文化在国家对外文化交流中的比重。每年安排一定数量的少数民族文化活动参与中外互办文化年和在国外举办的中国文化节、文化周、艺术周、电影周、电视周、文物展、博览会以及各类演出、展览等，促进形成全方位、多层次、宽领域的对外文化交流格局。打造一批少数民族文化对外交流精品，巩固少数民族文化对外交流已有品牌，进一步提升少数民族文化国际影响力。大力推动少数民族文化与海外华人华侨、台湾同胞、港澳同胞的交流，增强中华文化的认同感，为促进国家和平统一服务。①

其次，建立有利于民族地区公共文化发展的财政政策。新中国成立后，针对民族地区地广人稀、自然条件差、各民族生活习俗差异显著的特点，国家在民族地区实行财政优惠政策。上世纪70年代以来，我国先后设立了“边疆建设专项补助”、“边境事业补助费”等财政支出项目，对促进我国少数民族文化事业的发展发挥了重要的历史作用。上世纪90年代分税制改革以来，国家加大了对民族地区的转移支付力度，通过一般性财政转移支付、专项财政转移支付、民族优惠政策财政转移支付等方式，支持民族地区经济、教育、卫生、社会保障等领域的发展。2006年，中央对地方财政转移支付占地方财政支出总额的比例，在西部地区达到52.5%。近年来，党中央在多个重要文件中要求公共财政支持少数民族文化发展。各级地方政府也纷纷出台政策，以公共财政支持本地区少数民族广播、影视等文化事业的发展。从2000年到2006年，我国民族自治地方的地方财政支出中，用于教科文卫的支出由289.8亿元上升到848.36亿元，分别占2000年民族自治地方财政支出总额

① 具体参看：国务院《关于进一步繁荣发展少数民族文化事业的若干意见》，2009－07－05。

的24.7%和2006年民族自治地方财政支出总额的22.7%。同期，我国民族自治地方人均教科文卫支出由172元上升到480元，增长了1.8倍，高于全国人均教科文卫支出的增长速度，人均支出总额与全国平均水平的差距进一步缩小，进入新的加快发展阶段。①

最后，注重民族地区重大公共文化活动的开展。国家通过启动全国性重大文化项目和文化工程，投入专项经费来促进少数民族文化发展。在少数民族语言文字方面，从上世纪50年代以来，国家先后帮助壮、布依、苗、纳西、傈僳、哈尼、佤、侗、景颇、土等10个民族创制或改进了13种文字。在少数民族古籍整理方面，据不完全统计，近20多年来全国抢救、整理了散藏在民间的少数民族古籍上百万种（部、册、件，不包括各地整理的馆藏和寺院藏书），并公开出版了5000余部。上世纪80年代初开始，政府投入大量资金和人力物力，搜集整理各民族民间文艺资料，编纂了包括各民族文学、音乐、舞蹈诸门类的十大文艺集成。上世纪80年代至今，我国已经组织了3次全国少数民族文艺会演，举行了7届全国少数民族文学"骏马奖"、9届全国少数民族题材电视"骏马奖"和3届全国少数民族题材电影"骏马奖"评奖活动。上世纪90年代以来，国家启动了新一轮的全国性或针对少数民族的重大建设工程。"全国万里边疆文化长廊建设"工程、广播电视"村村通"工程、"西新工程"等文化工程的实施，切实提高了少数民族群众的文化生活质量，有效地推动了少数民族文化事业的发展。"十一五"期间启动的"新疆、西藏、内蒙古少数民族语言文字出版工程"、"少数民族人才队伍培养工程"等多项旨在促进少数民族文化全面发展的国家级重大工程，为少数民族文化发展注入了新的动力。②

（二）民族地区公共文化发展与建设不足

1. 公共文化服务与管理的制度弊端及其理论认知③

我国公共文化服务和管理在供给方面存在许多有待改善和提高的地方，主要在于以下几个方面：

一是公共部门垄断，效率低下。受计划经济传统的影响，公共文化物品和服务往往为政府垄断供给。对政府来说，由于经济发展局限，财力有限，往往表现为供给总量不足，另一方面，由于垄断管理，即使是建设的公共文化服务，其配置也往往不均衡，导致有限的公共文化设施利用效率不高，部分设施和场地的闲置浪费，有的设施在经历了短暂的使用之后，因缺乏有效管理和维护而处于瘫痪状态。在政

---

① 金星华，张晓明，兰智奇，惠鸣，徐平：《以科学发展观为指导，推动少数民族文化加快发展》，http：//www.chinaorg.cn，2009－06－19。

② 金星华，张晓明，兰智奇，惠鸣，徐平：《以科学发展观为指导，推动少数民族文化加快发展》，http：//www.chinaorg.cn，2009－06－19。

③ 周晓丽，毛寿龙：《论我国公共文化服务及其模式选择》，载《公共行政》2008年第5期。

府或公共部门垄断的情况下，一些公益性公共文化服务设施只是承载了书写政府政绩的作用。随着政府角色定位的日益清晰，政府的管理职能发生变化，公共服务的职能需要不断强化，政府才能最大限度地、有组织地整合公共文化资源，实现公众多层次、多样化、整体性的文化利益。但总的来说，发展公共文化服务，就要打破“政府是唯一公共文化服务提供者”的观念，打破公共部门的垄断地位，政府在加大对公共文化服务的投入的同时，必须创新机制，进一步探索公共文化服务的社会化与市场化道路，寻求社会力量的合作，放手让其他的组织和部门积极参与公共文化服务体系的建设。在西方国家，除了政府部门之外，大量的第三部门参与公共文化服务的提供，其经验值得汲取。

二是市场准入壁垒，资金流向单一。由于传统的公共文化服务体制是与计划经济体制相适应的政府选择、政府供给的国家垄断性体制。所以承担公共文化服务生产和供给职能的主要是各级各类国有企业事业机构，私人部门和外国资本因严格的政府管制、行政审批以及各种歧视性公共文化制度而难以进入。这样，一方面随着经济的发展和公民生活水平的不断提高，社会对公共文化需求的数量和质量不断提高，单靠公共财政资源难以满足公众对文化物品和服务不同层次的需求。另一方面，因为市场准入壁垒的存在，大量民间资本不能进入公共文化的生产和供给领域，导致资源浪费。市场经济体制的建立，改变了原有的公共文化服务体制的经济基础，必然要求公共文化体制朝着与市场经济体制相适应的方向发展。市场准入是一个国家开放度的标志，同时也是一个国家公民文化权利实现的程度性标志。公共文化服务的改革要在政府继续扩大财政投入力度的同时，探索公益文化社会办的路子，综合运用各种投融资工具和各种形式的财税优惠政策，促使各类民间资本和生产要素向公共文化服务领域合理流动，形成政府主导、社会参与、市场运作、多方投资的公益文化发展格局。

三是存在广泛的寻租，公共福利减少。公共文化产品或服务行业，因政府特许或公共部门垄断生产之后，其就成为某类公共文化物品和服务的唯一生产者或供给者，他们就会千方百计地阻止潜在竞争者的进入，从而获得超额垄断利润。然而，政府管制并不是免费的，政府对某类公共文化产品管制的要求者必须向政府官员支付相应的价格之后才能获得。这就导致了寻租的出现。为了利益的最大化，寻租者就会将有限的资源花费在寻租活动中去，以赢得有利的规则等非生产性活动，而不是用来生产公益物品和服务。这样不仅导致效率的丧失，而且广大的社会公众——即文化产品的消费者要遭受垄断、寻租活动导致市场上公共文化服务物品和服务单一，价格居高不下等社会公共福利损失。

对于公共文化服务供给制度中存在的问题，应以理论层面对其有充分的理解和认知。

首先是要认识到公共文化服务所具有的在消费上的特点，以及政策意义。萨缪尔森认为，公益物品是“每个人对这种物品的消费，却不会减少其他人对它的消费”的物品，他认为，灯塔就是这类物品的典型。不过，在现实中萨谬尔森所说的那种公益物品是极其少见的，甚至是根本不存在的，因为即使灯塔，就如科斯的研究结果所表明的，虽然具有这种性质，但也往往是有一定使用范围限制的，其收费往往通过行业协会来实现，并且对会员提供服务。对公共文化服务来说，那些被认为是纯公共文化物品和服务的公共图书馆或博物馆，由于要保证其非拥挤性，以及支付部分成本，消费者也可以而且也有必要支付一定的价格。

其次是认识公共文化物品和服务生产与供给的可分割性。奥斯特罗姆夫妇从产业的角度来看待公共服务，并认为在公共领域，供给与生产的区分是相当重要的。生产指的是将投入变成产出的更加技术化的过程，制造一个产品，或者在许多情况下给予一项服务。而供给这个词指的是通过集体选择机制对以下问题作出的决策：由指定的一组人提供各类物品和服务；被提供物品和服务的数量与质量；与这些物品和服务有关的私人活动被管制的程度；如何安排这些物品和服务的生产；如何对这些物品和服务的供给进行融资；如何对生产这些物品和服务的人进行管理。① 正因为如此，如果政府作为消费单位想得到满意的公益物品，可以有以下制度选择：经营自己的生产单位；与私人公司签约；确立服务的标准，让每一个消费者选择私商，并购买服务；向家庭签发凭单，允许他们从任何授权供给者购买服务；与另外一个政府单位签约；某些服务有自己生产，其他服务则从其他管辖单位或者私人企业那里购买。②

第三，公共文化物品和服务的直接生产和间接生产。根据奥斯特罗姆教授的观点，为了最大限度地实现产出效率，生产各种公益物品的各个公共部门都应该借助于与其他产业部门的分工，通过专业化机构协作进行生产，而不必由一个公共部门垄断一种公益物品的所有生产环节。公共服务的供给是多中心的，甚至可以通过积极主动的参与来获得理想的服务。“多中心为公益物品和服务的协作生产提供了一个理想的背景，社群不应该指望被动地等待政治权威的赏赐，而应该扮演积极的角色，安排所希望的公益物品和服务的协作生产（和协作提供）”。③

2. 民族地区公共文化发展问题重重

民族地区公共文化服务方面的变化和进步有目共睹，特别是近年来党和政府在改善公共服务方面的新举措更是给民族地区民众更大的期盼。但在欣喜取得的进步和成就之后，民族地区公共文化服务建设和发展过程中存在的问题也不容忽视，其中有些问题还是相当严重地存在着。只有发现和洞悉现存问题及其产生的原因，才

① ［美］埃莉诺·奥斯特罗姆，拉里·施罗德和苏珊·温，毛寿龙译：《制度激励与可持续发展》，上海三联书店，2000 年第 87 页。

② ［美］迈克尔·麦金尼斯，毛寿龙译：《多中心体制与地方公共经济》，上海：三联书店，2000 年第 113 页。

③ ［美］迈克尔·麦金尼斯，毛寿龙译：《多中心体制与地方公共经济》，上海：三联书店，2000 年第 113 页。

能更好地予以解决。根据我们的观察和了解，目前，民族地区公共文化服务建设和发展中存在的问题有以下几个方面。

首先，公共文化阵地建设不足，基础设施严重匮乏。近年来，随着经济的发展，农村的文化阵地建设得到了一定程度的加强，由几个乡镇建立了文化站，但是与人民群众日益增长的精神文化生活需求还有较大的距离。大多文化站是和乡镇政府在一起办公，缺少专门的工作场地和活动场所。据三都县主管文化工作的领导介绍，目前在乡镇从事文化工作的人员能够争取到一间单独的办公室就已经是一件很不容易的事情了。如果要组织群众举办大型的文化活动，只能到户外找一个稍微宽阔的场地，相应的设备如音响、乐器只能到县城文化馆去借，如果遇到刮风下雨活动只能取消。另外，图书馆的数量，藏书量和购数量远远低于国家的最低标准；乡村缺少电影放映等休闲娱乐的文化活动场，即使存在也是在那些年久失修的危房，所以农村电影放映的“2131”工程也只能缩水或走形式。总的来说，民族地区群众看书难、看电影难、参与文化活动难等问题，公共服务设施的质量和数量难以满足公众对公共文化的享用需求。

其次，公共文化活动经费短缺，投入严重不足。少数民族地区的贫困县，财政收入难以有效应对各种支出，所以大部分财源来自中央和上级政府的转移支付，县级政府既要发展生产又要投入文化事业，资金必然会捉襟见肘。农村公共文化活动因为缺少足够的经费支持而导致后劲不足，在基础设施、人才培养、节目排练、道具、服装、乐器等诸多方面都难以达到良好的效果，难以打造出群众文化活动的精品项目和特色团队。在调研过程中，大部分领导、从事文化工作的人员和群众都认为，资金是阻碍公共文化事业发展的重要的障碍。具体来说，一是公共财政对农村公共服务事业的投入缺乏强制性的规定，导致基层公共文化设施、公共文化网络和公共服务体系建设的力度不够。二是发展文化产业的资金难以保障。其原因主要在于投融资渠道狭窄，几乎难以从国家合法金融机构得到可持续、规模化的资金保障。三是公共服务的社会化融资渠道单一。在民族地区，很少有企业或一些非政府组织帮助改善农村公共文化服务的设施和进行投入。

再次，公共文化管理和服务人才紧缺，素质不高。就三都县来说，各乡镇有文化站的机构，最多的有三个工作人员，大部分乡镇是一人一编制。由于基层文化站工资少、待遇低，难以吸引具有较高素质的人才。以前从事文化工作的人员大部分都是退休的文艺工作者，虽然有舞台表演方面的经验，但公共文化活动组织和管理方面的能力欠缺，难以使乡村公共文化活动有效开展。有的地方乡镇政府认为文化站的人员可有可无，经常给这些人员安排与本职工作无关的事情，很难使文化工作者做到专干专用。另外，由于稍微有些知识的年轻人都出外打工，农村文化活动的参与者大部分年龄偏大，知识老化、专业化水平低、身体素质较差，对新事物的认识和理解程度较低，也直接影响农村公共文化活动开展的效果。在三都县唯一的专业剧团，大多数人员都是初中毕业，素质有待进一步提高。

另外，文化活动方式简单，农民文化生活依然匮乏。人民群众作为文化活动的参与者和受益者，随着生活水平的改善，对文化生活的追求也越来越强烈。目前，文化活动主要是在县乡文化和宣传部门为中心，以重大节日或重大活动为依托进行。如在三都县，一些传统的节日，如端节（zyeel dwac）、卯节（zyeel maox）、苏宁喜节（zyeel nyeenl xis）、敬霞节（zyeel syax）和荐节（zyeel zyeengl）大部分的乡镇和农村都开展一些民间民族民俗文化活动。除此之外，乡村公共文化活动还是以看电视、聊天、打牌、走亲访友为主。在调查中，大部分村民流露出对更好文化、教育和培训的期盼，对最新惠农政策、致富信息和致富技术的渴望。希望能有更大的舞台展示自己、表现自己，获得文化方面的享受。更希望抓节庆、三下乡、真正能够贴近民心、民意、落到实处。总的来说，由于受人员、经费等方面的限制，农村公共文化活动的方式比较单一，次数还不能满足公众对文化的需求。

最后，特色文化挖掘和利用的不足。由于“民族的就是世界的”。内涵丰富、底蕴深厚、富有特色的民族文化具有强大的生命力和吸引力。就三都县来说，水族节日文化的特殊性，水书蕴含的内在的魔力和吸引力远远没有被人所知。其本地迷人的风景如仙人桥、观音洞、晴雨石、产蛋岩、月亮树等奇特的自然景观和珍稀植物由于受思想、资金、能力等各方面制约，还没有很好地将文化资源优势转换为文化项目、文化资本，没能很好地发挥文化自身的产业优势。

概而言之，由于民族地区对公共文化建设理论认知不足，加上现实文化建设的资金、人才匮乏，严重制约着民族地区文化活动的开展，为此，进行公共文化建设成为民族地区发展的必由之路。

第二章　民族地区公共文化建设状况实证研究

第一节　甘肃省临夏县公共文化建设实证研究

一、临夏县公共文化服务情况概要

临夏县地处甘肃省中南部，辖属临夏回族自治州。它处于黄土高原和青藏高原以及农区和牧区的交汇地带，东与临夏市、东乡县、和政县接壤，南以甘南藏族自治州夏河县为界，西与青海省循化县毗连，西北与积石山县相连，北与永靖县隔河相望，是古丝绸之路必经之地和重要驿站。新中国成立后，曾经历“两合三分”的行政区域变化。临夏县总土地面积1212.4平方公里，全县辖有19个乡，6个镇，219个行政村，2个居委会，2103个社，76616户，总人口为38.12万人，其中农业人口35.84万人，占总人口的94.02%。县辖区内有汉、回、东乡、萨拉、保安、土、藏、维吾尔、蒙等15个民族，少数民族占总人口的60.13%。临夏县历史人文景观众多，有马家窑文化、齐家文化、辛店文化和半山、马厂文化，还有莲城村遗址，莲花乡大坡沟汉墓，莲花乡鲁家塬汉墓等文物古迹。有土门关、老鸦关、槐树关等重要关口遗址。有桥寺乡出土的文物、王震将军强渡黄河爱国主义教育基地等历史古迹。临夏县是国列、省列的贫困县，经济发展相对落后。2009年全县实现生产总值13.46亿元，社会消费品零售总额2.64亿元，财政收入3975万元，城镇居民人均可支配收入7818元，农民人均纯收入2078元。

目前，临夏县全县有秦剧团1个，文化馆1所，博物馆1所，公共图书馆6所，各类藏书2.3万多册。全县有线广播放大站15个，电视覆盖率达到96%；电视卫星地面接收站159座，其中村村通144座；有线电视入户4000多户，转播节目38套。实施有线电视城域网光纤改造和“村村通”工程，广播电视覆盖率不断扩大，且有一座宣传文化中心投入使用。①

一方面，醇厚的人文积淀和多元的民族文化是临夏县发展公共文化的优势，但是不同民族主体对于公共文化产品不同的需求也增加了当地公共文化产品供给的难度。另一方面，经济发展相对落后，资金短缺一直是临夏县提高公共文化服务水平的瓶颈。因而，如何扬长避短，在有限的资金支持下打造具有当地特色的公共文化供给体系显得难能可贵。综上，调研小组在充分考虑到临夏县的特殊性和兼具研究性的同时，将以公共部门经济理论和公共项目管理理论的视角去深析该县公共文化供给方面的特色和不足之处，以期对该县今后公共文化服务体系的完善有所帮助。

在社会主义市场经济和世界文化发展的新趋势、新要求的影响之下，我国文化事业面临全新的发展环境，焦点也日益集中在如何改变文化事业发展的理念和方式，以保障公众文化需求的满足及公民文化权利的实现，更好地发挥文化服务功能等方面。临夏县是一个多民族聚居区，在公共文化建设发展中享有国家的一系列优惠政策，公共文化产品的供给种类、模式有着自己独特之处，二〇一〇年七月在做好了前期准备工作的基础上，调研小组深入实地进行了较为系统的资料收集，有关该地的公共文化，我们可以概括为三大类，即公共文化基础设施、民间文化团体和非物质文化遗产。

（一）公共文化基础设施建设情况

文化基础设施建设，是公共文化服务体系建设的基础。通过调查发现，尽管近年来该县不断加大对农村文化设施建设的投入力度，城乡公共文化设施状况有了很大改善，但是文化基础设施建设落后问题仍然十分严重。

一方面，就当地公共文化基础设施的种类而言，根据调研小组的统计，在众多的公共文化设施中，只有“清真寺及其他一些宗教场所”这一选项有明显的倾向（如图2－1），超过60%的被调查者认可了这方面的公共文化基础设施，这说明在这方面的设施做的是比较到位的，人们都享受到了这些基础设施带来的便利。有关其他诸如图书馆、博物馆、老年活动室、体育健身场所等公共文化基础设施明显不足，有超过80%的被调查者没有选择这些选项，可见这些设施对人们没有产生多大影响，绝大多数没有享受到这些基础设施，公共文化基础设施建设仍然存在许多空白点。

① 临夏县政府网：http：//www. linxiaxian. gov. cn/

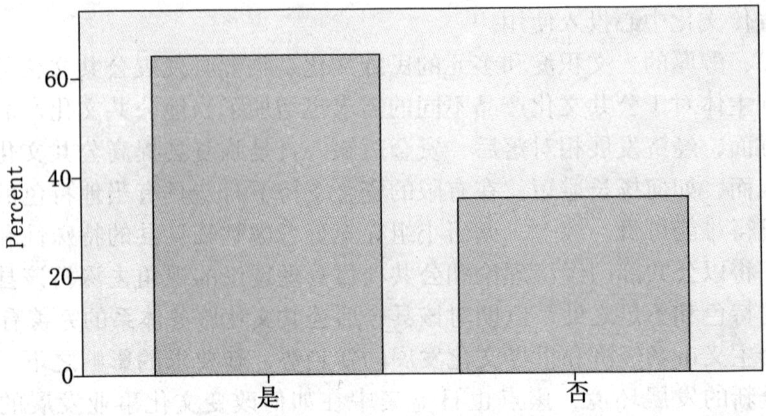

图 2－1　清真寺及一些其他宗教场所

通过调研组的问卷统计，我们发现该地公共文化基础设施非常有限，在谈到“您所在地可享有的公共文化设施有哪些?”时，有超过 80% 的被调查者回答没有公共文化设施（如图 2－2)。

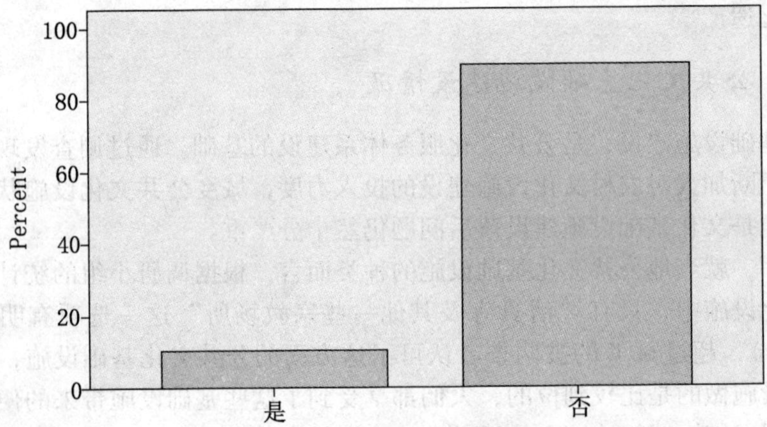

图 2－2　没有公共文化设施

另一方面，就其数量和分布来看，该地公共文化基础设施基本上只有乡镇文化站、村文化室及体育健身场所，其中体育健身场所就小组实地观察发现，它的规模很小，分布范围较窄，集中于某几个乡镇。根据该县文化局局长的介绍，目前只建成 5 个乡级的文化站，建成了 15 个乡镇级的体育场所，而其他的公共文化基础设施基本还没有涉及，现阶段由于人均占有量还不足，所以仍然主要集中投资于文化站、文化室和体育场所等方面。

对于目前这种状况，政府也提出了一系列旨在改善当地公共文化基础设施的构想，而且这些计划也正在逐步实施中。根据小组在文化局收集的资料，我们可以将政府在该地公共文化产品供给计划做如下归纳，具体分为三步走（如图2－3）：

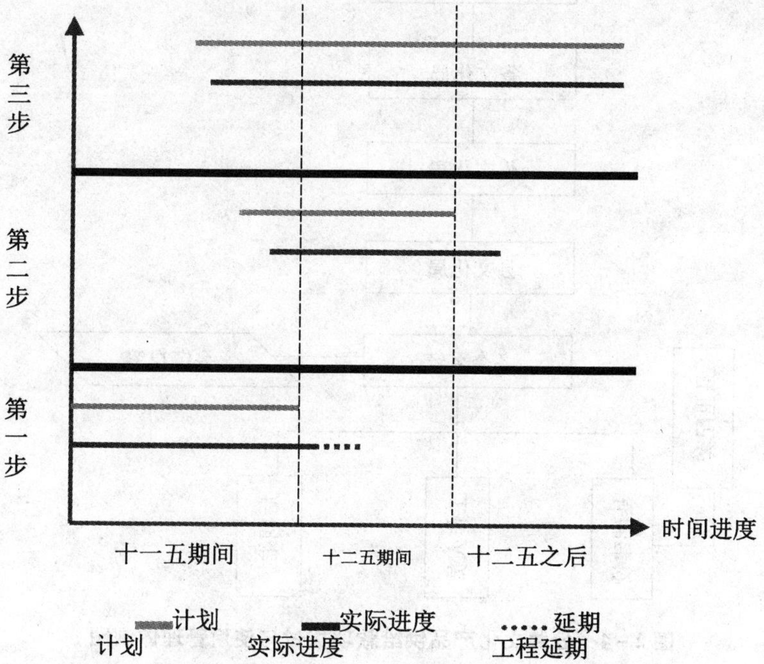

图2－3　政府对公共文化基础设施建设计划与进度安排

第一步：搞好三个建设，即乡镇文化站建设、农家书屋建设和文化信息资源共享工程建设。目前已经有5个乡镇文化站竣工，建筑面积均为300平方米，投资均为28万元（国家投资20万元，省上配套4万元，县上自筹4万元），另有17个乡镇综合文化站已列入州2010年建设规划。50个农家书屋已建成使用，每个书屋存有省上配套的2万元约1400多册书籍，州上配套价值5000元的书柜6个，椅子10把，阅览桌3张，2009年争取到99个农家书屋的建设指标，现阶段正在申报剩余72个农家书屋建设项目。文化信息资源共享工程已通过省文化厅审核，配备了台式电脑35台、笔记本电脑2台、电脑桌、电脑椅、主控机等价值68万元的设备，即将安装使用。

第二步：“三馆一中心”工程建设，即文化馆、图书馆、博物馆和青少年活动中心。该工程计划在县城新区建设，总建筑面积6026平方米，总投资128.5万元，新建框架结构五层双面综合楼1幢。其中尤其是博物馆建筑面积846平方米，投资85万元，已列入“十二五”规划。

第三步：进一步搞好文物和非物质文化遗产保护方面的工作，另一方面就是积极配合上级部门搞好公共文化建设，做好群众所需的公共文化产品供给。

政府有了这样的计划，还需要有资金的来源，从以下的拨款、用款管理体制结构图（如图2－4）及实际业务流程图（如图2－5），我们可以看出，政府目前在这一块有了很多的投入，国家、地方都有很大的投入，这为该地公共文化产品的供给

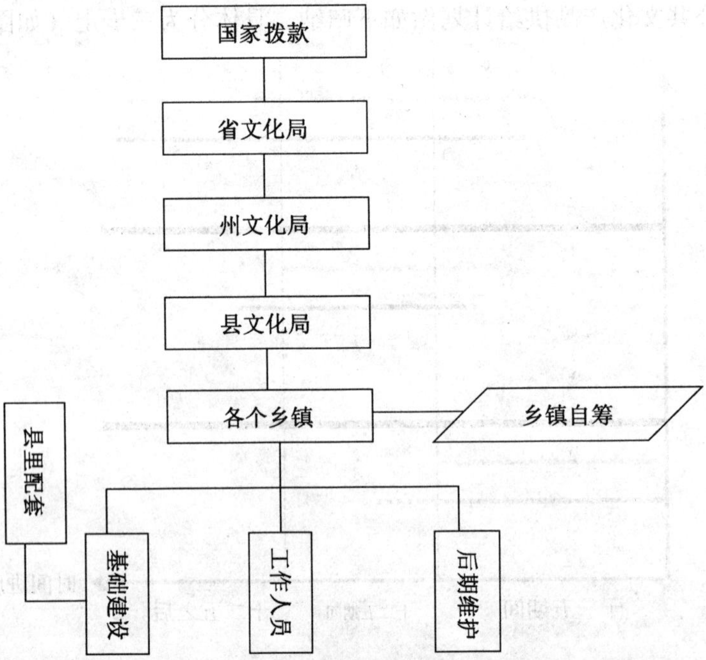

图 2－4　公共文化产品供给款项拨付与使用管理体制图

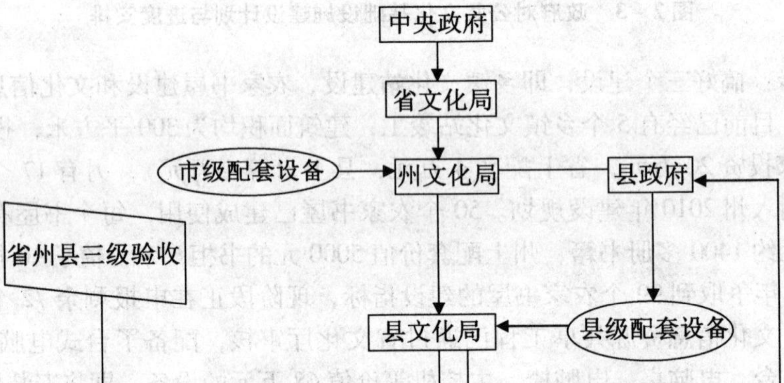

图 2－5　临夏县公共文化产品基础设施建设资金管理实际业务流程图

提供了很好的资金基础。

根据小组的调查及图2－4、2－5中的信息，不难看出当地公共文化产品的供给模式只是单一的政府供给。通过我们的调查得知，由于当地经济文发展相对落后（临夏是国贫县），当地财政拿不出资金，争取上面的资金也比较吃力，更没有其他的企业过来投资，所以当地的公共文化产品供给只能落到政府的头上。另一方面，公共文化产品具有非排他性和一定程度的非竞争性，这也决定了政府供给公共文化产品模式是其主导的供给模式。

（二）民间文化团体

1. 宗教文化

作为一个民族聚居区域，该地也有大批伊斯兰教、佛教、道教、基督教四大宗教信徒。据临夏地方志记载，1986年有宗教活动场所403处，其中伊斯兰教354处，佛教41处，道教8处。2004年有宗教活动场所592处，宗教教职人员506人，信教群众267731人，占总人口的71.62%，活动场所409处，信教群众117610人，清真寺405处，教职人员445人。佛教寺院59处，信教群众52570人，教职人员49人，其中和尚31人，喇嘛15人，活佛3人；道教宫观124处，信教群众97551人，教职人员12人。从我们的统计中（如图2－6）可以看出宗教活动场所主要分布在安家坡、韩集等乡（镇），在韩集镇的访谈我们虽然没统计出具体的数量，但是得知当前清真寺已经完全能够满足当地民众的需要，不需要在大力投入修建这方面的基础设施。

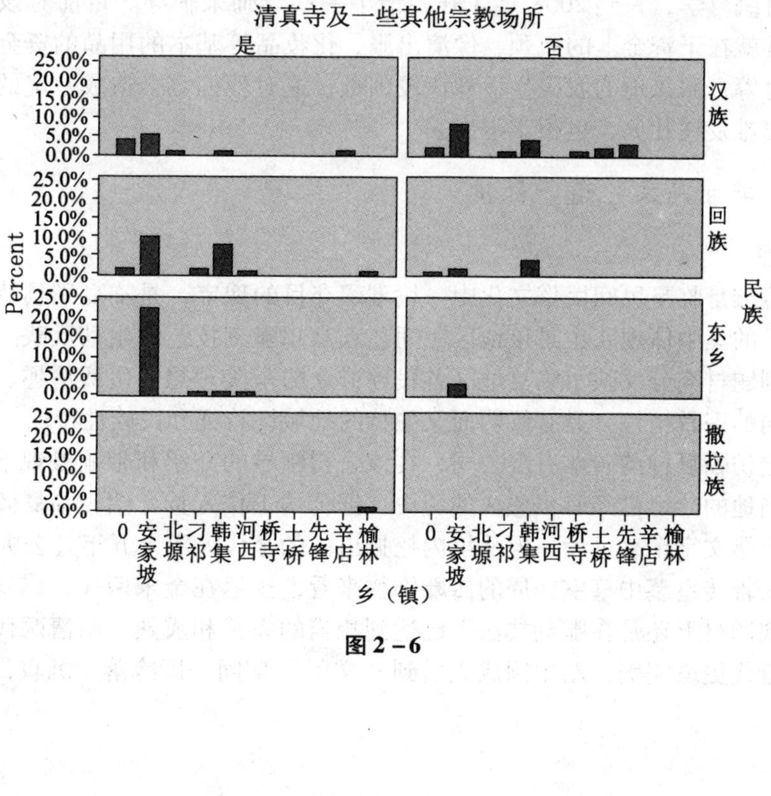

图2－6

根据我们在韩集镇的采访得知，当地的宗教团体有很多，并且大都是群众自发组织和经营的，尤其是宗教场所完全是民众自筹修建，政府主要在土地的审批上把关，现在当地的宗教场所基本能够满足民众的需求，所以政府在这方面的把关就更加严格了。同时由于临夏县正在修建新城区及拓宽道路，需要占用大量的土地，当地政府本着以人为本的原则，充分考虑当地的宗教文化特色，在很多有清真寺的地方都改道而行，这充分体现了当地政府对少数民族特色文化的重视。

这些宗教团体的建立在当地有着举足轻重的作用，根据韩集镇镇长的介绍，当地的宗教团体尤其是清真寺及伊斯兰教民众生活相当有秩序，这对稳定社会，构建和谐的临夏县有很大的作用，虽然宗教问题是一大社会问题，但是在该地区宗教起着很大的积极作用。

2. “夕阳红”秧歌队

调研小组在安家坡民族乡进行调查时，在该乡乡长的介绍下，得知该地有一个民间自发组织秧歌队，通过与该秧歌队领队的交流，了解到这个组织是比较松散的群众自发组织，全队的平均年龄 40 多岁，全是汉族，人员大多来自蒋王村和韩信村。主要开展一些“夕阳红”比赛交流，如跳舞、跳秧歌、唱歌及唱戏之类的，在春节、大型的宗教节日及一些体育活动中也会参与表演。该队 2010 年就代表该乡去跳秧歌得了全县第一名。

这一群众组织的建立，丰富了农民在农闲时的生活，增长了他们的知识，开阔了眼界，在一定程度上有利于缓解农民们的生活压力。但是，该秧歌队的表演过去一直都是自编自学，只到 2008 年才开始请了一些老师来辅导。目前对该组织来说最大的困难就在于资金上的瓶颈，像演出服、化妆品等基本的用品的资金来源都是来自农民自筹，而该地的农民生活都比较困难，这对他们也会造成一定的负担，致使该组织很难发展壮大，也很难走出去。

（三）非物质文化遗产保护

1. 砖雕

临夏砖雕是临夏民间民俗文化中一块璀璨夺目的瑰宝，是临夏别具特色的古建筑装饰艺术的集中体现，也是该地区民间艺人高超雕刻技艺的生动反映。这些丰富多彩的雕刻题材充分反映了临夏地区各民族群众的审美理想、生活情趣、价值观念和各自不同的宗教情怀，具有鲜明而又独特的地域性特征和民族性特征。

通过走访临夏神韵砖雕有限公司，在该公司领导的介绍和带领参观下，调研组发现其实当地的砖雕已经有很悠久的历史。据公司工作人员介绍，临夏砖雕的历史渊源虽无史籍文字记载可考，但从境内挖掘出土的金代大定十五年（公元 1175 年）进义校尉王吉砖室墓中墓室四周的砖雕饰物来看，至迟在金宋两代，临夏砖雕技艺无论在表现题材上还是在雕刻技法上已达到相当的完善和成熟。明清两代进入了兴盛期，至近代更臻完美，新中国成立后到“文革”期间一度冷落、沉寂，二十世纪八十年代初再度复苏、弘扬，进入了振兴期，砖雕技艺作为古建筑装饰艺术，同木雕、彩绘等姊妹艺术在仿古建筑业界得到空前的发展，成为临夏古典建筑业集团独一无二的品牌特色。同时又在为争创临夏砖雕国家级品牌而努力。

现阶段来看，当地的这一大特色产品也才刚起步，作为临夏县最大的砖雕公司也刚刚成立三年，而且是民营企业，但是它已经走出临夏，走向了世界。该公司年生产成品 3 万平方米，实现产值 8662 万元，为了进一步提高科技含量，实现对传统工艺技术的改造，公司研发了 EPMPS 高分子材料生产的砖雕新产品，达到了国际先进水平。同时，为了扩大生产规模，推进产业化发展，公司投资了 1440 万元，在双城经济开发区建设的能成砖雕产业园已完工，正在试运行。

作为该地区的一大特色文化产业，临夏县委、县政府对临夏砖雕这一传统的民间民俗文化也采取了相应的保护措施，作了许多挖掘、抢救、继承、弘扬工作，使临夏砖雕被列入了第一批省级、国家级非物质文化遗产项目名录。

2. 手抓

临夏县是一个多民族聚居区，东乡族和保安族是以临夏为主聚居区的两个少数民族。东乡手抓是以一个民族命名的一种小吃，东乡手抓无疑独占鳌头。它以东乡族独特烹饪方法煮制的本地羊肉而得名。手抓羊肉作为临夏最具代表性的名吃，已成为临夏地区饮食的一张名片，风靡西北。东乡羊被戏称为吃的是冬虫夏草、喝的是矿泉水、听着“花儿”长大的。东乡羊膘肥肉嫩、肉质细腻、口味醇香，富含丰富蛋白质及多种微量元素，久食能增强人体免疫力。临夏人待客，无手抓则不成席。东乡手抓为鲜宰羊肉整只煮就，属天然绿色食品。按羊的不同部分分别大盘上席，体现了东乡族人民淳朴好客和西北民族的豪爽之气。在当地还有一种流传：“说起手抓，想起临夏”，“客人来了，不吃顿手抓，枉来临夏”。

据文化局局长介绍，这个手抓在全国各地都有连锁店，已经形成产业，一般大型的饭店里都有东乡手抓，西北人都爱吃手抓，并且已经列入了国家的非物质文化遗产。为了通过品牌化管理方式提高“东乡手抓”产品的附加值，增强市场竞争力，做大做强并保护好这一地方品牌，东乡县成立了“东乡手抓羊肉”品牌管理协会，制定了《东乡县无公害农产品生产技术规程—东乡手抓羊肉成品羊》地方标准并通过省质量技术监督局审批。2004 年 11 月，东乡县正式提出注册“东乡手抓羊肉”证明商标的申请，经国家商标局受理、初审通过并进行公示后无任何异议，东乡县“东乡手抓羊肉”品牌管理协会于 2007 年 7 月 28 日正式获得“东乡手抓羊肉”证明商标所有权。由此，“东乡手抓羊肉”证明商标成为东乡族自治县和临夏州第一件全国性地理标志证明商标。现在，东乡手抓已经成为继“兰州牛肉面”之后的又一甘肃省“名吃”。由此可见，临夏手抓已经不仅仅是临夏县的一大特色文化产业了，它已经扩大了其影响地域。

二、公共文化活动参与度分析

作为公共文化服务的客体，其对公共文化活动的参与程度可直接反映出当地公共文化资源利用情况和公共文化服务供给的质量。一方面，当地政府通过对农民公共文化活动参与度的动态监测，可针对性地优化公共文化产品的供给体系，提高公共文化产品的投入—产出率；另一方面，保证一定的公共文化活动参与度可有效激活公共文化供给的内生机制，扩大公共文化市场。以下将从公共文化活动参与度和准公共文化活动参与度两个方面来进行分析。

（一）公共文化活动总体参与情况

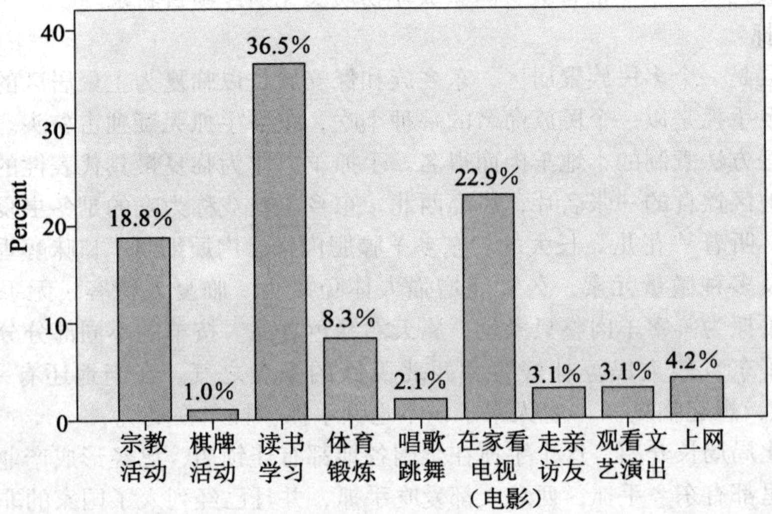

图 2－7 参加频率第一的活动

如图 2－7 所示当地群众最常参加的活动主要集中在“读书学习”、“在家看电视（电影）”、“宗教活动”等一些准公共文化活动上，而对诸如“观看文艺演出”、“唱歌跳舞”、“民间艺术”等一些大众型的公共文化活动则较少涉及。这种参与度的差异性与文化供给成本是紧密相连的。对于“读书学习”、“在家看电视（电影）”这样一些准公共文化活动的参与更趋向于个人意愿，而要使这些文化资源发挥其文化效应的载体是容易获得的，可能只要有几本感兴趣的书抑或是一台电视机就能使这些文化资源发挥愉悦人们精神的作用。然而，要举办像“文艺演出”、“文化下乡”等这样一些公共文化活动就需要实现从私人领域向公共领域的转变，这就要求必须有一个权威的主体去整合各项资源，进行需求协调，搭建一个公共文化平台，而在这个过程中所消耗的人力物力无疑会加大文化产品的供给成本。但是资源是稀缺的，由于临夏县经济发展处于较低水平，各项资源都极为短缺，因此，公共文化产品供给不足导致了这种参与度的差异。

其次，从整体来看，当地群众对于公共文化活动的参与度处在一个较低的维度。在问卷涉及的 12 项文化活动中（包括读书学习、观看电影、文艺演出、体育竞赛、科普人文知识学习、宗教节日庆祝活动、法规政策宣传学习、浏览网页聊天、棋牌游戏、网络游戏、民间艺术、走亲访友），调查主体对于“读书学习”的参与程度最高，为36.5%。而只有2.1%的样本对象参与了“观看文艺演出”，没有一个样本对象表示曾参加过与“民间艺术”有关的文化活动。这种较低的参与水平与当地的公共文化基础设施、群众的文化意识、政府的发展理念有很大的关联性。

再者，当地群众对于公共文化活动的参与有一定的选择性。其选择取向与调查主体的民族成分、受教育程度和职业有关。

如图2－8“民族—参加频率”双变量交叉分析图所示，在选择经常参加“宗教活动”的18.8%的样本对象中，回族、东乡族和撒拉族分别占到了8.9%、8.9%和1.0%，没有一位汉族群众表示自己曾参加过“宗教活动”。此外，汉族群众对于非宗教性活动的参加频率要多于其他少数民族。如，在选择经常性参加“体育锻炼”的8.3%的样本对象中，汉族群众占到了5.3%，回族和东乡族分别占到2.3%和0.7%，没有撒拉族样本对象表示层参加过“体育锻炼”。这种不同民族选择取向之间的差异性是由不同民族的经济结构、文化习俗、价值观念所决定的。此外，样本对象对于公共文化活动的选择取向还与其受教育程度有关联。

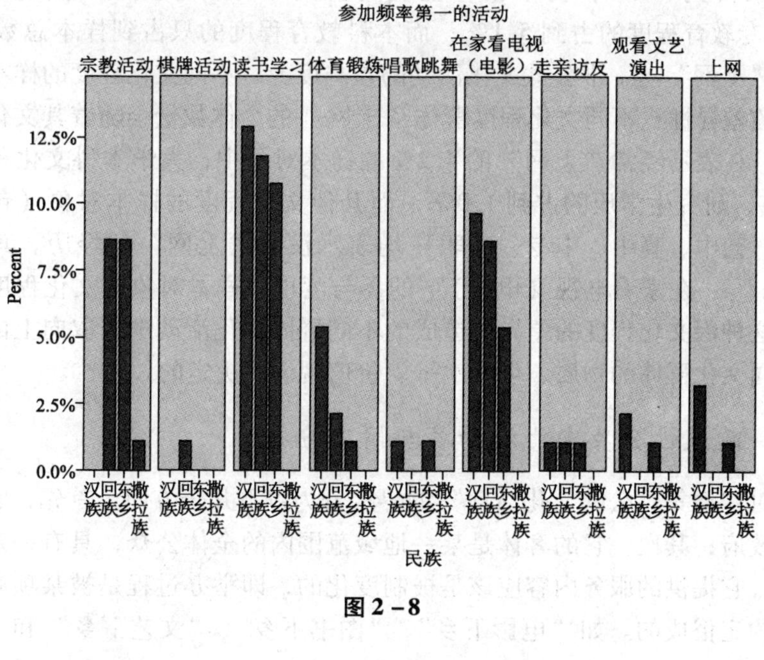

图2－8

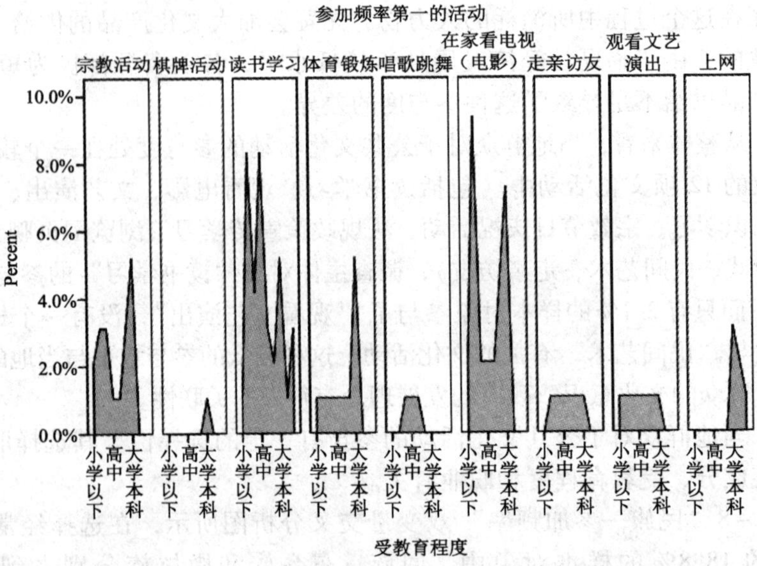

图2-9

如图2-9“受教育程度—参加频率”双变量交叉分析图所示，不同文化程度群体对“读书学习”这一文化活动的参与度表现出极大的差异性，且在样本对象中，不同文化程度群体加该活动的个体数量随着样本对象文化程度的升高而减少。在选择经常性参与“读书学习”活动的36.5%的样本对象中，小学以下教育程度的样本对象占到8.2%；初中教育程度的占到4.3%；高中教育程度的只占到2.1%；中专教育程度的占到5.1%；而本科教育程度的只占到样本总数的1.0%。此外，在“上网”这一准公共文化活动的参与度上，不同文化程度的样本对象也表现出极大的差异性：不同文化程度群体“上网”的个体数量会随着其文化程度的升高而增多。在表示经常“上网”的4.2%的样本对象中，大学本科文化程度的样本占到3.2%，研究生学历的占到1.0%，而其他文化程度的样本对象（包括小学以下、小学、初中、高中、中专、高职）均表示没有“上网”的经历。其余的诸如“棋牌娱乐”、“在家看电视（电影）”的参与度也和样本对象的文化程度有一定的关系。而这种因文化程度的差异而造成的不同群体文化活动选择取向上的不同，主要是由不同文化群体的物质、生活水平、价值观念所决定的。

（二）政策性公共文化活动参与情况分析

我们对“政策性公共文化活动”的界定分为以下几个方面。首先，它的供给主体应该是政府；其次，它的客体是某一地域范围内的全体公众，具有一定的非排他性；再者，它提供的服务内容应该是被制度化的，即举办过程是被某项政策所规范的或者是约定俗成的。如“电影下乡”、“图书下乡”、“文艺下乡”和“法律、政策的宣传教育”以及“农家书屋”的建设等公共文化活动就是在国家相关政策的规定下，由某一级政府的相关职能部门负责，定期在各个区域举办。而当地群众对这些政策性公共文化活动的参与程度就是我们这部分考察的重点。

1.“图书借阅”参与情况

首先，我们从当地群众借阅图书的频率来考察当地“农家书屋”、“乡镇综合文化站”的建设和公共文化资源的利用情况。

您会经常去图书室借阅图书吗？

		Frequency	Percent	Valid Percent	Cumulative Percent
Valid	是的，经常去	18	18.8	37.5	37.5
	偶尔去	22	22.9	45.8	83.3
	从来不去	8	8.3	16.7	100.0
	Total	48	50.0	100.0	
Missing	0	48	50.0		
Total		96	100.0		

图 2-10

如图 2-10 所示，在样本对象中，有 50.0% 的样本表示所在区域没有图书室，因而客观条件限制了这部分对象“借阅图书”的主观能动性（这部分样本对象按“缺失值”处理）。在余下的 50.0% 样本对象中，有 18.8% 的人表示“经常去”借阅图书；22.9% 的样本对象表示“偶尔去”；另有 8.3% 的人选择“从来不去”。在我们的实际调研过程中也发现，当地的大部分“农家书屋”设立在村委会的办公区域内，并且大部分时间处于休业状态，而“农家书屋”中的绝大部分图书资源也都处于闲置状态，前来借阅图书的村民寥寥无几。当地“农家书屋”的管理人员告诉我们，由于“农家书屋”中有些图书要一定的文化素质积淀才能看懂，而农民自身的能力素质驾驭不了这些图书；另一方面，农民对图书资料的偏好可能更多地体现在如何解决现生活会中的困难，那么像有关农业、养殖业方面的书就会更受欢迎，但是“农家书屋”中这方面题材的书相对来说比较短缺。因此，当地图书资源的供给存在相对意义上的过剩，这种相对意义上的过剩一方面是由于公共文化产品的供给缺乏针对性和层次性，即由公共文化服务体系中缺乏民意诉求机制造成的；另一方面也与当地群众的文化素质，生活结构和经济能力有很大的关联。

2.“文艺演出”参与情况

其次，我们再从当地群众对“文艺演出”活动的参与度来做考察。

受教育程度 * 观看文艺演出 Crosstabulation

			观看文艺演出			
			经常参与	基本参与	偶尔参与	从不参与
受教育程度	小学以下	Count	3	2	1	1
		% within 受教育程度	42.9%	28.6%	14.3%	14.3%
		% of Total	3.2%	2.1%	1.1%	1.1%
	小学	Count	6	9	6	0
		% within 受教育程度	27.3%	40.9%	27.3%	.0%
		% of Total	6.4%	9.6%	6.4%	.0%
	初中	Count	3	1	7	0
		% within 受教育程度	27.3%	9.1%	63.6%	.0%
		% of Total	3.2%	1.1%	7.4%	.0%
	高中	Count	3	4	0	1
		% within 受教育程度	33.3%	44.4%	.0%	11.1%
		% of Total	3.2%	4.3%	.0%	1.1%
	中专	Count	2	1	3	1
		% within 受教育程度	28.6%	14.3%	42.9%	14.3%
		% of Total	2.1%	1.1%	3.2%	1.1%
	高职	Count	2	0	4	0
		% within 受教育程度	33.3%	.0%	66.7%	.0%
		% of Total	2.1%	.0%	4.3%	.0%
	大学本科	Count	10	4	13	1
		% within 受教育程度	35.7%	14.3%	46.4%	3.6%
		% of Total	10.6%	4.3%	13.8%	1.1%
	研究生	Count	0	1	0	0
		% within 受教育程度	.0%	100.0%	.0%	.0%
		% of Total	.0%	1.1%	.0%	.0%
	大专	Count	1	0	2	0
		% within 受教育程度	33.3%	.0%	66.7%	.0%
		% of Total	1.1%	.0%	2.1%	.0%
	Total	Count	30	22	36	4
		% within 受教育程度	31.9%	23.4%	38.3%	4.3%
		% of Total	31.9%	23.4%	38.3%	4.3%

图 2－11

如图 2－11“受教育程度—参与度”交叉分析表所示，无论是哪种文化程度的群体，他们对于“文艺演出”的参与程度均保持在较高的水平：有 31.9% 的样本对象表示“经常观看文艺演出”；23.4% 的样本对象表示“基本参与”；另有 38.3% 的样本对象表示会“偶尔参与”；只有 4.3% 的样本对象选择“从不参与”。调查显示，表示“观看文艺演出”的样本数量在各个文化程度群体中分布较为均匀，并未有因文化层次的变化而表现出一定的富集现象。当地群众之所以能对“观看文艺演出”保持较高的参与热情，主要有以下几方面的原因。第一，兴趣热爱促成了文化内生机制的产生，文化的内生机制扩大了文化的再生产规模。临夏县是一个多民族的地区，每个民族都有自己丰富的文化历史资源，而把这些丰富的文化历史资源通过“文艺演出”形象地展现出来，便成为广大群众所喜闻乐见的文化形式。临夏县每年一度的“花儿”演唱会就来自于我国回族的传统山歌表演，通过艺术的加工并结合时代的特色使之成为一种雅俗共赏的艺术形式，并由政府提供一个展示平台，让其发挥充实广大群众精神世界，带动文化产业发展的功能。这种文化形式的魅力就在于它来自于民间并服务于民间，大众的热爱和政府的支持作为一种源动力推动了这种文化形式的发展，从而扩大了公共文化产品的再生产规模。第二，权威式的“文艺演出”供给保障了群众的参与度。充足的公共文化产品供给数量和多样的文化供给形式是保障公众参与度的基础。早在2005年，党中央关于开展科技、文化、卫生“三下乡”的政策出台后，各级政府部门和社会各界都为新农村建设提供了大量的物资。临夏县政府每年都会在省文化厅的支持下，由县文化局负责协调，在不同的乡镇举办多场形式新颖，内容丰富的文艺演出，从而让更多的群众参与到“观看文艺演出”的文化互动中。

3. “法规政策宣传学习”参与情况

再者，我们从当地群众对“法规政策宣传学习”的参与度来考察其公共文化产品供给的投入—产出情况。公共文化产品的供给是群众参加的基础，因而我们先从当地政府开展“法规政策宣传学习”的频率来看群众是否有参加这一公共文化活动的现实基础。

如图2－12“乡（镇）—法规政策宣传教育”双变量交叉图所示，从整体上来看，当地政府比较重视对群众进行“法规政策宣传教育”。在所选取的10个样本乡中，表示所在地区经常举办“法规政策宣传教育”的样本数量占到总样本的29.8%；表示“偶尔举办”的占到样本总数的47.6%；另有11.9%的样本对象表示“从未举办”；还有10.7%的样本对象表示“不清楚”。再将变量分开来看，我们发现不同乡镇开展“法规宣传教育”的频率也不尽相同。如在选择“经常举办”法规政策宣传教育的29.8%的样本对象中，韩集镇（县政府驻地）的样本对象占到14.3%，而先锋乡的只占到1.2%。这种差异性与各乡镇政府的行政资源可支配情况和阶段性的工作重点是密切相关的，但是总的来说各级政府开展相关法规政策宣传教育的积极性是比较高的，这一方面要归于上级部门制度性的压力；另一方面也与开展“法规政策宣传教育”产出的整合社会秩序，纠正人们的政治意识的外部效应有关。

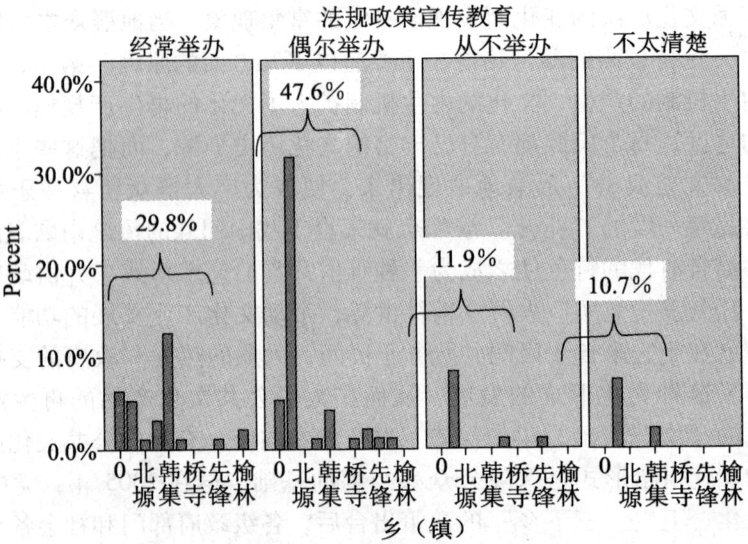

图 2－12

其次，我们再从群众对“法规政策学习教育”的参与度来考察。

如图 2－13“职业—法规政策学习”双变量交叉分析表所示，从整体来看，当地群众对“法规政策学习”这一公共文化活动的参与度处于较高的水平，并表现出与各地区开展“法规宣传教育”频率一定的相似性，这也进一步说明了公共文化产品的供给量对于公众参与度的决定性作用。如上图所示，有 30.2% 的样本对象表示“经常参与”法规政策的学习；有 25.0% 的样本对象表示“基本参与”；另有 32.3% 的样本对象表示“偶尔参与”；只有 9.4% 的样本对象选择了“从来不参与”。再将变量分开来看，不同参与维度在不同职业群体之间的分布表现出极大的差异性。从“经常参与”这一维度来看，选择该选项的样本数量随着“工人—从事服务业的人员—农民—学生—经商人员—企事业单位干部—专业技术人员（含教师、医生等）—党政机关干部”这一职业链条的推进呈阶梯递增趋势，其选择“经常参与”这一维度的样本数量分别依次占到总样本数的 0.0%、9.1%、12.0%、23.1%、33.3%、33.3%、50.0% 和 56.5%。笔者认为“法规政策宣传教育”的参与度与样本对象的职业分布有关是因为政治要对行政进行渗透和适度控制。现阶段，在政治与行政相分离的客观要求下，还必须寻求政治与行政的相互协调。作为国家意志表达的政治层级必须在司法部门、立法部门、行政部门安插自己的政党集团，并通过对其进行相关法律、法规、政策的教育，以影响其政治意识形态和政治立场，强化其对政党的忠诚度，从而保证国家意志的正常执行。再从我们的调查结果来看，“工人—从事服务业的人员—农民—学生—经商人员—企事业单位干部—专业技术人员（含教师、医生等）—党政机关干部”这些职业群体对政治系统或者是行政系统的影响作用力也是近似呈递增趋势的，因而对其政治意识形态的规范力度也是逐渐加强的。从这个层面来说，群众对“法规政策学习”这一公共文化活动的参与并非都属于自愿参加，可能在不同职业群体范围内有不同的制度已经将这一活动的时间、内容、形式加以制度性的规范，如我国大学生都要接受马克思主义的系统教育。

职业 ＊ 法规政策学习 Crosstabulation

			法规政策学习			
			经常参与	基本参与	偶尔参与	从来不参与
职业	农民	Count	3	6	11	4
		% within 职业	12.0%	24.0%	44.0%	16.0%
		% of Total	3.1%	6.3%	11.5%	4.2%
	工人	Count	0	1	1	0
		% within 职业	.0%	50.0%	50.0%	.0%
		% of Total	.0%	1.0%	1.0%	.0%
	学生	Count	3	2	6	1
		% within 职业	23.1%	15.4%	46.2%	7.7%
		% of Total	3.1%	2.1%	6.3%	1.0%
	从事物服务业的人员	Count	1	2	8	0
		% within 职业	9.1%	18.2%	72.7%	.0%
		% of Total	1.0%	2.1%	8.3%	.0%
	专业技术人员（含教师、医生等）	Count	5	2	2	1
		% within 职业	50.0%	20.0%	20.0%	10.0%
		% of Total	5.2%	2.1%	2.1%	1.0%
	经商人员	Count	1	1	0	1
		% within 职业	33.3%	33.3%	.0%	33.3%
		% of Total	1.0%	1.0%	.0%	1.0%
	党政机关干部	Count	13	5	3	2
		% within 职业	56.5%	21.7%	13.0%	8.7%
		% of Total	13.5%	5.2%	3.1%	2.1%
	企事业单位干部	Count	3	5	0	0
		% within 职业	33.3%	55.6%	.0%	.0%
		% of Total	3.1%	5.2%	.0%	.0%
	Total	Count	29	24	31	9
		% within 职业	30.2%	25.0%	32.3%	9.4%
		% of Total	30.2%	25.0%	32.3%	9.4%

图 2－13

4. “科普（人文）知识学习”参与情况

全民文化素质的提高是一个国家综合实力不断加强的基础，因而进行普遍的科普（人文）知识宣传和教育应该是公共文化产品的重要组成部分。我们将对临夏县群众对“科普（人文）知识”学习的参与情况做一考察。

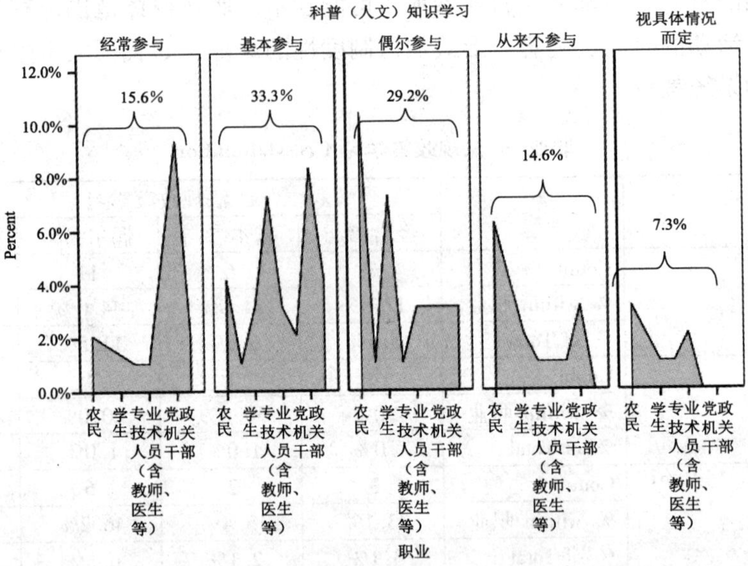

图 2－14

如图 2－14“职业—科普（人文）知识学习”双变量交叉分析图所示，整体来看，当地群众对于参加“科普（人文知识）学习”具有较高的积极性。有 15.6% 的样本对象表示“经常参与”科普人文知识学习；33.3% 的样本对象表示“基本参与”；另有 29.2% 的样本对象表示“偶尔参与”；还有 7.3% 的样本对象表示“视具体情况而定”；只有 14.6% 的样本对象选择“从来不参与”。这种较高的参与度一方面与农民的兴趣有关。调查显示，有关防治农业病虫灾害和家禽、家畜养殖科普知识的普及教育非常受当地农民的欢迎。这种类型的科普知识宣传教育对农民来说相当于一种软实力的提升，可以直接增进其经济收益。另一方面，较高的“科普（人文知识）学习”参与度也得益于当地政府保证了“科普（人文知识）宣传教育”这一公共文化产品一定的供给量。

乡（镇）＊科普（人文知识）宣传教育 Crosstabulation

			科普（人文知识）宣传教育				
			经常举办	偶尔举办	从不举办	不太清楚	Total
乡（镇）	安家坡	Count	6	17	15	12	50
		% within 乡（镇）	12.0%	34.0%	30.0%	24.0%	100.0%
		% of Total	7.1%	20.2%	17.9%	14.3%	59.5%
	北塬	Count	0	1	0	0	1
		% within 乡（镇）	.0%	100.0%	.0%	.0%	100.0%
		% of Total	.0%	1.2%	.0%	.0%	1.2%
	刁祁	Count	2	1	0	1	4
		% within 乡（镇）	50.0%	25.0%	.0%	25.0%	100.0%
		% of Total	2.4%	1.2%	.0%	1.2%	4.8%
	韩集	Count	9	8	0	1	18
		% within 乡（镇）	50.0%	44.4%	.0%	5.6%	100.0%
		% of Total	10.7%	9.5%	.0%	1.2%	21.4%
	河西	Count	0	1	1	0	2
		% within 乡（镇）	.0%	50.0%	50.0%	.0%	100.0%
		% of Total	.0%	1.2%	1.2%	.0%	2.4%
	桥寺	Count	0	1	0	0	1
		% within 乡（镇）	.0%	100.0%	.0%	.0%	100.0%
		% of Total	.0%	1.2%	.0%	.0%	1.2%
	土桥	Count	0	2	0	0	2
		% within 乡（镇）	.0%	100.0%	.0%	.0%	100.0%
		% of Total	.0%	2.4%	.0%	.0%	2.4%
	先锋	Count	0	3	0	0	3
		% within 乡（镇）	.0%	100.0%	.0%	.0%	100.0%
		% of Total	.0%	3.6%	.0%	.0%	3.6%
	辛店	Count	0	1	0	0	1
		% within 乡（镇）	.0%	100.0%	.0%	.0%	100.0%
		% of Total	.0%	1.2%	.0%	.0%	1.2%
	榆林	Count	0	2	0	0	2
		% within 乡（镇）	.0%	100.0%	.0%	.0%	100.0%
		% of Total	.0%	2.4%	.0%	.0%	2.4%
Total		Count	17	37	16	14	84
		% within 乡（镇）	20.2%	44.0%	19.0%	16.7%	100.0%
		% of Total	20.2%	44.0%	19.0%	16.7%	100.0%

图 2－15

如图 2－15“乡（镇）—科普人文知识宣传教育”双变量交叉分析表所示，关于“科普人文知识宣传教育”这一公共文化产品的供给量整体上较为充裕。在调查抽取的10个样本乡镇中，有20.2%的样本对象表示所在区域“经常举办”科普人文知识教育活动；有44.0%的样本对象表示“偶尔举办”；另有16.7%的样本对象表示“不太清楚”；只有19.0%的样本对象选择“从未举办”。其供给规模与群众对“人文知识学习”的参与度是相吻合的。这种吻合不仅表现在“科普人文知识宣传教育”的供给量与群众参与度成正比，而且每个乡镇的供给量也与该地区的群众参与度成正比。

然而，再将自变量和因变量分开来看，我们发现对于“科普（人文）知识宣传教育”的参与度会在不同的职业群体间表现出极大的差异性。在表示“经常参与”科普（人文）知识宣传教育的15.6%的样本对象中，工人、学生、经商人员均占到样本总数的0.0%（如2－8所示。注：本段所界定的“科普（人文）知识的宣传教育”只包括由政府或相关单位定期提供的，并不包括学校的正规教育）；农民群体占到2.1%；从事服务业的人员占到样本总数的1.0%；专业技术人员占到1.0%；企事业单位干部占到2.1%；而党政机关干部占到9.4%。可见，不同职业群体对于“科普（人文）知识宣传教育”的参与度沿着“工人—学生—经商人员—农民—从事服务业的人员—专业技术人员—企事业单位干部—政党机关干部”这一职业链条而呈逐渐升高的趋势。当然，参与度体现在不同职业群体间的差异性与以下几方面的因素有关。一是不同职业对其从业人员的资质、技能、文化素质的要求不同；二是不同职业在现实社会中所处的地位不同，因而他们可供支配的资源就不同，这点主要体现在不同职业群体对“科普（人文）知识宣传教育”这一公共文化产品的供给能力有差异；三是职业群体本身的知识层次、观念意识、生活结构的不同导致了他们对参加这一活动有不同的认识，也有不同的动机和收获。

三、公共文化活动满意度分析

公共文化活动的满意度分析不仅能够反映当地公共文化活动的实际运行情况，它更是一种潜在的监督机制，能够在很大程度上起到监督政府对公共文化的重视程度。在此次调查中，小组通过问卷和访谈调查的方式，充分了解了当地民众对该地区公共文化活动的满意度情况。以下将从微观和宏观两个层面来进行分析。

（一）对公共文化产品宏观供给机制的满意度

在调研中，对满意度的调查主要包含这几方面的内容：公共文化建设的资金到位情况、公共文化设施的数量、公共文化设施的种类、公共文化设施的质量、公共文化活动的内容、设施的管理及维护、管理人员的素质等。

首先，对于公共文化建设的资金到位情况，通过统计发现，总体来说满意程度还是比较高，有67.7%的群众表示满意（包含非常满意与比较满意，如图2－16）。但是也发现在表示满意的群众中，大多数是学历较低的人群，较高学历的人则并未表现出非常高的满意度，这也从侧面说明了当地公共文化产品供给较好地满足了广大农村民众的要求，在满足高学历和薪酬较高的职业中还有待进一步提高。

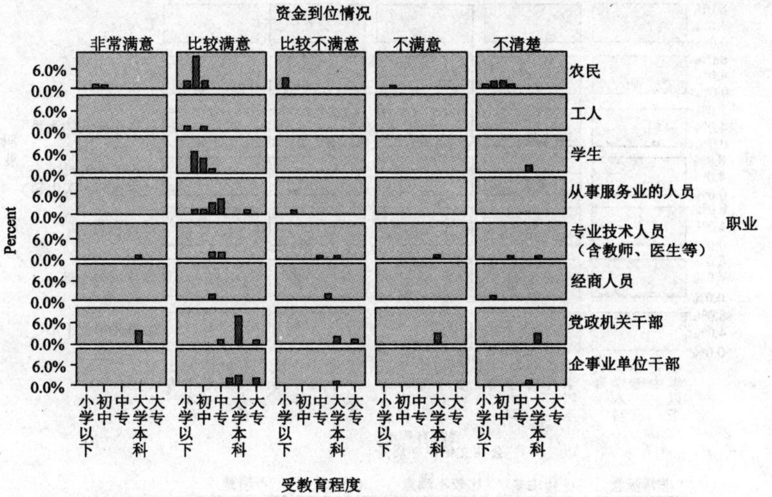

图2－16

其次，从当地公共文化设施本身的量与质方面来看，在我们调查的对象中有大多数被调查者也表示出了较高的满意度，在量上，其中14.6%的群众表示非常满意，38.5%的群众表示比较满意，在质上，有50%的群众认为非常满意或者比较满意。但是通过统计发现，其中满意度较高的有大部分是党政机关人员（如图2－17），相比之下，当地大部分群众并没有太高的满意度，由此看出，政府与群众之间存在极大地反差，由于各自立场不同看待这一问题时也就有了差异，但是不能否认当地公共文化活动在广大群众中的满意度实际并不高，对于其质与量的总体满意度还有待进一步增强，这需要政府进一步加大投入。

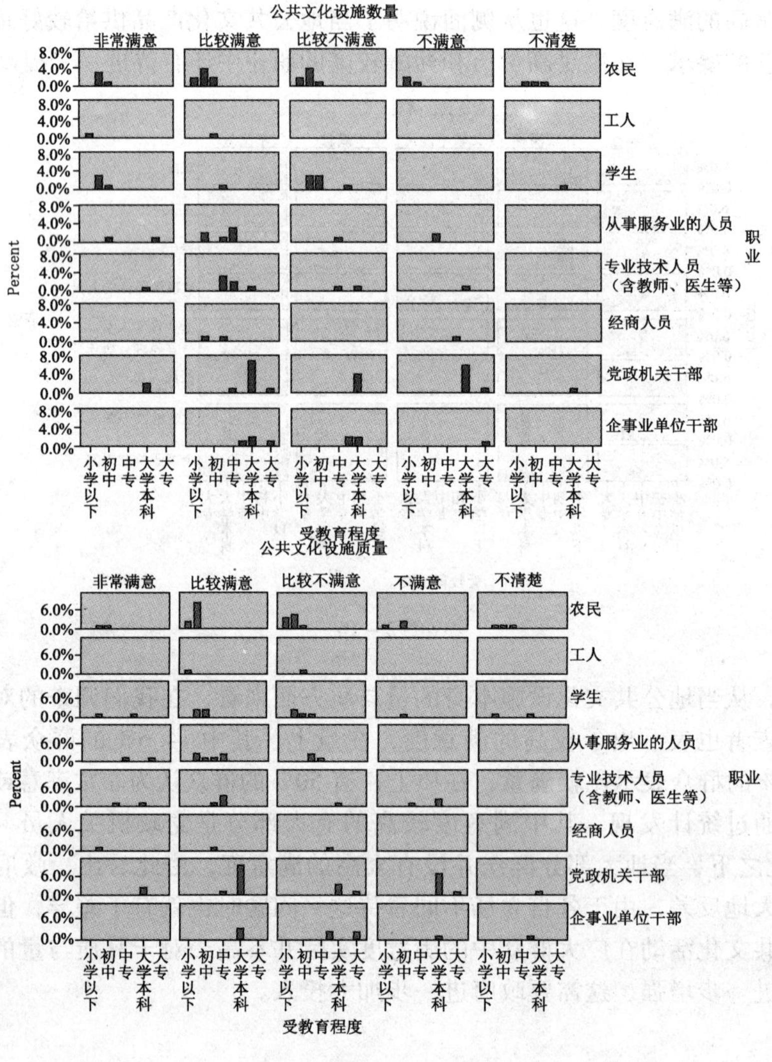

图 2－17

对于公共文化活动的内容，总体上来讲，有 61. 5% 的群众认为非常满意或比较满意，28. 1% 的群众认为比较不满意或不满意，相比其他各项来讲，群众对于公共文化活动内容的满意度还是比较高的。从下图 2－18 可以看出，其中汉族满意度相对要低一点，而且各阶层的人之间的满意度有很大的差距，而回族和东乡族的群众表现出了较高的满意度，且各个阶层的群众的满意度比较均衡，这也说明了在少数民族这方面的公共文化活动做得还是比较到位的。

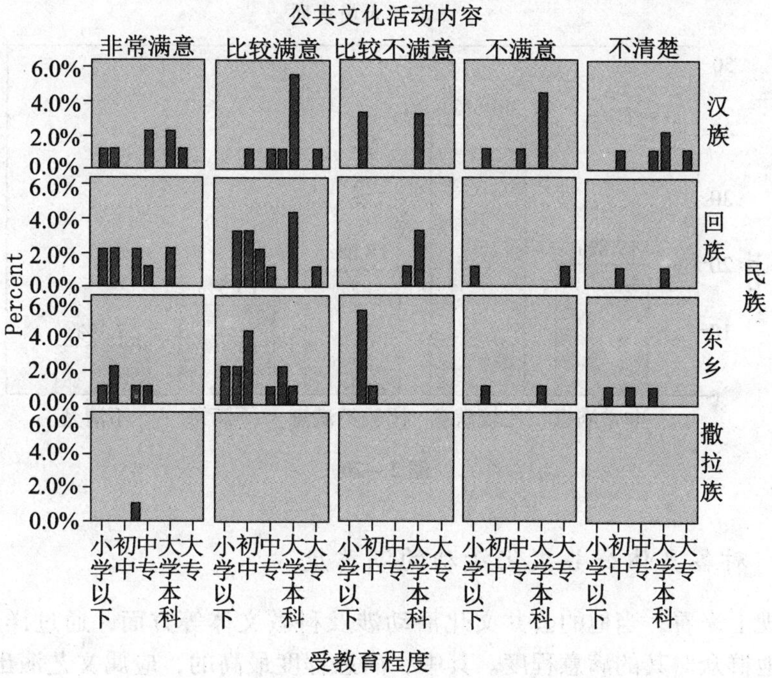

图 2－18

对于公共文化设施的管理及维护，总体来讲，满意度为56.3%，不满意度为32.2%，还有一部分人对相关的管理与维护甚至并不是很了解，这也在很大程度上反映了对于公共文化设施的后期维护工作做得有些不够。

设施管理及维护

		Frequency	Percent	Valid Percent	Cumulative Percent
Valid	非常满意	18	18.8	18.8	18.8
	比较满意	36	37.5	37.5	56.3
	比较不满意	18	18.8	18.8	75.0
	不满意	13	13.5	13.5	88.5
	不清楚	11	11.5	11.5	100.0
	Total	96	100.0	100.0	

图 2－19

最后，对于管理人员的素质，从下图2－20得知群众的总体满意度为60.4%，不满意度为32.3%，这也对政府公共文化建设管理人员的素质提高提出了更高的要求，虽然目前的满意度还较高，但随着公共文化活动的增加对相应的人员也会增加，这需要始终确保高素质的管理人员。

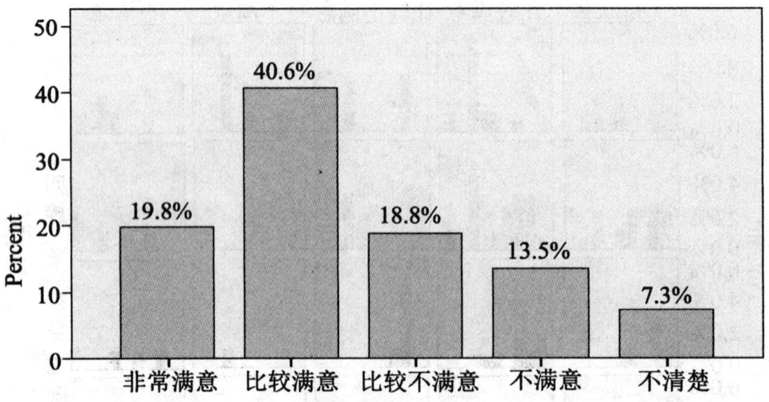

图 2－20

（二）对各具体公共文化活动的满意度

从宏观上来看，当地的公共文化活动涉及科教文体等方面，通过详尽的调查，统计出当地群众对其的满意程度。其中，满意程度最高的，应属文艺演出形式的文化活动了，有 83.3% 的群众表现出不同程度的满意度，反映了当地文艺演出形式的文化建设还是比较成功的。同时，对于电影放送类的文娱活动，满意度也比较高，有 64.6% 的群众表示非常满意或比较满意，这也就说明了文艺性质的文化活动在当地开展的还是比较完备的。

文艺演出

		Frequency	Percent	Valid Percent	Cumulative Percent
Valid	非常满意	39	40.6	40.6	40.6
	比较满意	41	42.7	42.7	83.3
	比较不满意	6	6.3	6.3	89.6
	不满意	5	5.2	5.2	94.8
	不清楚	5	5.2	5.2	100.0
	Total	96	100.0	100.0	

图 2－21

电影放送

		Frequency	Percent	Valid Percent	Cumulative Percent
Valid	非常满意	22	22.9	22.9	22.9
	比较满意	40	41.7	41.7	64.6
	比较不满意	14	14.6	14.6	79.2
	不满意	11	11.5	11.5	90.6
	不清楚	9	9.4	9.4	100.0
	Total	96	100.0	100.0	

图 2－22

对于送书下乡活动，有60.4%的群众表示非常满意或比较满意，但这其中主要以高学历的人员为主，这说明了虽然总体上被调查者有很高的满意度，但是送书下乡活动的针对性不强，太过单一，很多低学历的人员没有享受到相关活动带来的益处，因此这种较高的满意度还比较片面，不能完全作为这项活动评估的标准，在以后应该更多地向低学历的人群倾斜。

临夏县是一个少数民族聚居的地方，以回族、东乡族为主，因此在群众的生活中，宗教文化占据着很大的地位。通过调查发现，无论是政府机关人员，还是汉族及其他少数民族都一致高度评价当地宗教活动，满意度达到了80%，这也正是当地的特色所在，少数民族公共文化服务活动做的比较到位，保证了各民族的协调一致发展，有利于促进各民族的共同繁荣发展。

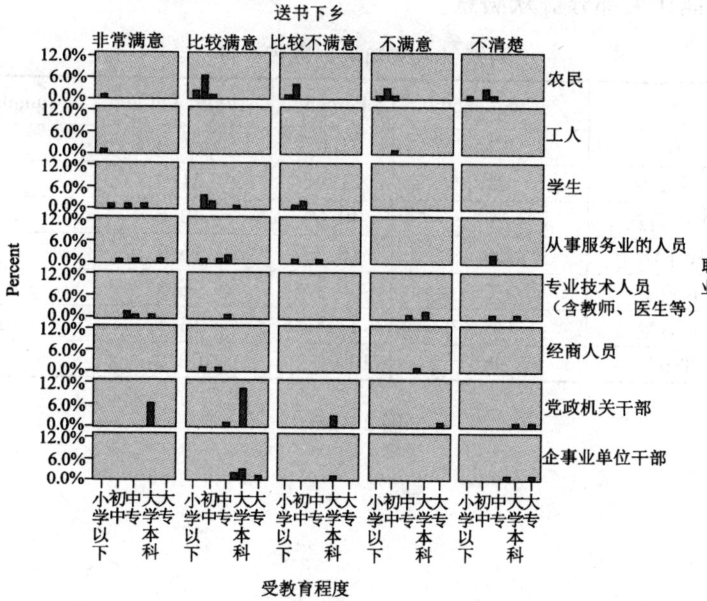

图 2－23

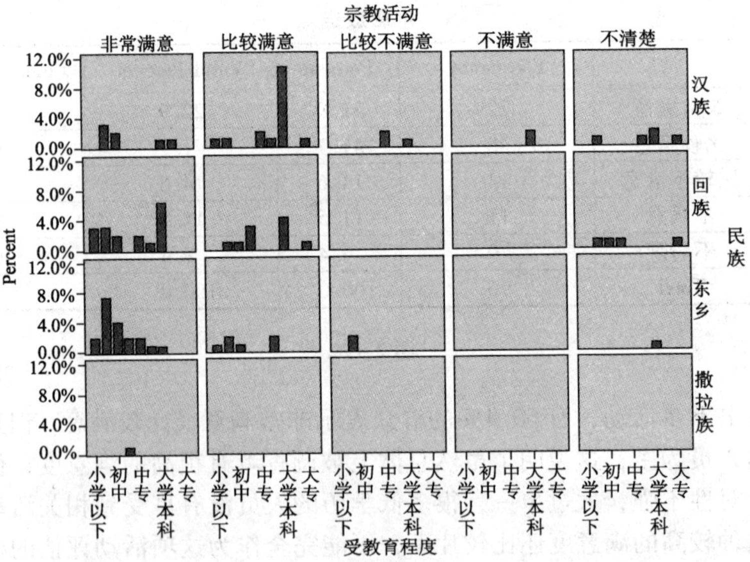

图 2 - 24

同时，对于当地宣传教育类的文化活动，我们调查发现，当地的知识宣传教育，总体满意度还是可观的，但是仍然有一大部分群众表现出不同程度的不满意。例如，对于人文知识的宣传，满意度为 63.5%，法规政策宣传的满意度为 69.8%，而对于计算机培训的满意度却为 59.4%。这样看来，政府对于文化宣传的力度并不是很大，还不能让大部分群众满意。

科普（人文知识）宣传教育

		Frequency	Percent	Valid Percent	Cumulative Percentt
Valid	0	1	1.0	1.0	1.0
	非常满意	21	21.9	21.9	22.9
	比较满意	39	40.6	40.6	63.5
	比较不满意	16	16.7	16.7	80.2
	不满意	6	6.3	6.3	86.5
	不清楚	13	13.5	13.5	100.0
	Total	96	100.0	100.0	

图 2 - 25

法规政策宣传教育

		Frequency	Percent	Valid Percent	Cumulative Percent
Valid	非常满意	31	32.3	32.3	32.3
	比较满意	36	37.5	37.5	69.8
	比较不满意	18	18.8	18.8	88.5
	不满意	5	5.2	5.2	93.8
	不清楚	6	6.3	6.3	100.0
	Total	96	100.0	100.0	

图 2－26

基本计算机技术培训

		Frequency	Percent	Valid Percent	Cumulative Percent
Valid	非常满意	20	20.8	20.8	20.8
	比较满意	37	38.5	38.5	59.4
	比较不满意	20	20.8	20.8	80.2
	不满意	7	7.3	7.3	87.5
	不清楚	12	12.5	12.5	100.0
	Total	96	100.0	100.0	

图 2－27

综上所述，通过对临夏县公共文化产品供给的微观分析和宏观把握，发现当地的公共文化产品供给正处于一个上升时期，当地群众对于文化建设的满意度虽然显得不是那么悲观，但是也并没达到能够充分满足广大群需求的程度，其中的提升空间还很大，因此政府在这方面需要做的工作还有很多。

四、公共文化服务中存在的问题

通过调查我们欣喜地发现，当地在公共文化服务起步晚，缺乏经验的情况下积极打开思路，各方协调，在公共文化基础设施建设、民间公共文化团体、公共文化遗产保护等方面都取得了较为显著的成绩。然而，回望过去亦应展望未来，在当下市场经济体制逐步完善，文化逐渐趋于多元化的大背景下，当地公共文化服务体系还面临着巨大的挑战。无论是从具体的公共文化产品的种类、数量、公共文化活动形式的创新性来说，还是从宏观的公共文化服务的发展理念、供给模式、经营结构和管理方法来说，该地公共文化服务体系的发展还有很长的一段路要走。

（一）公共文化发展理念滞后

公共文化要发展首先就要靠政府为其搭建一个平台，从公共文化服务的供给到公共文化的管理经营，政府都负有首当其冲的责任；而另一方面公共文化基础设施以及公共文化的产出都是为广大群众服务的，正所谓文化来源于民间回归于民间。因此，树立正确的公共文化发展理念也是两方面的。通过调查我们发现，不管是当地政府还是群众，其发展公共文化的理念都有偏差。

首先，对于当地政府来说，“以经济发展为中心”一直是其所奉行的发展理念，发展经济，提升GDP是当地政府的工作的重中之重。这些在我们的调查访谈中也体现得很明显：

> 像我们县是一个贫困县，要靠自身的财政力量解决的话是解决不了的，解决不了这么多东西。我从我们镇目前的定位来说，像我们镇目前的主要工作就是打基础，像公共文化这方面要搞一个档次，他才能考虑到这么多东西。现在像道路硬化啊，自来水现在还没有完全解决。像我们整个乡镇要从“新农村”建设这一块来说就是出于刚刚起步阶段。像文化设施这方面的问题基本上要达到“小康”以后才能考虑这个问题。①
>
> ……因为韩集镇没有地方安装这些东西，他就给你一些篮球架啊诸如这些体育设施，但是像征地、硬化都要村上自己出钱。办一个篮球场的话就要好几分地，这个地就得你自己征，还要自己硬化，像我们镇上的话没有这方面的资金。现在，对于镇上来说的话就只有一些办公经费，其他方面的经费没有。②

当然，衡量一个社会是否进步，经济发展是一个硬性指标，也是我们容易察觉到的进步，而像“文化”这样一些属上层建筑的软性不可测量指标往往容易被忽视。但是，“经济基础决定上层建筑，上层建筑反作用于经济基础”，文化对于经济的推动作用也是不容小觑的。从访谈中我们发现由于当地政府“重经济，轻文化”的发展理念已严重阻碍了当地公共文化的发展，甚至出现了“上有政策，下有对策”的局面：省级配套的公共文化设施被乡政府因为没有地方安装而拒绝。由于上级的公共文化职能部门与下级政府部门之间发展理念不同，考核指标不同，造成了公共文化服务建设在纵向行政层级脱节。我们承认当地在民生工程、基础设施建设、经济发展等方面有大量的工作要做，但是临夏县地处甘肃中南部甘青交界处，地理环境恶劣，自然资源匮乏，要从农业、工业等方面带动经济发展有很大的局限性，而如果政府放宽视角，结合当地民族特色从文化方面去寻找带动经济发展的契机，也许会出现“柳暗花明又一村”的大好景象。

---

① 访谈者系临夏县韩集镇党委书记辛刚。韩集镇：临夏县县政府驻地，全镇1.9万人，辖8个行政村。

② 访谈者系临夏县安家坡东乡族乡党委副书记 乡长 杨文昌。安家坡为东乡族民族乡，全乡1.1万人，辖4个行政村。

其次，对于广大群众来说，参与公共文化活动的意识淡薄，即公共文化供给的内生机制缺失。公共文化的魅力在于将一些群众喜闻乐见的活动经过一系列的加工、整合，再结合时代发展的脉搏形象地展现出来，从而发挥愉悦身心，整合社会秩序，促进社会和谐发展的功能。这一过程的主体是群众，广大群众对于完善公共文化服务体系起着至关重要的作用。然而在调查中我们也发现了一系列的问题。(图 2－28 是调查样本对一些公共文化活动的参与程度)

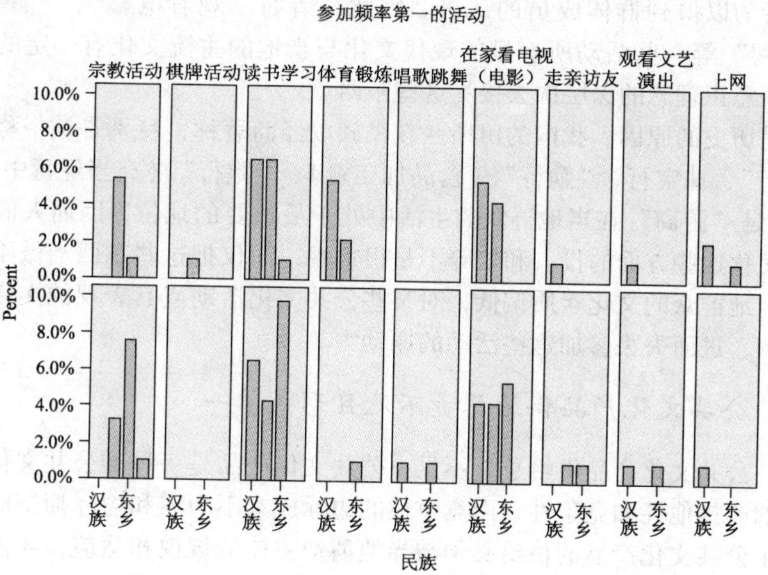

图 2－28

从以上“参加频率—民族—户口类型”的三变量交叉分析图中我们发现：当地群众最常参加的三项活动分别是“读书学习”、“在家看电视”和“宗教活动”，然而参加这三项活动的人数仅分别占了样本总数的 7.8%、5.6% 和 5.2%。由此可见，当地群众对于公共文化活动的参与度居于一个较低的维度，这种较低的参与度在主观层面很大程度上还要归咎于当地群众参与公共文化活动的意识较为淡薄。同样，较低的参与意识决定了较低的参与度；较低的参与度又造成了当地公共文化产品相对上的供大于需；而相对上的供大于需又导致当地公共文化产品更新缓慢，内生机制缺失。这样的一个链条反应就使得当地的整个公共文化服务体系处于萎缩状态。那么，又是何种原因让当地群众参加公共文化活动的意识较为淡薄呢？

首先是宗教原因。临夏县是一个多民族、多宗教、多教派的国列贫困县，境内有回、东乡、汉、保安、撒拉、土、藏、蒙古等多个民族，其群众宗教信仰以伊斯兰教为主。伊斯兰教提倡“顺主、博爱、真实”，并强调生活的安然和顺其自然，反对一切偶像崇拜，诸如“观看电影”、“参加文艺演出”、“上网”等一些虚幻的与现实生活不符的活动是被拒绝的。虽然随着社会的发展，这些教义在中国有所开化，穆斯林信徒对这些教义的遵守并不是很严格的身体力行，但是，这些教义存在的几千年中，它对信徒深层次的思想观念的影响和引导作用是不可磨灭的。另一方面，农村因为其地域狭小，人们相互交往频繁，在农村占主导地位的大众传播方式便是人际传播，村民的行为也靠道德伦理，群体文化自然而然的约束着。因而在农村社区中，一旦有违背其群体文化即在当事群体看来有违风俗的事发生后，所有的群体成员可能都会知道，在强大的群体压力和排斥压力下，当事者可能会选择一种更从众的行为以得到群体成员的认可。因此，诸如“观看电影”、“参加文艺演出”、“上网”等一些活动所彰显的现代文化与当地的主流文化有一定的代沟，人们还无法从意识理念的深层次去接受这些东西。

其次是历史的原因。我国的伊斯兰教民族以经商著称，特别是被俗称为四大行的“皮毛行”、珠宝行、“勤行”（食品加工业）、“跑行”（充当经营中介）。“经商”，特别是“游商”在当地群众的生活中处于最重要的地位，因而人们从理念上对教育、文化这些方面的投入和培养不是很重视，而仅把这些东西当做副产品。这也导致了当地群众的文化素质偏低，对某些公共文化活动或其表现的文化内涵不能很好的理解，进而失去参加这些活动的原动力。

（二）公共文化产品供给总量不足且形式单一

首先，公共文化产品供给总量不足。公共文化产品是一种准公共文化产品，它具有一定的非排他性和竞争性，而竞争性的边际成本不为零和边际拥挤成本不为零必然决定了公共文化产品的供给必须与当地消费主体的规模相适应，才能保证绝大多数人可以享有公共文化产品带来的收益。通过调查我们发现当地公共文化产品的供给面临严重的不足。首先在公共文化基础设施方面，全县的5个乡镇中仅有土桥乡、马集乡、坡头乡、莲花镇五个乡镇建有乡镇综合文化站①；在全县219个行政村中仅有50个“农家书屋”建成；县级图书馆、文化馆、博物馆和青少年活动中心尚在筹资建设之中。此外，每个“农家书屋”占地面积仅为30m²左右，并且修建于村委会办公区域内，每个书屋内可供享有的文化资源仅有图书1400多册，且书籍、报刊更新缓慢，已逐步不能适应群众的需求。这种公共文化技术设施供给总量的不足在我们的问卷中也体现得很明显：

如图2－29、2－30、2－31分别有32.2%、7.8%、42.6%的群众表示自己所在地区平常可享有像体育健身场所、老年活动室、电脑室这样一些常见的公共文化基础设施。由此看来，当地公共文化基础设施的供给存在着较为严重的缺口。

① 临夏县文化局：《临夏县文化基础设施建设情况》。

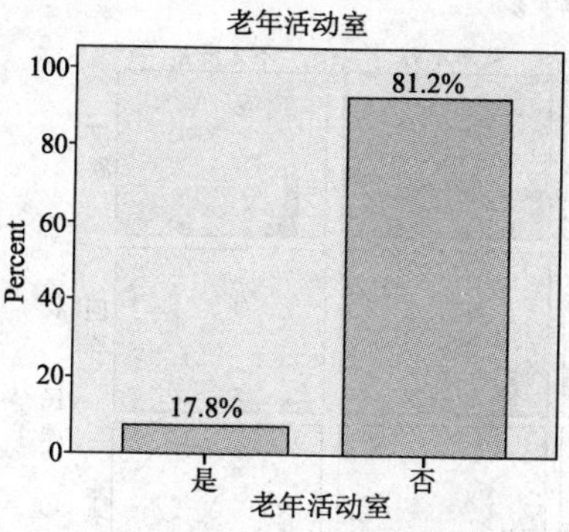

图 2－29

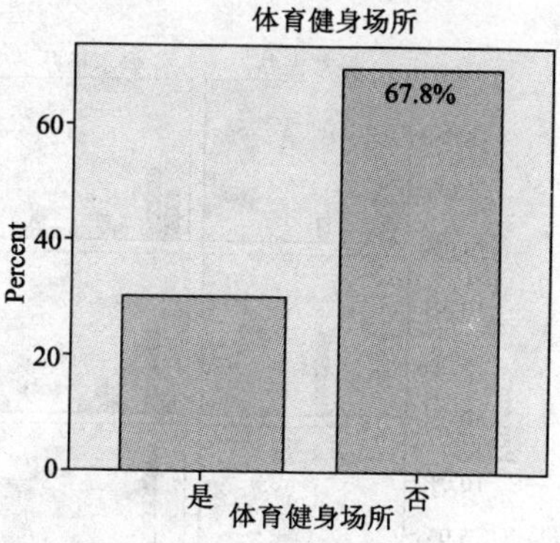

图 2－30

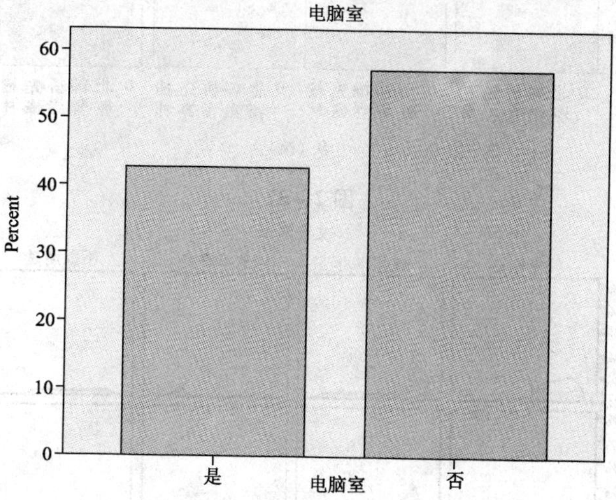

图 2－31

其次，公共文化产品供给形式单一。公共文化产品的形式是其外部效益的载体，只有丰富多彩，真正体现时代特色的公共文化产品才能起到陶冶情操，提供给人们精神食粮的作用。在另外一个层面，公共文化活动形式的选择也应因地制宜，每一个区域都应该结合自身的文化特征选择广大群众所喜闻乐见的活动形式，这样才能从根本上满足群众日益增长的文化需求。然而，通过调查我们发现该县不仅在整体上公共文化活动形式较为单一，而且其公共文化产品供给缺乏针对性，供给具有一定的盲目性。一方面从当地公共文化基础设施的种类来考察，发现该县仅有诸如乡镇综合文化站、“农家书屋”等一些基础性的公共文化设施，县级图书馆、电影院、体育场的建设仍处于空白状态。而在乡镇综合文化站、“农家书屋”中仅简单的配套有图书、体育健身器材。另一方面我们从当地公共文化活动的开展形式来考察，发现其也暴露出一定的单调性和落后性。如图 32～35“公共文化活动举办

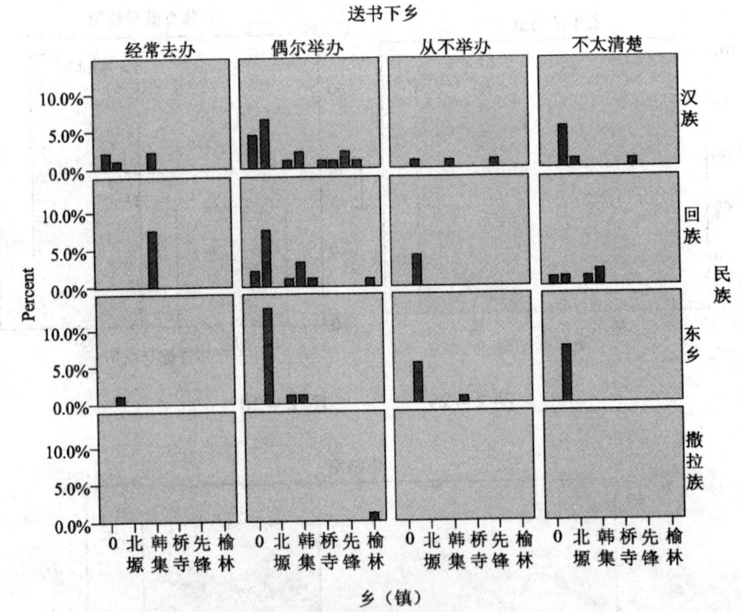

图 2－32

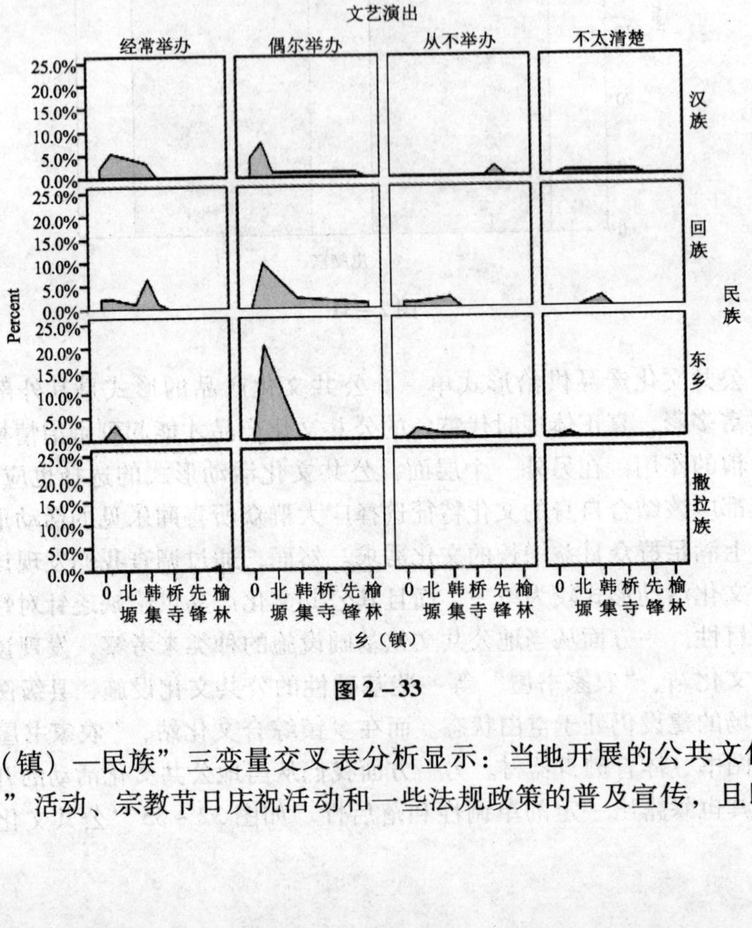

图 2－33

频率—乡（镇）—民族”三变量交叉表分析显示：当地开展的公共文化活动涵盖“文化下乡”活动、宗教节日庆祝活动和一些法规政策的普及宣传，且以政策普及

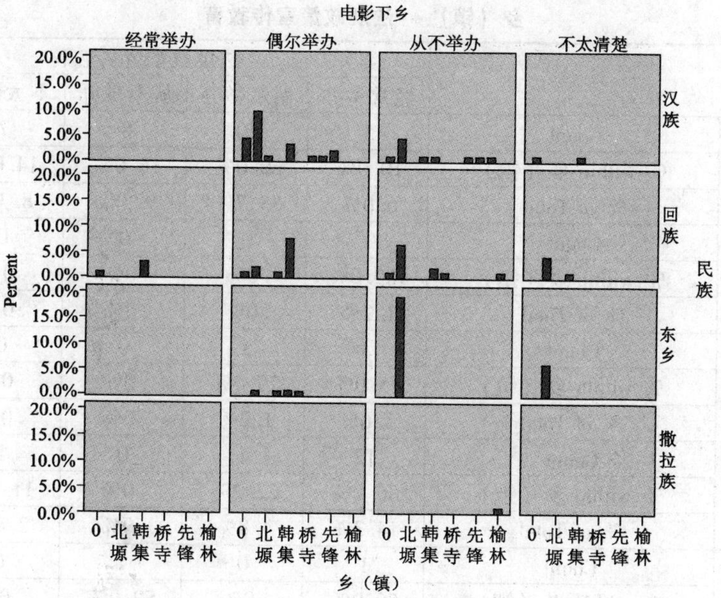

图 2 - 34

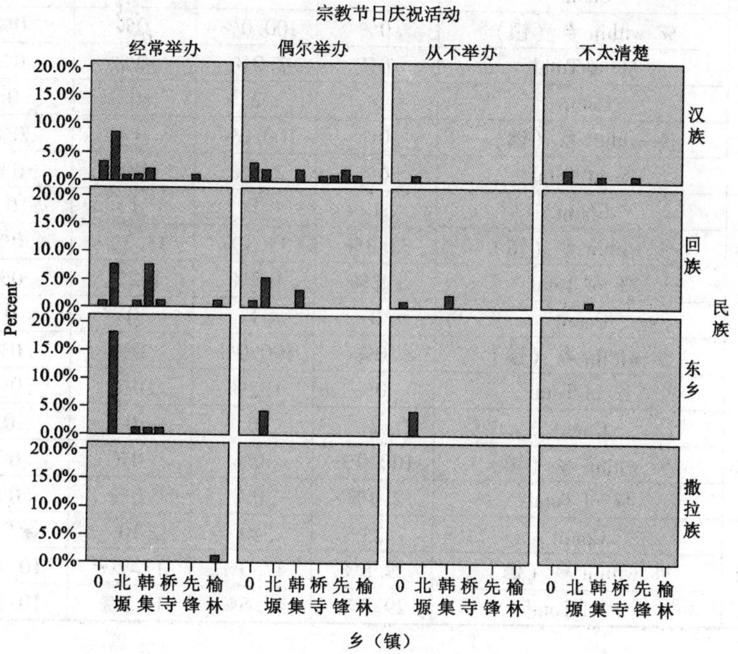

图 2 - 35

性公共文化活动和宗教文化活动为主。如图 2 - 36 所示有 77.4% 的受访群众表示曾所在区域曾开展过“法规政策宣传教育”，有 85.7% 的受访群众表示所在区域曾开展

乡（镇）＊法规政策宣传教育

			法规政策宣传教育				
			经常举办	偶尔举办	从不举办	不太清楚	Total
乡（镇）	安家坡	Count	5	30	8	7	50
		% within 乡（镇）	10.0%	60.0%	16.0%	14.0%	100.0%
		% of Total	6.0%	35.7%	9.5%	8.3%	59.5%
	北塬	Count	1	0	0	0	1
		% within 乡（镇）	100.0%	.0%	.0%	.0%	100.0%
		% of Total	1.2%	.0%	.0%	.0%	1.2%
	刁祁	Count	3	1	0	0	4
		% within 乡（镇）	75.0%	25.0%	.0%	.0%	100.0%
		% of Total	3.6%	1.2%	.0%	.0%	4.8%
	韩集	Count	12	4	0	2	18
		% within 乡（镇）	66.7%	22.2%	.0%	11.1%	100.0%
		% of Total	14.3%	4.8%	.0%	2.4%	21.4%
	河西	Count	1	0	1	0	2
		% within 乡（镇）	50.0%	.0%	50.0%	.0%	100.0%
		% of Total	1.2%	.0%	1.2%	.0%	2.4%
	桥寺	Count	0	1	0	0	1
		% within 乡（镇）	.0%	100.0%	.0%	.0%	100.0%
		% of Total	.0%	1.2%	.0%	.0%	1.2%
	土桥	Count	0	2	0	0	2
		% within 乡（镇）	.0%	100.0%	.0%	.0%	100.0%
		% of Total	.0%	2.4%	.0%	.0%	2.4%
	先锋	Count	1	1	1	0	3
		% within 乡（镇）	33.3%	33.3%	33.3%	.0%	100.0%
		% of Total	1.2%	1.2%	1.2%	.0%	3.6%
	辛店	Count	0	1	0	0	1
		% within 乡（镇）	.0%	100.0%	.0%	.0%	100.0%
		% of Total	.0%	1.2%	.0%	.0%	1.2%
	榆林	Count	2	0	0	0	2
		% within 乡（镇）	100.0%	.0%	.0%	.0%	100.0%
		% of Total	2.4%	.0%	.0%	.0%	2.4%
Total		Count	25	40	10	9	84
		% within 乡（镇）	29.8%	47.6%	11.9%	10.7%	100.0%
		% of Total	29.8%	47.6%	11.9%	10.7%	100.0%

图 2－36

过宗教文化活动；而只有 40.5% 的群众表示所在区域曾举办过“电影下乡”活动。此外，在 10 个样本乡镇中，每个乡镇开展这些公共文化活动的频率也显现出很大的差异。例如在榆林乡的抽样样本中表示该区域曾举办过“电影下乡”活动的人数为0，而在韩集镇中，表示曾举办过“电影下乡”的样本百分数达77.8%。与此相类似，这些公共文化活动在不同民族群体之间的开展频率也有差异。例如宗教节日庆祝活动显然在回族、东乡族、撒拉族等一些少数民族群体中开展较多。

由此看来，在当今这一经济发展迅速的时代，人们的需求逐渐从生理安全需求转向高层次的精神需求，文化从副产品已逐渐转向可产生效益的产品。而在这种社会大背景下，临夏县仅靠提供一些落实政策性的公共文化产品，在其形式种类上多少显得有些单薄，在其发展理念上也显得有些落后。

当然一味地强调形式的多样化，反而会造成“重形式，轻实质”，顾此失彼的后果。调查显示，当地政府并没有过多地考虑公共文化产品供给的层次性，即根据不同消费主体的需求提供与之相适应的公共文化产品，从而使公共文化资源在各需求主体之间得到合理的配置。这种文化资源配置的失调就表现在当地政府并没有过多地考虑到不同民族群体之间不同的公共文化需求。

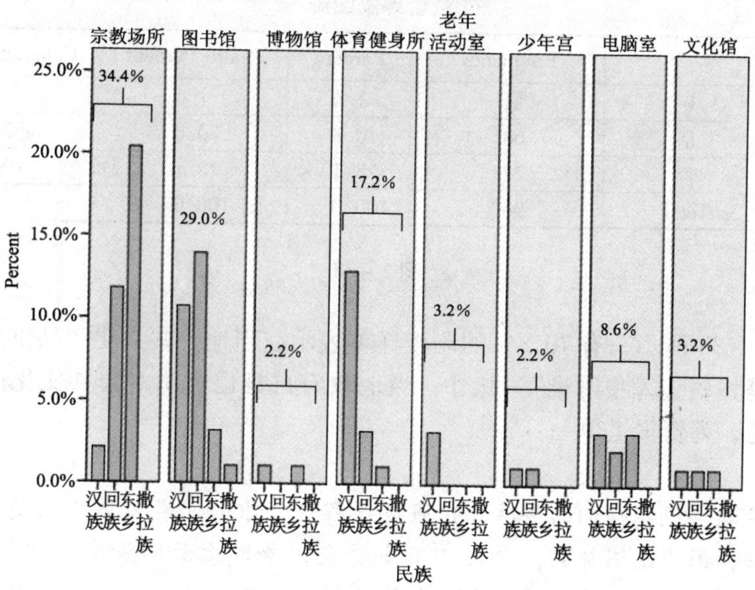

图 2 -37

如图2 -37所示，有34.4%的调查主体认为应该把宗教场所的建设放在公共文化产品供给的第一位，在这34.4%的样本对象中绝大多数为回族、东乡族、撒拉族等少数民族，而汉族群众对于公共文化产品的需求则多集中在体育健身场所、老年活动室、公共电脑室等一些常规性的公共文化设施上。这说明不同的民族群体会因其风俗习惯、宗教信仰、历史渊源的不同而对公共文化产品种类的需求有所不同。调查中，当地少数民族群众对于宗教文化场所的迫切需求也反映了当地公共文化产品供给的针对性和层次性有待进一步提高。

（三）公共文化产品供给和经营模式僵化

由于文化产品的准公共性和外部性决定了政府必须介入公共文化产品市场，但是如果公共文化产品的生产—供给—经营—维护等一系列环节由政府全权负责，必然会造成资源配置的无效率。调查显示，当地的公共文化产品供给属于权威供给模式，即当地政府在公共文化产品供给中扮演了资金的供给者、生产的安排者、经营的承担者和后期的维护者。

首先，资金投入总量不足，运行监督机制不健全。临夏县公共文化产品供给资金完全来源于政府，而当地属国列贫困县，财政收入基本靠转移支付和国家补贴，有限的财政收入在保证政府机构正常运转的情况下，还必须兼顾经济、教育、卫生、文化等各方面的发展，因而在公共文化产品资金投入总量的严重不足是当地公共文化产品总量不足，形式单一的重要原因。

资金筹集困难

		Frequency	Percent	Valid Percent	Cumulative Percent
Valid	0	1	1.0	1.0	1.0
	是	68	70.8	70.8	71.9
	否	27	28.1	28.1	100.0
	Total	96	100.0	100.0	

图 2－38

如图 2－38 所示，有 70.8% 的调查样本表示在当地公共文化产品供给中存在的最大问题是“资金筹集困难”。此外，当地政府自身也表示对公共文化产品资金供给总量不足，筹资渠道单一：

> 我觉得现在咱们的公共文化服务过程中最难的问题目前仍然是投入资金不够，因为是国贫县，自己拿不出资金，争取上面的资金就比较吃力。现在，搞公共文化建设的主要资金就是扩大内需的资金和地方配套，扩大内需的资金就是中央下拨的，那个是 20 万，地方配套 15 万，县里面的配套资金几乎是空白的。①

另一方面，专项资金运营监督机制的缺失也造成了一部分投入资源的无谓损失。人是理性的人，都会追求自身利益最大化，而由理性的人组成的官僚集团也是

① 访谈者系临夏县文化局局长王辉忠

理性的，他也会或多或少的追求集团自身利益最大化。正是因为理性政府的存在才会有政府失灵，寻租等现象的出现。因此，制度性的监督机制和社会性的监督机制对于规范资金运营，减少无谓损失发挥着重要的作用。在调研中，我们发现当地政府用于发展公共文化事业的专项资金来源渠道如图表2－39所示：

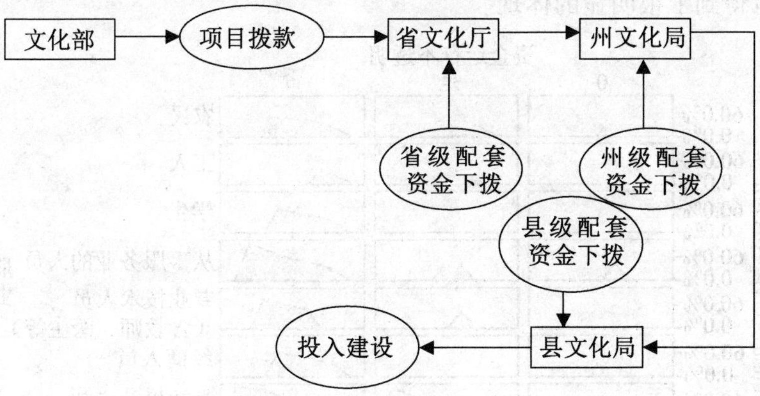

图2－39

如上图临夏县文化事业建设专项资金筹资流程图所示，该县的公共文化事业建设的全部资金均来自各级政府，且资金流通完全按照官僚科层级别自上而下依次经过了中央、省、州、县四级政府职能部门。较为冗余的资金流通层次加剧了专项资金不定性转移和挪作他用的风险，但是在上图中我们也没有看到有一套健全的监督机制去遏制资金转移风险。这种监督机制的缺失首先表现在资金运行内部制度性监督机制的不健全。在专项资金流通层次中，上级部门只是简单地将专项资金下拨至下级部门，在这两级之间缺乏监督和反馈的互动。一方面下级部门并不知晓最初预算的专项资金的下拨总额是多少；另一方面上级部门对于下级部门资金使用情况的监控也显得较为空白。这在我们的访谈中也显著地体现出来。

> 专项资金，到底国家投入了多少我们不知道，比如说国家投入了十个亿，到底了么，那个谁也说不清楚，资金一层一层下来，可能会少一些。当然，这只是一种顾虑，但是总体来说项目资金还是一步到位比较好，不是一次性到位的话有这种顾虑，很可能会出现这种情况。①

此外，这种监督机制的缺失还表现在社会性监督机制的空白。社会性监督机制可以借助公众的舆论压力改变政府的决策和行为，它对于弥补制度性监督的不足，纠正政府的错误的行政理念，改善公共福利有着重要的意义。而在临夏县的公共文

① 访谈者系临夏县文化局局长王辉忠

化服务建设专项资金的四级流通层次中，我们并没有看到相应的社会监督，而这也在一定程度上，决定了当地政府公共文化服务建设反馈机制的缺失，从而让其公共文化服务建设工作处于一种单向封闭的系统中，最终导致了公共文化产品供给缺乏针对性和层次性，公共文化市场缺乏活力。这种专项资金运行不透明的现象在我们的调研中也得到了很明显的体现。

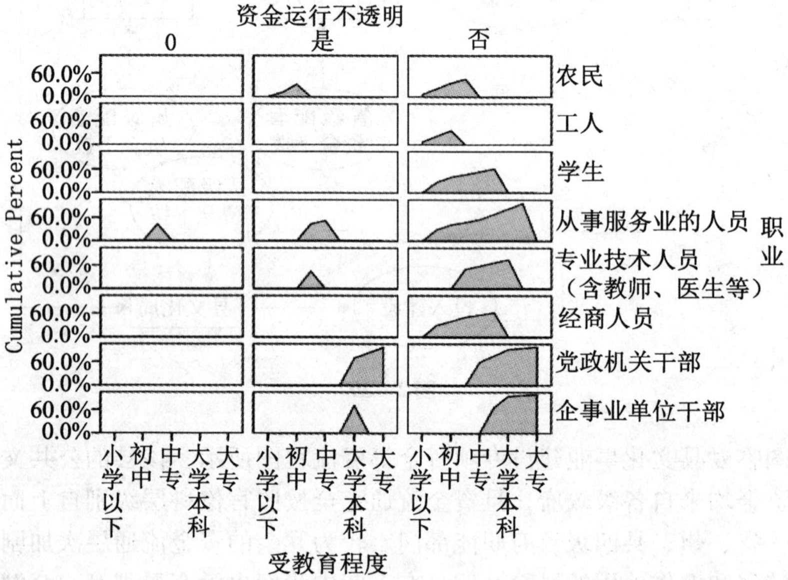

图 2－40

如图 2－40 “资金运行透明度－受教育程度－职业” 三变量交叉分图（“0” 维度代表缺失值）所示，有 16.7% 的样本对象认为政府专项资金运行未做到公开透明，且这种认知观点在横向范围内随着受教育程度的深化有进一步增长的趋势；在纵向范围内，工人、学生等职业群体的这种观点趋向不明显，而党政机关干部、企事业单位干部、从事服务业的人员中有较多的人员认为在专项资金运行过程中确实存在不透明的现象。

其次，公共文化产品生产主体单一，生产结构不合理。公共文化产品总体上属于准公共物品，因而有两种生产方式，即公共生产和非公共生产。公共生产又包括政府直接生产、委托生产和合同外包。临夏县在公共文化产品供给过程中主要采用了政府直接生产和委托生产两种模式。首先，对于乡镇综合文化站、农家书屋等场所的修建由乡镇政府提供土地，然后由县文化局通过竞投标，使用各级配套资金委托有资质、信誉高的生产机构进行公共文化产品的生产，政府在生产过程中起着监督、调控的作用，这种生产模式则是公共委托生产。在这种生产模式主导下，一方面政府协调、监督压力过大，另一方面由于文化局和乡镇一级政府各自的利益取向不同，职责不同，很容易造成相互推诿责任，互相拆台的局面。这种弊端在我们的相关访谈中也暴露出来：

> 所有建设的事由都应该是文化局直接管理的，现在扩大内需资金的管理和监督是非常严格的，所有的手续都要办，而且文化局负责和建设局协调，进行招投标，最后建设完毕之后，省市县都要进行验收。这个责任是文化局的，不能直接给乡里。当然乡镇的主要责任就是提供地方，建成以后，省里面把各项设施都配套了，产权还是文化局的，移交给乡里，使用权归乡里，向里面协助开展各项活动，但是产权还是文化局的。①
>
> 一个乡里往往存在七站八所，双重领导，职能交叉现象。这个问题肯定每个乡镇都会有牵扯，那主要是看你怎么管理了…你会管的话就能管得住，你不会管的话就管不住。像有些直属于县上的机关，有时候关系弄不好了就不好管理。②

此外，临夏县乡镇综合文化站、农家书屋中图书、体育健身器材以及电脑多媒体等硬件资源的配备由省文化厅统一规划、统一采购、统一配套，县级文化局则负责安装和装备的调试。这种生产模式从县政府层级角度来说属于政府直接生产。在这种模式的主导下，政府全权负责公共文化产品的生产和供给，公共文化产品的生产和供给是一个完整的链条。这种生产机制受计划经济体制影响很大，一方面它可以较快地整合现有资源，提高公共文化产品配置效率，有利于政府对整个公共文化市场的监控；而另一方面它却因为生产体制的僵化而导致生产结构缺乏合理性。由于图书、体育健身器材等公共文化产品的供给均由政府统一规划，统一配套，并未建立双向的反馈沟通机制，因而广大公共文化产品消费主体的意见和建议得不到体现，他们的实质性需求也就得不到满足，这也在一定程度上造成了当地公共文化产品供需失衡，弱化了公共文化服务的外部受益。调查显示，不同群体对公共文化产品的需求表现出极大的差异性。

---

① 访谈者系临夏县文化局局长王辉忠。

② 访谈者系临夏县安家坡乡党委副书记、乡长杨文昌。

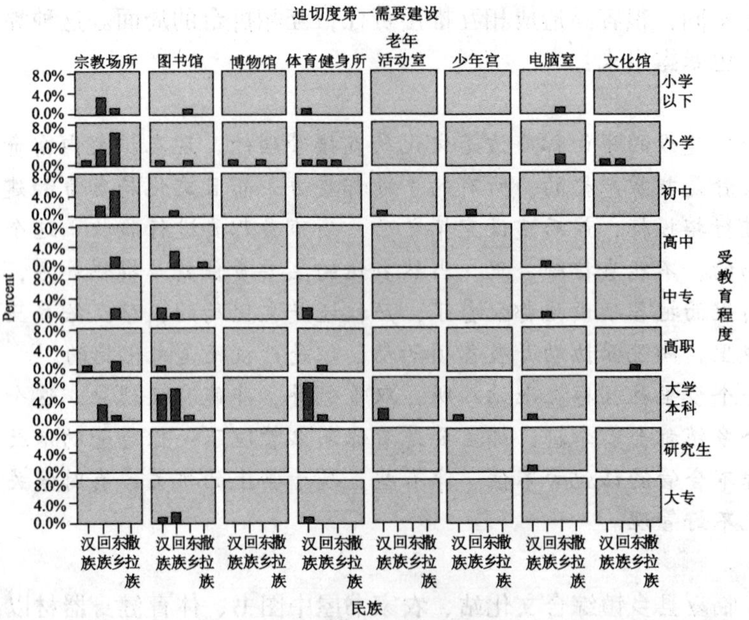

图 2－41

如图 2－41 所示，公共文化产品消费主体的需求会因民族、受教育程度、职业等因素的变化而变化。少数民族群众显然对宗教场所的需求程度较高；对于图书室的需求程度也有随着教育程度的深化有逐渐升高的趋势。

再者，公共文化产品经营模式粗放，资源浪费严重。公共文化产品的经营是公共文化服务的核心环节，也是实现公共文化服务正外部效应的关键过程，更是建立公共文化内生机制，扩大公共文化服务再生产的重要过程。临夏县在公共文化产品经营过程中也存在着若干问题。其一，经营管理主体单一，政府协调压力过大。

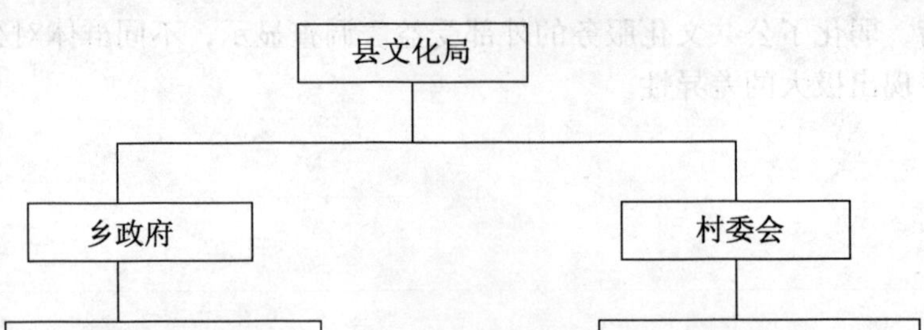

图 2－42　临夏县公共文化产品三级经营管理模式

调查显示，该地“农家书屋”、“乡镇综合文化站”均采用一级政府主管，县文化局协管的经营模式。这样的双重领导方式不仅加重了各级政府的协调压力，而且容易造成权力交叉，相互推诿责任的局面。另外，专业人才缺乏，负责管理的人员也是身兼多职，既要搞好自己本职工作，也要负责相关公共文化产品的管理工作。例如该县的“农家书屋”就挂靠在村委会，由村支书全权负责“农家书屋”的图书借出、收回、记录、年终结算并向上级总结汇报等工作。这种多重职能基于一身的经营方式必然会降低公共文化产品的管理效率，不利于整个公共文化服务体系的再扩大和再完善。这些问题在我们的问卷和个案访谈中也体现得很明显：

> 经营运行的话都是无偿服务的，业务方面的话就是文化局指导和协调，具体组织的就是乡一级人民政府，文化站的管理人员负责管理和使用。①

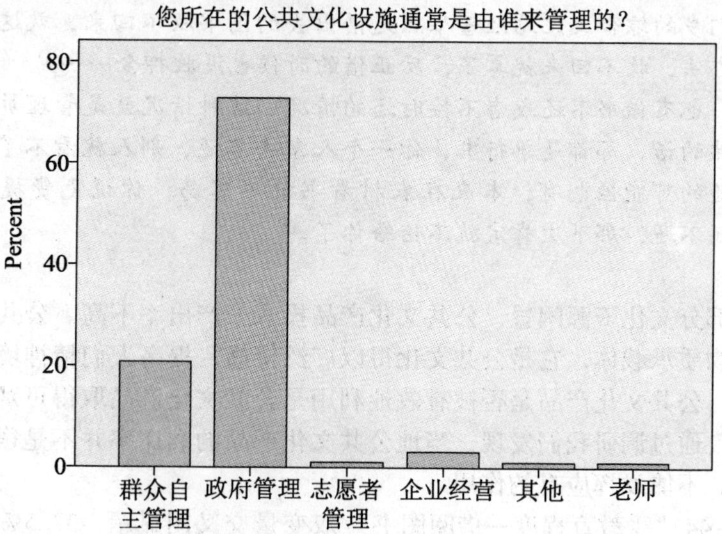

图 2－43

如图 2－43 所示，72.9% 的样本对象表示自己所在地的公共文化设施通常是由政府管理的；20.8% 的样本对象表示是由群众自主管理的。（由于村委会属于村民自治单位，因此由村委会负责经营的公共文化产品也可算作群众自主管理。但是在我国现行科层制政权下，乡镇政府对村委会之间的关系并不是指导、建议的关系，而是更多地趋向于直接的行政领导，因而，由村委会负责管理的公共文化产品也可算是权威供给的一种模式。）这种单一权威经营模式，一方面它的非专业化和非专门化导致管理工作效率低下，另一方面也不能很好地监测民间文化的发展趋势，从而把公共文化服务处于一个封闭的单链条中，不能和外界交换信息，汲取营养，阻

① 访谈中系临夏县文化局局长王辉忠。

断了公共文化产品的内生机制。

其二，经营过程缺乏制度性规范，管理过程混乱。制度是实体运行的支撑，良好的制度可以奠定有效地管理机制，减少不必要的损失。因而，制定系统的管理条例，规范公共文化产品的经营过程显得尤为重要。然而，调查显示，该地对于公共文化产品的经营具有很大的随机性，并没有一整套制度去规范其经营模式。例如对于“农家书屋”、“乡村综合文化站”的经营并没有书面的文件去规范营业时间、激励制度、借阅制度、场地租用制度、归还制度、赔偿制度以及反馈制度。这种内部制度和外部制度的双重缺失，一方面使得文化工作人员无据可循，造成了管理经营的无序性；另一方面使一部分文化资源流失，广大文化活动主体的意见和建议得不到反馈。在我们的个案访谈中就能体现出这些问题：

> 我们乡的综合文化站经营难点是借出去的图书收不回来，就这点。也没什么办法，收不回来就算了，反正借的时候也没收押金……①
>
> 嗯，也有借书不还或者不按时还的情况…这种情况就是管理员负责去要，不然的话，那都是单行本，你一个人拿去不还，别人就看不了了。当然，不还的可能性也有，本来在农村看书就不容易，你说免费提供给你看，你还不还，那下次肯定就不借给你了。②

其三，部分文化资源闲置，公共文化产品投入—产出率不高。公共文化产品是公共文化的物质承载体，它是公共文化得以广泛传播，提高人们精神境界的关键性投入。因而，公共文化产品是否被有效地利用是公共文化产品取得可观的投入—产出率的保证。通过调研我们发现，当地公共文化产品的利用率并不是很高，部分文化资源闲置，不能发挥应有的作用。

如图2－44“受教育程度—借阅图书”双变量交叉图显示，37.5%的样本对象表示自己会经常去图书室借阅图书；有45.8%的样本对象表示“偶尔会去”；另有16.7%的样本对象表示“从来不去”。再将“受教育程度”这一变量分开来看，我们发现借阅图书的频率具有随着受教育程度的深化而逐渐增长的趋势。临夏县每个农家书屋配套有1500多册图书，平均每个行政村有人口356人，平均每人拥有图书4.2册。从这个角度来说，该地公共文化产品的供给存在相对过剩。但是这种过剩只是相对意义上的，并不是说临夏县的公共文化产品的供给在绝对意义上供大于需。我们认为，造成这种文化资源相对过剩、利用率不高的现象主要有以下几点原因。第一，文化消费主体参与意识淡薄。由于西部民族地区经济发展落后，环境信息闭塞，“两耳不闻窗外事，一心只耕庄稼地”，“早上听鸡叫，白天听鸟叫，晚上听

① 访谈者系临夏县刁祁乡副乡长王志祥。

② 访谈者系临夏县文化局局长王辉忠。

受教育程度 ＊ 您会经常去图书馆借阅图书吗？Crosstabulation

			您会经常去图书馆借阅图书吗？			
			是的，经常去	偶尔去	从来不去	Total
受教育程度	小学以下	Count	0	4	0	4
		% within 受教育程度	.0%	100.0%	.0%	100.0%
		% of Total	.0%	8.3%	.0%	8.3%
	小学	Count	5	6	0	11
		% within 受教育程度	45.5%	54.5%	.0%	100.0%
		% of Total	10.4%	12.5%	.0%	22.9%
	初中	Count	2	3	1	6
		% within 受教育程度	33.3%	50.0%	16.7%	100.0%
		% of Total	4.2%	6.3%	2.1%	12.5%
	高中	Count	1	3	2	6
		% within 受教育程度	16.7%	50.0%	33.3%	100.0%
		% of Total	2.1%	6.3%	4.2%	12.5%
	中专	Count	2	2	0	4
		% within 受教育程度	50.0%	50.0%	.0%	100.0%
		% of Total	4.2%	4.2%	.0%	8.3%
	高职	Count	0	0	1	1
		% within 受教育程度	.0%	.0%	100.0%	100.0%
		% of Total	.0%	.0%	2.1%	2.1%
	大学本科	Count	8	2	3	13
		% within 受教育程度	61.5%	15.4%	23.1%	100.0%
		% of Total	16.7%	4.2%	6.3%	27.1%
	大专	Count	0	2	1	3
		% within 受教育程度	.0%	66.7%	33.3%	100.0%
		% of Total	.0%	4.2%	2.1%	6.3%
	Total	Count	18	22	8	48
		% within 受教育程度	37.5%	45.8%	16.7%	100.0%
		% of Total	37.5%	45.8%	16.7%	100.0%

图 2－44

狗叫”便是农民生活主旋律的写照。再加之当地农民受教育程度低，根本没有意识也没有能力去参与诸如像借阅图书这样的公共文化活动。第二，公共文化产品供给者忽视了“公共选择”的重要性。之所以为“公共文化产品”，它就要求必须以大众的主流需求为公共文化产品供给的利益取向。“公共选择理论”告诉我们：人们的需求是多种多样参差不齐的，政府无法计算出社会需求的最优函数，因而政府应该更多的进行合同外包，引进竞争机制，在竞争中体现公共需要。与此相类似，临夏县在公共文化产品供给中忽视了公共文化产品供给的层次性和相对性，没有根据自身的实际情况，因地制宜，因时制宜，因此便造成了部分公共文化产品的相对剩余。第三，公共文化产品管理中的制度缺陷。在以上分析中，我们已看到当地在公共文化产品经营管理中存在内部制度和外部制度的双重缺失。而内部制度的缺失使得公共文化工作人员缺乏内在的激励机制，因而变得懒散不负责任。公共文化产品的经营是公共文化产品有“产品”专项流通的“商品”的桥梁，而当经营者不再履行其本质职责，即将公共文化产品发放给公共文化的消费主体，那么无论公共文化资源在其消费主体间的配置多么的短缺，但它在供给层面还是存在相对剩余的现象。以上各种现象在我们的个案访谈中也表现得很明显：

有时候在农闲的时候我去村里面的图书室看书，但是图书室的大门是锁着的，负责人员找不着……①

我们的农家书屋一般是农闲的时候营业，农忙的时候几乎没人，所以可能就会停止营业一段时间。②

这个就是冬季农闲的时候借书看书的人比较多，现在这个时候年轻人都外出打工，那些农活多丢给老年人和妇女带孩子在运作，所以没有太多人去那里，但是到了庄家收了以后，10月份左右，那些打工的回来了，农活干完了，人就慢慢多了。像在村里，有的人搞养殖、种植，需要的书去借一些，文化方面的艺术方面的很多人都不感兴趣，他们感兴趣的就是实用技术方面的书。③

最后，重投入轻维护，公共文化更新机制缺失。预算—投入—经营—评估—维护—更新—扩大再投入是公共文化产品供给的一个有机过程，这个过程中任何一个环节的缺失都会弱化公共文化产品的外部效益。当地政府在项目预算时投入了很大的精力，争取把预算做多做大，从而申请到更多的专项资金。然而，通过调研我们发现在公共文化产品供给系统中，“评估—维护—更新”这几个环节几乎处于空白状态，政府甚至连开展这几项工作的意识都没有，因而“扩大公共文化产品的再生产”就无从谈起。这种弊象在我们的问卷调查和个案访谈中也暴露无遗：

如图2-45“区域—维护”双变量交叉分析图所示，整体来看，在所选的10个样本乡镇中，有26.2%的样本对象表示所在区域的公共文化设施会进行定期的维护；有34.5%的样本对象表示“偶尔会有”；有22.6%的样本对象表示“只有出了故障才会进行维修”；另有8.3%的样本对象表示“从来没有进行过维护”。再将“乡镇”这个变量分开来看，不同区域对公共文化基础设施的维护频率也有很大的差

① 访谈者系临夏县安家坡乡中寨村村民尕某。

② 访谈者系临夏县安家坡中寨村村支书喇永明。

③ 访谈者系临夏县文化局局长王辉忠。

乡（镇）＊您所在地的公共文化设施是否会进行日常的维护管理 Crosstabulation

			您所在地的公共文化设施是否会进行日常的维护管理			
			是，会有定期的维护管理	偶尔会有	只有设施除了故障才会进行维护	否，从来没有
乡（镇）	安家坡	Count	11	23	9	3
		% within 乡（镇）	22.0%	46.0%	18.0%	6.0%
		% of Total	13.1%	27.4%	10.7%	3.6%
	北塬	Count	1	0	0	0
		% within 乡（镇）	100.0%	.0%	.0%	.0%
		% of Total	1.2%	.0%	.0%	.0%
	刁祁	Count	0	1	2	1
		% within 乡（镇）	.0%	25.0%	50.0%	25.0%
		% of Total	.0%	1.2%	2.4%	1.2%
	韩集	Count	7	5	4	1
		% within 乡（镇）	38.9%	27.8%	22.2%	5.6%
		% of Total	8.3%	6.0%	4.8%	1.2%
	河西	Count	1	0	0	1
		% within 乡（镇）	50.0%	.0%	.0%	50.0%
		% of Total	1.2%	.0%	.0%	1.2%
	桥寺	Count	0	0	1	0
		% within 乡（镇）	.0%	.0%	100.0%	.0%
		% of Total	.0%	.0%	1.2%	.0%
	土桥	Count	0	0	0	0
		% within 乡（镇）	.0%	.0%	.0%	.0%
		% of Total	.0%	.0%	.0%	.0%
	先锋	Count	0	0	2	1
		% within 乡（镇）	.0%	.0%	66.7%	33.3%
		% of Total	.0%	.0%	2.4%	1.2%
	辛店	Count	0	0	1	0
		% within 乡（镇）	.0%	.0%	100.0%	.0%
		% of Total	.0%	.0%	1.2%	.0%
	榆林	Count	2	0	0	0
		% within 乡（镇）	100.0%	.0%	.0%	.0%
		% of Total	2.4%	.0%	.0%	.0%
	Total	Count	22	29	19	7
		% within 乡（镇）	26.2%	34.5%	22.6%	8.3%
		% of Total	26.2%	34.5%	22.6%	8.3%

图 2－45

别。例如在韩集镇有38.9%的调查对象表示该地的公共文化设施会有定期的维护，而在刁祁乡没有一个样本对象表示当地的公共文化设施有过定期的维护。这也表明了临夏县公共文化服务的发展存在区域不平衡性。重投入轻维护的这种现象在我们的个案访谈中也很显著地表现出来：

目前来说管理维护还是镇上管的，但是图书室这些修建起来的时间不长，就是去年修建起来的，还不存在维护问题。①

现在没发生这种事情（后期维护），对于我们来说，这些都是近几年修建的，一般来说小的问题我们都可以解决了，牵扯到大的问题……大的问题可能也不多，因为这些都是最近新建的房子，最起码要用十几年到二十年。目前的话还不存在这样的问题，因为是刚刚修建起来的。你想配备书籍啊，更新书籍啊，这些都没有专项的资金，咱们乡镇就是凭关系啊，到处跑项目，这儿缺一点了我们添一点，那儿缺一点了我们添一点。②

维护的费用？……目前还没有维护这个问题…去年才开始建的，还没有产生这个问题。③

此外，公共文化产品更新缓慢严重阻碍了当地公共文化服务的发展进程。一方面，反馈机制的缺失使得政府无法良好的把握公共文化产品的更新方向。而政府在一开始对于公共文化产品的配备就采用统一规划，整体配套的权威方式进行，并没有征求公共文化消费主体的建议，在此后的评估反馈阶段也没有征求民意，这就使得政府在公共文化产品的更新上有一定的滞后性和盲目性，不能理性地把握公共文化产品的更新趋势。另一方面，国家对于公共文化服务建设采取一次性投入，并没有对公共文化产品的维护更新提供配套资金，而当地政府也没有放眼长远，对公共文化专项资金的使用进行合理的规划，为后期维护更新预留资金。因而来说，当地政府对公共文化产品的维护和更新缺乏物质基础。

（四）历史文化资源利用不足，缺乏市场运作观念

临夏县是古丝绸之路的必经之地和重要驿站，境内有汉、回、东乡、保安、撒拉、土、藏、蒙古等多个民族，新中国成立后，曾经历了“两合三分”的行政区域变化。因而临夏县历史文化资源丰富，民族风情浓厚。例如临夏县被称为中国的“小麦加”，县内伊斯兰风格的清真寺林立，具有发展宗教旅游得天独厚的优势。此外，“临夏砖雕”被列为第一批省级、国家级非物质文化遗产名录，民族刺绣和葫

① 访谈者系临夏县韩集镇党委书记辛刚。

② 访谈者系临夏县刁祁乡副乡长喇永明。

③ 访谈者系临夏县文化局局长王辉忠。

芦雕刻也是当地民间文化艺术手工艺品的典型代表。然而这些极具商业价值的民间文化艺术并没有成为当地的经济支柱产业，反而在其发展进程中存在众多问题。第一，重视程度不够，部分文化产品传续链中断。由于以经济发展为中心的短视性，使得政府忽略了整个社会的发展是一个整体，也没有注意到文化也可以像工业、农业一样能直接产生经济效益。一味地强调经济发展，却忽视了对传统文化的保护、挖掘和开发。此外，由于现代文化的冲击，使得人们对传统文化有一种普遍的审美疲劳，以至于越来越少的人去关注它，学习它，传承它。传统文化传续链的中断也让一些优秀的文化逐渐消失于人们的视野，也让人们失去了因此而带动经济发展的契机。例如临夏回族的“花儿”传唱的都是老人，年青一代无人涉足，正面临着消亡的危险。第二，经营规模偏小，未形成集约经营的产业链。临夏县的砖雕、民间刺绣、葫芦雕刻等行业没有引进市场机制，而以家庭小作坊的生产模式为主。县内只有一家砖雕生产厂——“临夏神韵砖雕有限公司”，公司占地6700平方米，2009年年产值1440万元，主要以砖雕的制作和安装为主，并未走出“原料采购—设计—加工—出售”一条龙的产业化发展道路。第三，缺乏对文化精英人才的培养。人才是公共文化发展的基础，公共文化产业的开拓、宣传、经营归根到底都需要文化精英人才积极发挥主观能动性。而当地文化人才培养机制的缺失也导致了该县公共文化市场萎缩，文化产业发展滞后的局面。以上这些问题在我们的个案访谈中也体现得较为明显：

砖雕方面嘛……有保护投入资金，但是投入量不是很大。①

特色文化？……花儿！（一旁的镇长说）（书记）“花儿”具体干什么我也不太清楚。像我们这儿，目前来说特色文化方面可以说还是一片空白。就是春节的时候，像去年我们的韩集村和上城村这两个都有汉族存在的地方，唱一些戏，跳一下秧歌啊，就是这些活动。像去年春节的时候上城村举办的为期7天的“大戏台”，是村上自发组织进行的一些演出。②

现在我们县的经济一方面是清真食品，还有一个花椒，大棚种植的。但是花椒这些生产也没有形成产业链，经营模式还是比较粗放的。还不能说是产业化，也就是在根据自己的实际情况在经营，因为产业化它涉及的加工流程就比较多了。③

① 访谈者系临夏县文化局局长王辉忠。

② 访谈者系临夏县韩集镇党委书记辛刚。

③ 访谈者系临夏县政府办主任马成林。

五、完善民族地区公共文化服务的对策思考

综上，临夏县近年来已意识到公共文化产业已经从不产生经济效益的成本行业向直接产生经济效益的利益行业转变，对公共文化服务的重视程度也重新进行了审视，并且在公共文化基础设施建设、传统公共文化的开发等方面取得了初步的成就。然而，怎样走出具有临夏特色的公共文化产品供给、管理道路，怎样充分利用当地优势文化资源推动其经济的发展……这些问题都值得我们进一步的探究。笔者认为临夏县政府应该积极打开思路，更新观念，放眼长远，改革体制，抓紧机遇，从以下几方面对其公共文化服务体系进行改善，以最大限度地获得公共文化事业的外部收益。

如图2－46“临夏县公共文化服务治理系统图”所示，政府应该全面审视，在复合治理中提高公共文化产品的供给效率；在公共服务理念的指导下，逐步缩小公共文化供给与服务之间的差距；着眼于公共选择，进一步激发当地公共文化市场的活力。具体来说，政府应该做到以下几点。

（一）建立共同治理的公共文化服务体系

治理理论提出“国家的公共事务管理活动是一种由共同的目标支持的管理活动，这些管理活动主体未必是政府，也无需依靠政府的强制力量去实现。”[①] 因而政府应该着力构建一种复合多元的公共文化产品供给体系。

首先，必须转变观念。现阶段，文化产业已经从不产生直接经济效益的成本部门转变为直接产生经济效益的利益部门，政府必须认识到公共文化整合社会秩序的功能和其潜在的巨大商机，将发展公共文化事业和发展经济等视之，促进农村经济、社会、文化的协调和可持续发展。另一方面，政府要树立正确的权利职责观念。在“小政府，大社会”的政府改革理念指导下，政府应该将自己的一部分权力回归到社会，让社会进行自我管理，自我调试，从而减轻政府压力，实现资源的优化配置。公共文化服务的发展也应如此。

其次，建立多渠道的融资长效机制。长期以来，缺乏资金一直是临夏县发展公共文化服务的瓶颈，由于当地经济发展落后，政府财政入不敷出，公共文化服务建设的项目资金完全来自国家专项拨款。资金投入不足已严重限制了当地公共文化的扩大再生产，因此建立多渠道的融资长效机制显得迫在眉睫。当地政府可以积极开发当地文化资源，加大传统文化宣传力度，致力于打造地方文化品牌效应，将文化资源转变为文化资本，从而进一步扩大招商引资，吸引外地资本，降低公共文化行业的进入壁垒，鼓励民间资本的投入。

---

① 罗西瑙：《没有政府统治的治理》，剑桥大学出版社，1995年第5页。

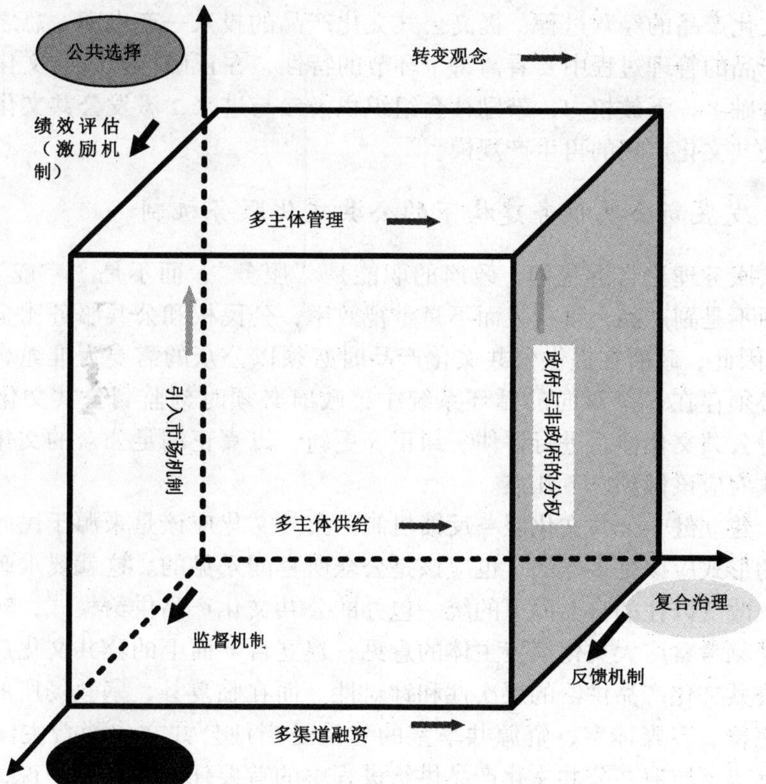

图 2-46　临夏县公共文化服务治理系统图

此外，政府还可以采取“文企联姻”的方式，在企业举办重要活动时开展丰富多彩的文化演出对企业进行大力宣传，既为企业构建宣传平台，又可以实现“以文化养文化”，拓展发展空间，赢得“两个效益”。总之，当地要将政府的权威供给和企业的盈利供给以及社会的志愿供给有机地结合起来，建立多渠道融资的长效机制。从而以丰厚的资金基础为依托，结合当地实际需求，构建一个集宗教文化、民间艺术、图书阅读、信息资源共享、广播影视、文艺演出、科技推广、法律普及、政策教育、体育设施、老年活动为一体的大文化站，真正建立农民群众汲取精神食粮的乐园。

最后，建立多主体参与的公共文化产品管理机制。公共文化产品的生产—供给—经营—评估—维护—更新是一个有机的服务链条，各个环节在逻辑上有一定的关联，但也具有一定的独立性。比如公共文化产品的生产过程中，政府完全可以采取合同外包的形式，通过招投标，选择具有资质和信誉好的企业进行公共文化产品的生产。在公共文化产品的经营环节中，在不改变普通公共文化产品非排他属性的前提下，引进企业管理方法和经营理念，政府可对此进行适当的补贴和减免税收，以规范公共文化产品的经营过程，提高公共文化产品的投入—产出率。总之，企业在公共文化产品的管理过程中要看清每个环节的特性，在正确把握公共文化正确的发展方向的基础上，下放权力，鼓励社会组织积极参与进来，激发公共文化市场的活力，扩大公共文化市场的再生产规模。

（二）发展新公共服务建构下的公共文化服务机制

新公共服务理论告诉我们，政府的职能是“服务”，而不是“掌舵”，公共利益是目标而不是副产品，重视人而不是重视效率，公民权和公共服务比企业家精神更重要。[①] 因此，政府在提供公共文化产品时必须以公众的需要为准绳。公共文化服务体系必须存在一个双向的循环系统中，政府必须时刻监测公共文化需求的趋向，及时对公共文化体系进行评估、纠正、更新，以真正满足公众的文化需求。具体而言，政府应该做到以下几点。

首先，建立健全公共文化服务反馈机制。公共文化应该是来源于民间，回归于民间，它的形式应该是多样的，也应该是公众所喜闻乐见的。这就要求政府不应该主观臆断，改变以往的自上而下的统一包办的公共文化产品供给模式，转向尊重农民需要，深刻考察广大文化消费主体的意见，建立自下而上的公共文化产品供给机制，提高公共文化产品供给的层次性和针对性。而在临夏县，宗教场所的建设、管理制度的完善、多媒体室、资源共享室的建设是当地公共文化消费主体的迫切需要，也应是当下政府在公共文化产品供给进程中的首要任务。总体来说，当地政府应该建立如图 2 –47 所示的反馈机制。

其次，建立健全公共文化资金运行监督机制。经济人假设认为，人是理性的人，都是以追求自身利益最大化为价值导向的。那么由经济人组成的政府团体也会有利益导向，也会追求集团利益最大化，并不是像原则上所说的全心全意为公共利益服务。另一方面阿罗不可定理提出：社会公众的需求是丰繁复杂的，政府不可能计算出公共需求的最优函数，因而在无法界定公共利益是什么的前提下，为公共利益服务也有空喊口号之嫌。基于以上两点，在公共文化产品供给中建立健全专项资金运行监督机制必不可少。通过调查我们发现，临夏县公共文化服务建设的专项资金依次流通了文化部、省文化厅、州文化局、县文化局四个层次，流通层次的过于冗长增加了专项资金不定项转移的风险概率，减小了公共文化服务的投入规模。因此，建议中央的专项资金直接下拨给县文化局，将资金流通的信息流传拨给省级、州级文化职能部门，而实际的资金流通并不经过这两个层级。而县级文化职能部门负责向州文化局汇报专项资金的投入、使用、产出等方面的情况。这样的流通层次一方面减小了资金在流通过程中不定项转移的风险，另一方面建立了省级、州级文

① ［美］珍妮特. V. 等哈特，罗伯特. B. 登哈特，新公共服务：《服务，而不是掌舵》，中国人民大学出版社，2004 年第 41 页。

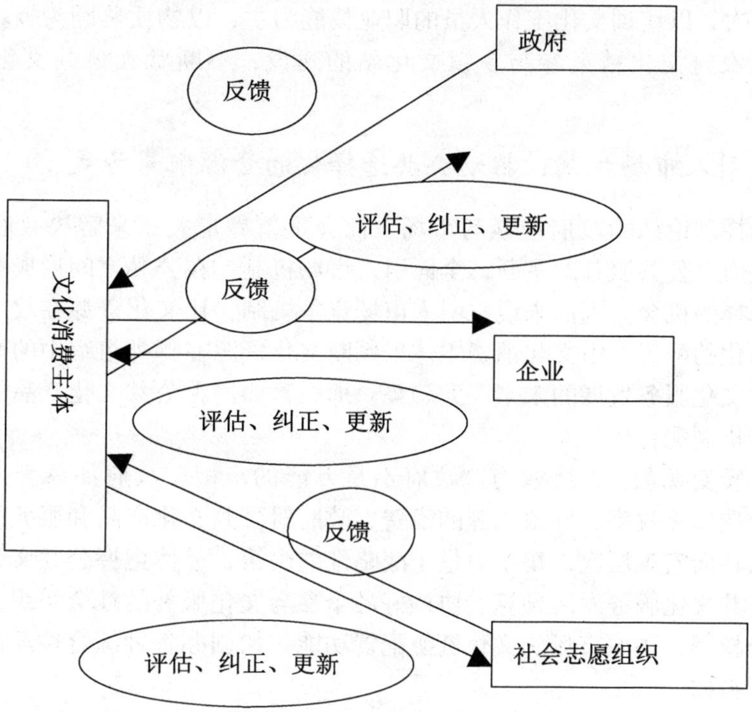

图 2-47

化职能部门监督县级公共文化服务专项资金运行的内部监督机制。此外，还应广泛动员社会力量，即公共文化消费主体树立维权意识，成立监督委员会，监督政府不适当的行为，利用舆论的压力，改变政府不恰当的决策，以规范公共文化服务向正确的方向发展。

最后，建立有效的公共文化服务绩效评估机制。长期以来，政府对于公共文化服务体系的建设，存在“重投入，轻产出”的弊象，究其原因就是缺乏有效的公共文化服务绩效评估机制。而要建立有效的绩效评估机制就要发挥民主评估的主导作用，即以公共文化消费主体对公共文化服务的满意度为主要评估指标，根据实际情况将这些能反映文化消费主体“满意度”的指标进一步细化，例如对公共文化产品数量的满意度、对公共文化产品种类的满意度、对工作人员服务态度、效率的满意度等，从而形成民主评估的系统数据库。也要完善制度性评估，把领导评估、下级评估和民主评估有机地结合起来，建立完善的公共文化服务绩效评估机制。此外，政府应该明确绩效评估的产出就是合理行使奖惩权，即建立有效的公共文化服务激励机制也是必不可少的。通过调查我们发现当地的公共文化工作人员素质较低，文化骨干队伍不稳定，文化工作人员待遇较低，并且身兼多职，文化人才流失严重。这在很大程度上要归结于公共文化服务激励机制的缺失，因而建立有效的公共文化服务激励机制显得迫在眉睫。在激励过程中，政府应该看到不同公共文化工作者的不同需求层次，以培训文化工作人员的职业技能为主，以物质奖励为辅。鼓励具有一技之长的农村文化精英参与乡镇文化站的建设，不断壮大公共文化服务骨干队伍。

（三）引入市场机制，推动公共选择化的资源配置方式

公共选择理论认为政府应该与市场、社会重新界定关系来解决政府面临的困境，打破政府对公共服务的垄断，全面引入市场机制，在公私之间形成竞争，从而使公众有选择的机会。因而来说，引入市场竞争机制，让文化资源在政府和企业之间进行市场化的配置，由文化消费主体来判断文化资源在哪类组织中的配置更有效已成为公共文化服务发展的未来一大趋势。那么，如何在公共文化产品的供给中引入市场竞争机制呢？

首先，转变观念，下放权力。政府不是万能的，相反政府如果管得多，管得杂，反而会造成无效率，导致资源的浪费，政府对公共文化产品和服务的管理应该从微观层次转向宏观层次，集中力量于战略性的决策，整体把握公共文化的发展方向，做好公共文化服务发展预算、协调好各个参与文化服务的社会组织，并向社会回归一部分权利，还原市场的文化资源配置功能。如创办各种综合性经济文化公司和文化代理机构。

其次，促进传统公共文化产品的产业化。临夏县传统文化资源丰富，极具民族特色和商业价值。临夏砖雕、临夏刺绣、清真食品等都有很大的开发价值和市场前景。政府应秉持“政府支持、培养主体、市场运作、增强活力”的理念，利用现代化的传播途径大力宣传当地特色文化，在文化品牌效应的依托下招商引资、吸引本地民间资本，将文化资源转化为文化资本，并积极利用政府财政手段，通过减免税收、发放补贴、政府投资等方式大力扶持区域民族文化产业的发展。从而走出一条具有临夏特色的“人员培训—原料采购—设计—生产—深加工—出售”一条龙文化产业发展道路。

第二节　云南省金平县公共文化产品供给情况研究

国家确立的一揽子政策，采取的一系列措施，保证了公共文化资源配置向西部、向基层、向农村、向民族地区倾斜，有效促进了这些地方公共文化服务体系的建立。我们欣喜地看到政府部门在公共文化产品供给方面取得的成就，公共文化服务体系正在向一个更加成熟的阶段迈进。然而，其中存在的问题也不得不引起我们的注意。区域发展差距大，城乡发展差距大是我国现阶段难以逾越的基本国情。一

方面，在广大的西部地区，由于经济发展的滞后，带领人民群众建设、发展经济、增加财政收入是政府的工作大局，社会文化等“软实力”的发展被视作是花架子，一度被长期搁置。另一方面，由于受行政体制分割的制约，彼此之间缺乏有效协调、配合，大部分“文化工程”之间不能配套、衔接，资金、技术、设施设备、专业人才、资源难以共享，在资源稀缺的情况下造成了极大浪费。同时，我国西部地广人稀，城市化进展相对缓慢，文化投入总量的严重不足以及社会资源要素和财政资源要素大部分倾向于工业和城镇，致使城乡间文化产品供给渐行渐远。

综上，在我国广大的西部地区，特别是西部欠发达的民族、边疆地区，在公共文化产品的供给上还存在着众多问题。比如，公共文化产品供给总量不足、干群的意识不强、公共文化服务覆盖面不广、公共文化产品供给结构失衡、供给主体单一、缺少长期规划、缺少管理维护等一系列问题，是摆在当地公共文化服务体系的建立面前的一块绊脚石。针对上述问题，我们有以下思考：如今在落后的民族地区，公共文化产品的供给现状如何，城乡供给的差异是否明显，有什么突出的问题？为了解、掌握这些情况，我们选取了金平苗族瑶族傣族自治县（以下简称金平县）作为研究对象，以民族地区公共文化产品供给的城乡差异为视角，深入实地调研，在实证研究的基础上分析现状，进一步概括、抽象出存在的问题，并结合专业知识，为当地今后在公共文化供给城乡一体化建设提供合理建议。

金平县位于云南省红河哈尼族彝族自治州（以下简称红河州）南端，是集边疆、山区、多民族、原战区、贫困为一体的国家扶贫开发重点县。县城距省会昆明477公里，距州府蒙自135公里。国境线长502公里，与越南老街省的坝洒、莱州省的封土、清河、孟德四县接壤。面积3677平方公里，其中山区面积占99.72%。金平县辖13个乡镇、93个村委会、4个社区、1107个村民小组，总人口35万人，其中少数民族人口占人口总数的86%。同时，金平还是一个传统的农业大县，全县从事农业生产活动的人口占总劳动人口的93%，截止到2010年，城镇居民人均可支配收入为8794元，农民人均纯收入为2128元。金平县是一个以苗族、瑶族、傣族为主体民族，与哈尼族、彝族、汉族、壮族、拉祜族、布朗族（莽人）等九个民族和谐相处的多民族家园。

金平县有着丰富的自然资源和多姿多彩的民族文化，营造了一个色彩斑斓的民族风情园，堪称祖国南疆的一颗璀璨明珠。伴随着经济发展取得的成果，当地群众对文化产品的需求日益增长，对于公共文化的发展，金平县既有优势的一面，也面临着严峻的挑战。从宏观上分析，一方面，醇厚的人文积淀和色彩斑斓的民族文化为公共文化的发展奠定了坚实的基础；优美的自然风景可与人文风情相结合，旅游业的发展潜力为文化的繁荣加注了动力。与此同时，不同民族主体对于公共文化产品不同的需求也增加了当地公共文化产品的供给的难度。更为困难的是，金平县位列国家扶贫开发工作重点县，经济基础薄弱，地方财政捉襟见肘，加上地理条件限制，农业人口分散等一系列因素制约着公共文化的发展，特别是对农村的供给。因此，如何在有限的资金支持下，利用当地的优势资源，打造好符合当地群众需要的公共文化产品供给体系，同时针对城乡居民对于文化需要的不同，统筹好城乡公共文化的供给，是当地文化发展道路上迫切需要应对的挑战，也是研究的出发点与落脚点。

一、金平县公共文化产品供给情况概要

金平县世代居住着九个民族，同时地处边疆，国境线长达502公里，在公共文化的发展途径中既要注重一般性，也要凸显特殊性。在国家一系列扶持项目、优惠政策的照顾下，近几年来，金平县结合自身的特点和优势，在公共文化产品供给上初步形成了自己的体系。调研小组在系统收集了资料和对文化主管部门进行了深入访谈之后，梳理了其中的主干部分，将其公共文化产品的供给概括为四类：文体设施建设、文化团体组织、文化服务活动与文化遗产保护。

（一）文体设施建设情况

文体基础设施建设，是公共文化服务体系建设的基础。“十一五”以来，随着当地经济的蓬勃发展，在上级财政的扶持下，金平县加大了对文体基础设施的投资力度。近年来新建的主要文体设施如下：

1. 文化馆建设

2008年投资800万元建成了县文化馆兼办公楼，全系统统一办公，方便管理，彻底改变了以往各个文化服务单位各自为政的分散局面。文化馆是金平县文化活动的中枢系统，主要担负以下9项职责：承办政府主办的各类社会文化艺术活动，组织开展各类社会文化艺术活动，包括常设阵地活动、社区、广场等文化活动，丰富和活跃广大群众的文化生活；为群众提供各种健康、有益的文化服务，普及科学文化艺术知识；组织群众文艺作品创作；辅导、培训文艺骨干和社会文艺团队；搜集、整理、研究、开发民族民间优秀文化，挖掘、保护和继承民间文化遗产；组织和开展群众文化理论研究；指导各乡、镇文化站的业务工作、城区、社区、学校、各企事业单位开展群众文化工作；非物质文化遗产的调查、保护等工作；承办上级部门交办的其他工作。

2. 民族体育场的改造

为迎接举办少数民族运动会，2009年当地投资1600万元改建、扩建了民族体育广场，树立了室外液晶大屏幕，使之成为全县体育健身、休闲娱乐的中心。

3. 青少年活动中心

在各级财政的支持下，2009年投资530万元兴建了大型公益性校外教育机构和公益性服务机构——青少年活动中心。作为当地青少年儿童休闲娱乐的活动中心，这里主要承担艺术、体育培训和举办规模活动的任务。

4. 农家书屋

针对农民群众“买书难、借书难、看书难”的现实问题而开展的公益性文化工程——“农家书屋”工程，是切实保障广大农民群众基本文化权益的一项民生工程，实施以来已经成为农民读书学习、科学致富和学法普法的重要阵地。2009—2010年两年时间，当地政府完成了93个行政村级农家书屋的建设，覆盖率达到100%。每个点国家配套资金3万元，其余由当地财政负担，图书、音像制品及相应的硬件设施由云南省新闻出版局统一配置。从形式上看，惠及广大农村群众的农家书屋已经建成，但实际使用情况并不乐观。调查小组走访了铜厂乡三个行政村的农家书屋，这三个农家书屋建成时间均不到1年，但不同程度地存在着常年关闭、管理职责模糊、图书摆放混乱、利用率低等问题，造成了资源的严重浪费。

5. 农村体育建设工程

2009年投资51万元，完成了17个农村体育建设工程项目，规格标准为600平方米篮球场、乒乓球场。

除了以上近年来新建、改造的文体设施以外，金平县原有的文体设施还有：

6. 图书馆

图书馆目前共有在职人员10人，编制7人。现馆舍面积1200平方米，是1997年竣工使用的。2005年文化部、中宣部赠送给本馆价值5万元的“文化信息资源共享卫星接收设备”一套。目前图书馆藏书量共计48000册，设有外借室、阅览室、采编室、过刊室、农村图书流通室、报库资料室、电子阅览室（文化信息资源共享设备）。2010年全年外借室、阅览室借阅人次9986人，151940册次。

7. 民族团结广场

该广场建成于上世纪末，坐落于县委办公楼旁，面积约为3700平方米，广场角落有几处小吃、冷饮的门店，是金平县城居民的主要休闲、娱乐、运动场所，同时也兼用于放映广场电影和广场演出。

（二）文化团体情况

金平民族文化多姿多彩、传统文化积淀深厚，这些优势条件都为当地的文化团体的组织提供了条件。这里主要分为三类：第一类是金平县民族歌舞团；第二类是社区文艺组织；第三类是农民业余文艺队。

1. 民族歌舞团

该歌舞团成立于1958年11月，现位于金河镇文化路20号，总占地面积976平方米。金平县民族歌舞团属于事业编制，现有职工15人，退休职工4人，在职职工平均年龄31岁。在职职工中有二级舞蹈编导1人，三级舞美师1人，四级舞蹈演员8人，五级演奏员2人，五级舞蹈演员3人。金平县民族歌舞团属于公益性文化事业单位，资金来源主要是财政拨款，也接受社会的赞助，其运作方式是按照县委、县政府及上级主管部门下达的量化目标任务进行演出活动，每年年终根据量化要求进行考核、评定成绩。2010 年初，上级主管部门下达的该年度演出场次指标为下乡演出 50 场，县级及以上演出 12 场，最终完成的情况为下乡演出 44 场，完成指标的 88%，县级及以上演出 23 场，完成指标的 191.7%，全年共计演出 67 场，观众达 8 万余人次。

2. 社区文艺组织

社区文化建设作为社区建设的重要内容，在提高全民文化素质、提升城市品位、增强社区居民的归属感和向心力以及塑造良好的人文氛围等方面都发挥着极其重要作用。金平县城分为“仙人洞”、“喜望桥”、“金沙”、“北门”四个社区，分布在城内东、西、南、北四个方向。共有 4707 户、13263 人、23 个居民小组，四个社区共有文艺队 11 支，322 人。各文艺队员中、老年人居多，青年占少数。据文化局工作人员的介绍，这几年来，每逢节庆、民俗节日活动时，各社区文艺队都积极参与，多年的演出经验使各社区文艺队从单一的演出形式逐步走向多元的文化交流，多次参加省、州组织的各类文化活动。并在第八届、第九届香港国际中老年体育联合会举办的“紫荆花”舞蹈比赛中获“金奖”、“组织奖”；云南省老年体育协会举办的舞蹈比赛获“优秀奖”、“二等奖”、“组织奖”；全国第三届柔力球全能比赛获“银奖”。2010 年各社区文艺队在金平县的各类活动中参加各类文艺演出活动 63 次。

3. 农村业余文艺队

根据《云南省农民演出队伍从业人员情况调查表》的统计数据显示，截止到 2010 年底，金平县共有农民业余文艺队 229 支，全部在当地从事民族歌舞表演，人数共计 2977 人，其中男性有 497 人，女性有 2480 人，从年龄结构上来看，主要集中在 31—40 岁和 41—50 岁两个年龄段，分别占 30.2% 和 33.6%。这些农村业余文化队基本都是各行政村自发组织的，其演出活动主要是在民族节日期间为乡亲们表演民族歌舞，部分高质量的节目可以选派到县城参加广场民族歌舞表演，并参与评奖。农村业余文艺队属于自发性组织，组织程度参差不齐，为提升这股民间文化力量的质量水平，县文化馆经常组织其中的积极分子培训，年平均培训人数为 200 人左右。

（三）文化服务活动

随着物质生活条件的改善，当地人民对于文化产品的需求日渐提升，当地相关部门充分利用资源，依托各类文化活动满足人民群众的这一需求，具体来看，主要内容有以下几类。

1. 广场文艺演出

能歌善舞历来是少数民族群众的特长之一，9 个民族聚居于一地带来了各民族文化的交流、繁荣与发展。当地政府借助这一优势，近年来以民族歌舞团为中坚力量，组织当地民间文艺组织、群众举办了内容丰富的文艺演出。因为受地形限制，这些演出集中在广场举办（上文提及的民族团结广场和体育场），因此称为广场文艺演出。以2010年为例，金平县文化局举办了“乡村大舞台”系列文艺演出活动，旨在发展文明、健康、活泼、向上的民族文化，年内举办9场，观众估计超过5万人次。除此之外，结合重大节庆日和民族传统节日，当地相关部门还举办了“纪念金平解放六十周年”文艺晚会、“三八国际妇女节”100周年文艺晚会、“十八岁成人礼青春盛典”、“重阳节文艺活动”等10台晚会，很大程度地满足了当地城镇居民的文化需要。

2. 露天电影播放

目前金平县没有建成使用的电影院，电影播放靠的是当地电影队。目前城区的电影放映主要靠文化局承办，年放映影片80部左右。农村建立了电影队，全县共有农村电影队12支（私营的6支，采取契约外包的形式提供服务），电影机15台（私营6台16毫米机，国营6台16毫米机、35毫米机1套、103毫米机1套、多媒体放映机1套），放映员14人，承担了“2131”工程放映任务。据文化局分管领导介绍，这些电影队穿梭于各个行政村之间，年放映影片超过1000部，其中少数民族语言电影90部以上。

3. 宗教节日庆祝活动

每逢宗教节日庆典，少数民族群众都有特定的纪念风俗，如祭祀、各类比赛等活动。为了正确引导群众宗教节庆生活，当地政府积极参与其中，每年主导、参与宗教节日庆祝活动的举办达30个以上。其中表2-1所列较有影响力。

表2-1　金平县政府主办的宗教节庆活动

名　称	时　间	主要内容
苗族“花山节”	正月初二至初七	爬花杆、赛马、打鸡毛毽、民间歌舞表演
瑶族“盘王节”	农历十月十六日	祭盘王、对歌、体育比赛、民间歌舞表演
傣族“泼水节”	公历四月十八日	赛龙舟、丢花包、泼水、斗鸡
彝族“姑娘节”	农历三月上旬	祭祀、打陀螺、对歌、民间歌舞表演
金平“男人节”	正月二十九日	祭祀、射弩、游泳、打陀螺、对歌

通过宗教节日庆祝活动的举办，一方面规范了宗教活动的内容、形式，同时丰富了当地群众，特别是农村群众的文化生活，而且这些别具民族风味的庆祝活动也是金平县旅游主打的项目品牌，吸引了大量外地游客、摄影爱好者到此参观、游览。

（四）文化遗产保护

我国文化遗产保护政策明确指出：加强少数民族文化遗产和文化生态区的保护，重点扶持少数民族地区的非物质文化遗产保护工作。保护文化遗产，保持民族文化的传承，是连接民族情感纽带、增进民族团结和维护国家统一及社会稳定的重要文化基础。在市场经济的冲击下，当地的传统文化传承面临着前所未有的挑战，传统工艺衰落，民间文化传承人年龄偏大且面临后继无人的窘境。针对这种情况，金平县政府从2005年开始建立了非物质文化遗产保护名录，先后确认了营盘乡芭蕉河上寨村苗族传统文化保护区等4个民间传统文化保护区，老勐乡破竹烟筒工艺之乡等6个民间传统文化之乡，苗族创世歌等6种民间口述文学，刘维音等59人作为民间文化传承人。与此同时，当地文化部门积极搜集、准备材料进行物质文化遗产保护申报，截止到2010年底，已有2位工艺传承人、1位音乐传承人进入省级保护名册序列。

二、当地城乡居民对公共文化产品供给的反应及原因分析

调研小组在走访相关部门，系统了解金平县公共文化供给情况的基础上，采用问卷调查的形式，分别对该县城镇和农村群众进行了调查。其中，在金河镇（金平县政府所在地）民族团结广场和体育场附近发放问卷63份，其中有效问卷57份（57名被调查者中55名为城镇户口，2名为农村户口）；在铜厂乡中心卫生院附近发放问卷41份，其中有效问卷32份（32名被调查者均为农村户口），综上，本次问卷调查共涉及城镇居民55人，农村居民34人。不难想象，在这样一个城乡发展差距大、地形险要、交通不便的县域里，城市居民和农村居民享受的公共文化产品的供给无论从类型、频率和水平上都会存在着明显的差距，这在问卷调查中也得到了充分体现，现将结果做如下分析。

（一）城乡居民公共文化活动的参与程度

调研小组将当地居民参加的文化活动内容分为八个方面——宗教活动、棋牌活动、看书、观看演出、在家看电视（电影）、民间艺术团体表演、上网、其他。调研小组认为，对于城镇居民和农村居民而言，除了看书和观看演出的表现形式不同之外，其余六项内容的表现形式是相同或者相近的，其中城镇居民看书的形式为“到图书馆看书”，观看演出的形式为“观看广场文化演出”，相应的农村居民的形式为“去‘农家书屋’看书”和“观看‘文化下乡’慰问演出”。而无论是城镇居民还是农村居民，上述四种公共文化的供给形式都是由政府承担或者主导的，从城乡居民对其消费、参与的情况异同进行分析，可以把握政府提供的公共文化产品在城乡居民间的差异程度。以下重点选取这两个角度进行分析。

就参加频率第一的活动而言，城镇居民为观看广场文化演出，样本数为15人，占城镇居民总样本数的27.27%，而相应的农村居民观看“文化下乡”慰问演出的人数为3人，占农村居民总样本数的8.82%。就变化的趋势来看，从频率第一到频率第三，城镇居民观看广场演出的人数分别为15人、11人、8人，分别占城镇居民样本总数的27.27%、20.0%和14.55%，呈下降趋势。相反，从频率第一到频

率第三，农村居民观看“文化下乡”慰问演出的人数分别为 3 人、6 人、7 人，分别占农村居民样本总数的 8. 82%、17. 65% 和 20. 59%，呈现上升趋势。结合问卷调查数据，根据调研小组对被调查者的访谈，之所以在政府提供的文化演出供给上，城镇居民与农村居民参与的情况存在较大差异，原因在于就城镇居民而言，政府经常性地在民族团结广场和体育场举行各类广场文艺演出，因此他们有机会经常性地观看这些演出，在参加频率第一的活动中所占的比重也是最大的，需求得到了满足，因此在选择第二、第三频率的活动时会将注意力倾向于其他活动，存在一定程度的边际消费效用递减；而反观农村居民，在参加频率第一的活动中，观看“文化下乡”慰问演出所占的比例很低，并非当地乡亲不喜欢此类文艺演出活动，而在于没有机会参加，因此注意力更多地用于其他活动，而随着观看文艺演出的机会出现，他们愿意选择参加此类文化活动，这也符合从参加频率从第一到第三，观看“文化下乡”慰问演出的农村居民人数有明显的上升趋势，也就是说对于农村居民而言，观看文艺演出的需求未得到满足。

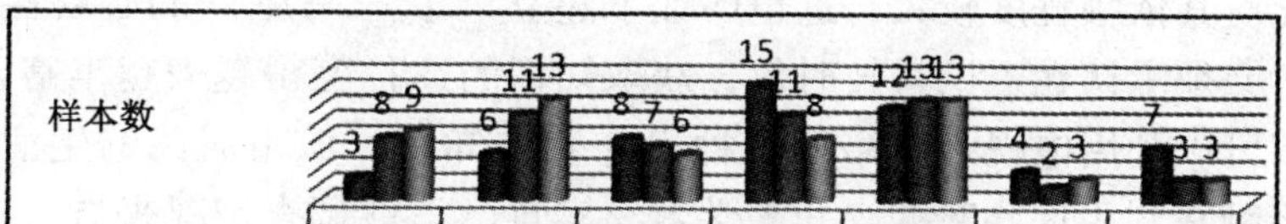

	宗教活动	棋牌活动	去图书馆看书	观看广场文化演出	在家看电视（电影）	民间艺术团体表演	上网
■参加频率第一	3	6	8	15	12	4	7
■参加频率第二	8	11	7	11	13	2	3
■参加频率第三	9	13	6	8	13	3	3

图一　城市居民参加频率前三的活动

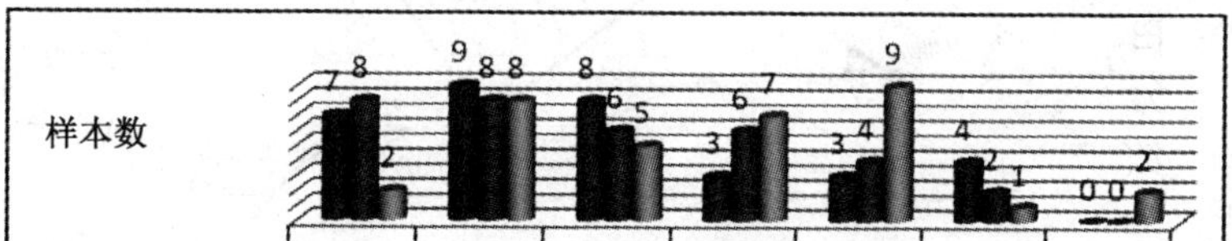

	宗教活动	棋牌活动	去“农家书屋”看书	观看“文化下乡”慰问演出	在家看电视（电影）	民间艺术团体表演	上网
■参加频率第一	7	9	8	3	3	4	0
■参加频率第二	8	8	6	6	4	2	0
■参加频率第三	2	8	5	7	9	1	2

图二　农村居民参加频率前三的活动

从图一和图二中还可以看出，就看书一项而言，城镇居民选择到图书馆看书从频率第一到第三人数分别为 8 人、7 人和 6 人，在各频次所占比率分别为 14.55%、12.73% 和 10.91%；农村居民选择到“农家书屋”看书从频率第一到第三人数分别为 8 人、6 人和 5 人，在各频次所占比率分别为 23.53%、17.65% 和 14.71%。总体上看，无论是城镇居民还是农村居民在闲暇时间对于看书的参与程度都不是太高，积极参与的集中在年龄较小的群体，而且城镇居民对于图书馆的利用程度不及农村居民对“农家书屋”的利用程度。看书是汲取知识的一种有效形式，城乡居民对公共书籍的利用情况之所以存在差异，原因在于：一方面，不可否认当地城乡发展差距较大，从统计数据上看，2010 年，城镇居民人均可支配收入为 8794 元，农民人均纯收入为 2128 元，经济基础决定上层建筑，城镇居民收入较为丰厚，因此他们可以根据自己的兴趣购买书籍、订阅报纸，因此对于图书馆提供的公共书籍的依赖程度较低。相反，对于农村居民而言，他们既缺少资金，而且难以获得渠道来购买、订阅相关的书籍和报纸，看书的需求很大程度上必须通过“农家书屋”得以满足，因此对其依赖程度较大，这也印证了建立“农家书屋”的必要性与现实性。另一方面，必须承认在资讯科技时代，获取知识的途径变得越来越丰富，除了读书以外，人们可以利用电视、网络等多种媒介获取知识，城市居民的生活较为富裕，更有机会接触并利用这些新的媒介来学习充实自己。就调查情况来看，在参加频率第一的活动中有 21.82% 的城镇居民选择在家观看电视，而农村居民仅有 8.82%，而从上网这一项的情况来看，在频率第一的活动中城镇居民参加的占 12.73%，而农村居民没有利用网络丰富文化活动，这明显是由于受设备条件的制约。

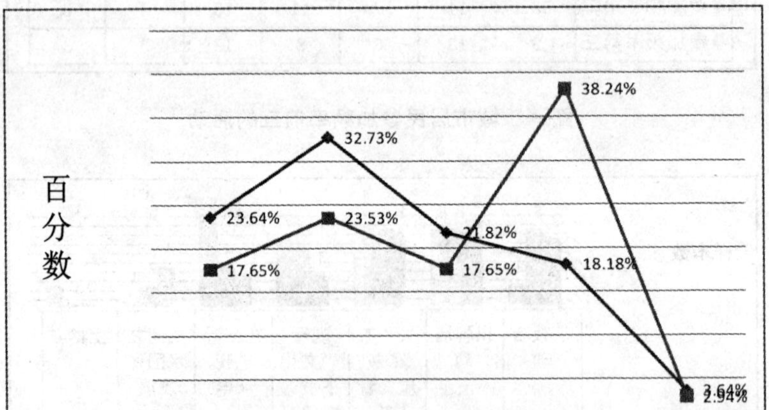

	这些活动内容丰富，我很喜欢	这些活动在一定程度上还是满足了我的精神需求	文化活动种类太少，不能满足我的需求	活动内容太陈旧，更新缓慢，参加就是浪费时间	其他
城镇居民	23.64%	32.73%	21.82%	18.18%	3.64%
农村居民	17.65%	23.53%	17.65%	38.24%	2.94%

图三　城乡居民对各类文化活动的评价

从调查中我们还发现，农村居民对于宗教活动和棋牌活动的参与倾向明显高于城镇居民。在参加频率第一的活动中，城镇居民参加宗教活动和棋牌活动的人数分别为3人和6人，占样本总数的5.45%和10.91%。反观农村居民在参加频率第一的活动中，参加宗教活动和棋牌活动的人数分别为7人和9人，占样本总数的20.59%和26.47%。这并非是积极的，特别是宗教活动，一方面，当地少数民族群众传统的宗教习俗中存在着大量封建迷信、暴力血腥的元素，一些在今天仍然继承了下来；另一方面，近代以来，云南边境的农村不同程度地受到西方传教士的影响，金平县的部分农村也受到了遗留下来一些西方的宗教仪式的影响，一些更有邪教色彩，受境外势力的控制、左右，对民族团结和社会稳定构成了威胁。另外，由于其他文化生活的匮乏，农村群众热衷于棋牌活动，多少具有赌博的非法色彩，在农闲的时候，更有“一不出农活，麻将响一村”的说法。这些问题引起了当地政府部门的重视，其解决有赖于丰富群众文化生活以及积极地引导群众参加有益的文化活动。

（二）城乡居民对公共文化产品供给的满意程度

如上文所述，金平县由于城乡发展差距大、地形险要、交通不便等因素，城市居民和农村居民享受的公共文化产品的供给无论从类型、频率和水平上都会存在着明显的差距，城乡居民对各类文化活动的参与情况也存在着显著的差异。如果说现实的参与代表实际的供给情况，那么对于供给的满意度分析就可以看做是城乡居民的主观认知。

1. 城乡居民对文化生活的总体评价

问卷分别就农村居民和城镇居民对各类文化活动的参与情况进行了调查，在此基础上，进一步调查了解了城镇居民对于存在的各类文化活动的评价情况。

根据问卷反映的情况，两个积极选项——“这些活动内容丰富，我很喜欢”以及“这些活动在一定程度上还是满足了我的精神需求”中城镇居民的比率高于农村居民，前者城镇居民所持比率为23.64%、农村居民为17.65%，后者城镇居民所持比率为32.73%、农村居民为23.53%。而对于两个消极选项——“文化活动种类太少，不能满足我的需求”以及“活动内容太陈旧，更新缓慢，参加就是浪费时间”，城镇居民与农村居民的表现不尽相同，对于前者城镇居民所持比率为21.82%高于农村居民的17.65%，对于后者城市居民所持比例为18.18%远远低于农村居民的38.24%。

这一系列数据说明，总体来看城镇居民对于各类文化活动的评价高于农村居民，另一方面，持消极态度的城镇居民占40.00%，持消极态度的农村居民占55.88%。也说明无论是城市居民还是农村居民对文化活动都有不满情绪。其中农村居民表现的更甚，其不满倾向更加强烈，选择“活动内容太陈旧，更新缓慢，参加就是浪费时间”占到消极选项的绝大部分，不得不引起注意。在经过了解后发现，农村群众持此类消极态度主要针对的是政府主导的宗教节庆活动以及科普（人文）知识学习活动等。金平县由于历史原因和自然条件，从传统文化中延续下来了一些的不良的元素，在现代文明的流入、渗透中必然会引起一定程度的抵制和反弹，这是客观存在的。而另一方面，政府部门也需要对提供文化活动的内容、方式以及与乡亲们互动的方式进行反思。

2. 城乡居民对文化设施维护情况的认知

经过几年的发展，在金平县无论是城镇还是农村都有了一定的公共文化设施，如县城里的青少年活动中心、图书馆、民族团结广场和体育场等，农村里也有农家书屋、农村体育建设工程、村文化活动室和乡文化站等，设施的建成是一次性、短期的，而使用是长期的，维护是保证设施长期正常使用的必要条件。通过对文化设施维护情况的调查，以了解城乡居民对文化设施维护的态度反应情况，如下图所示。

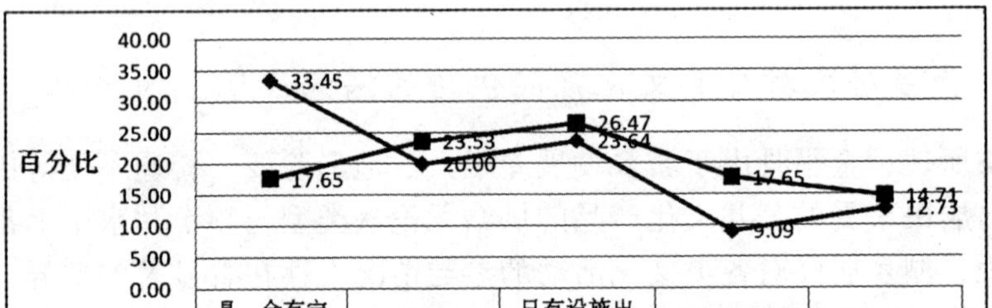

	是，会有定期的更新维护	偶尔会有	只有设施出故障了才会进行维护	否，从来没有	不太清楚
城镇居民	33.45	20.00	23.64	9.09	12.73
农村居民	17.65	23.53	26.47	17.65	14.71

图四　城乡居民对文化设施维护情况认知

根据问卷调查的情况，从图中可以看出，城乡居民对于文化设施的维护有着较为不同认知，其中城市居民中 33.45%（19 人）认为其享有的文化设施得到了定期的维护（例如清洁活动场所、更换电灯之类的消耗品等），在样本中所占的比重最大；而就农村居民反映的情况，占比重最大的为“只有设施出现了故障才会进行维护”（例如文化室 DVD 损坏后请专人维修、房屋漏雨后申请维护等），这一项占到样本总数的 26.47%（9 人）。从其他选项来看，对于“偶尔会有”以及“不太清楚”城镇居民和农村居民选择的比率接近，前者分别为 20.00%（11 人）和 23.53%（8 人），后者分别为 12.73%（7 人）和 14.71%（5 人）。而城镇居民和农村居民在“否，从来没有”这一选项中也存在较大差异，前者选择的比率为 9.09%，后者选择的比率为 17.65%。针对城乡居民对文化设施维护情况认知的不同，可以看出他们对享有的文化设施在保持延续性方面的满意程度是不同的，这也反映了对于城镇文化设施的维护倾向于常态，而农村文化设施维护倾向于临时。

3. 城乡居民对于公共文化产品的评价

分析了对各类文化活动的认知情况后，有必要专门研究城乡居民对政府提供的公共文化产品的认知情况。对各类文化产品的提供进行细分，调研小组认为文艺演出、公共书籍以及露天电影的提供具有的公共性最强。

首先，它们都具有很强的非排他性的特点，对于文艺演出和露天电影而言，只要是在视野可及的范围内都能观赏到，而公共书籍的消费只是使用权的暂时占有，而非所有权的处置，因此这些服务是难以切割的。其次，它们也都具有较高的非竞争性，虽然观看的位置不同会影响观赏文艺演出和露天电影的质量，但这种差异并不明显，可以说是具有非竞争性的，而公共书籍的阅读，只要按时归还、书籍没有损坏，并不影响下一读者消费的质量，也具有非竞争性。最后，从实际的运作情况来看，这三种文化产品的提供都是政府承担、主导的；文艺演出方面，城镇居民享受的广场演出是由文化部门组织、以歌舞团为核心开展的，农村居民享受的“文艺下乡”慰问演出是由文化部门与歌舞团签订协议予以提供的；公共书籍方面，城镇居民享受图书馆的借阅服务，农村居民享受“农家书屋”服务，这些都是由政府财政负担；露天电影方面，城镇居民享受广场电影由文化部门组织播放的，而农村居民享受的“电影下乡”服务由农村电影放映队提供，其中既有编制内的，也有私营的，而私营的也是依据与文化部门签订的合同来履行放映露天电影的职责。综上所述，无论理论上就排他性、竞争性而言，还是实践中从文化产品的供给方来看，文艺演出、公共书籍以及露天电影都符合公共产品的特点。以下分别就城乡居民对它们的评价进行阐述和分析。

（1）城乡居民对于文艺演出的评价

如上文所述，城镇居民和农村居民享受的文艺演出表现形式并不相同，前者主要是从广场文艺演出中得到满足，后者主要从“文艺下乡”演出中得到满足。

从图五中可以看出，城镇居民和农村居民对于文艺演出的评价中所占比重最高的都是“比较满意”这一项，分别为32.73%和32.35%，而对于“非常满意”一项，城镇居民选择的比率为25.45%，农村居民选择的比率为11.76%。也就是说，在积极选项中（“非常满意”和“比较满意”）城镇居民选择的比率为58.18%，而农村居民为44.12%。在消极选项中，城镇居民和农村居民对“比较不满意”一项的选择比率十分接近，分别为23.64%和23.53%，对于“不满意”一项的选择相差也不大，分别为16.36%和20.59%。而对于模糊选项——“没有举办过”的选择，城镇居民和农村居民的选择比率相差较大，分别为1.82%和11.76%。

综上可以看出，对于文艺演出的评价，在“比较满意”、“比较不满意”和“不满意”三个选项上，城镇居民和农村居民选择的比率都很接近，而相差的比率集中在“非常满意”和“没有举办过”两个选项上，这说明对于文艺演出的提供质量而言，城镇居民的评价高于农村居民，同时就文艺演出覆盖的情况来看，城镇居民的满足感也明显高于农村居民。

（2）城乡居民对于露天电影的评价

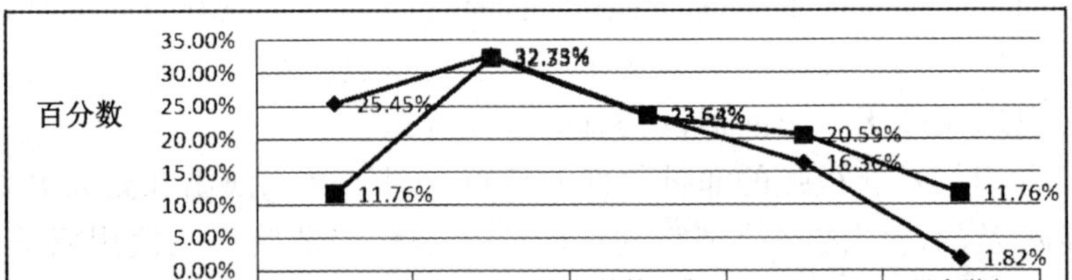

	非常满意	比较满意	比较不满意	不满意	没有举办过
广场文艺演出	25.45%	32.73%	23.64%	16.36%	1.82%
文艺下乡演出	11.76%	32.35%	23.53%	20.59%	11.76%

图五　城乡居民对艺术演出的评价

如上文所述，目前金平县没有建成使用的电影院，群众对电影的观赏都是在室外露天进行的，据介绍，文化局每年会在县城所在地——金河镇组织播放广场电影80部左右，地点在民族团结广场和体育场。而农村群众欣赏的电影由农村电影队组织播放，现共有12支，其中的一部分属于文化部门管理，另一部分按照合同提供服务，据文化部门提供的数据显示，近三年来放映的影片包括90部规定的民族语言电影在内总数都在1000部以上，按照金平县93个行政村计算，平均每个村年均观赏影片10.75部，顺利地完成了“2131”工程放映任务。

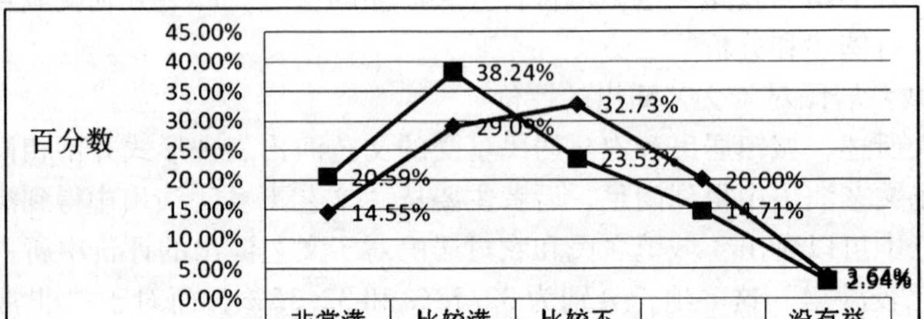

	非常满意	比较满意	比较不满意	不满意	没有举办过
广场电影播放	14.55%	29.09%	32.73%	20.00%	3.64%
电影下乡放送	20.59%	38.24%	23.53%	14.71%	2.94%

图六　城乡居民对露天电影的评价

根据问卷调查，对于露天电影的评价，在积极选项——“非常满意”和“比较满意”中城镇居民选择的比率为43.64%，农村居民选择的比率为58.82%，农村居民高于城镇居民。城镇居民中选择比率最高的为“比较不满意”，占到32.73%，而农村居民中选择比率最高的为“比较满意”，占到38.24%。以上情况说明，对于露天电影的提供来看，农村居民的满意度高于城镇居民。另外，对于“没有举办过”的选择，城镇居民和农村居民的比率都很低，前者为3.64%，后者为2.94%，这充分说明露天电影的覆盖率很高。

针对城乡居民对露天电影的评价情况，城镇居民对广场电影放映存在一定的抵制情绪，原因在于如今资讯发达，城镇居民大多可以利用其他的渠道（例如网络、DVD等）观看自己喜欢的电影，而广场电影播放的片子较为落后、陈旧，群众的认可程度比较低；另一方面，金平县城依山而建，整个县城只有民族团结广场和体育场两块开阔的空地，当地居民在晚饭后已经习惯到这里散步、娱乐、运动，广场电影放映的时间也安排在晚上，遇到放映的日子，无疑就影响了他们的活动，因此受欢迎的程度较低。而在农村，群众接触电影这种新的文化传播方式的机会并不多，电影下乡放映可以说是他们的不二选择，加上近年来针对群众的需要，当地的农村电影放映队安排放映了大量的科教片，获得了农村群众的好评，另外，调研小组选择铜厂乡的群众作为调查对象，这里距县城较近，交通较为方便，放映的场次也比偏远地区较多，农村居民对露天电影表现出的较高评价也不无关系。

（3）城乡居民对于公共书籍的评价

萧伯纳说过：“你有一个苹果，我有一个苹果，我们彼此交换，每人还是一个苹果；你有一种思想，我有一种思想，我们彼此交换，每人可拥有两种思想。”同理，为获得书籍而支出的成本是一次性的，而其价值却随着读书的数量增长而增长，从这个意义上说公共书籍的消费边际成本为零。公共书籍的内容是否为群众喜闻乐见，管理、维护是否能保证其能够重复使用，书籍是否得到合理、充分的利用，都关系着公共书籍价值的实现。

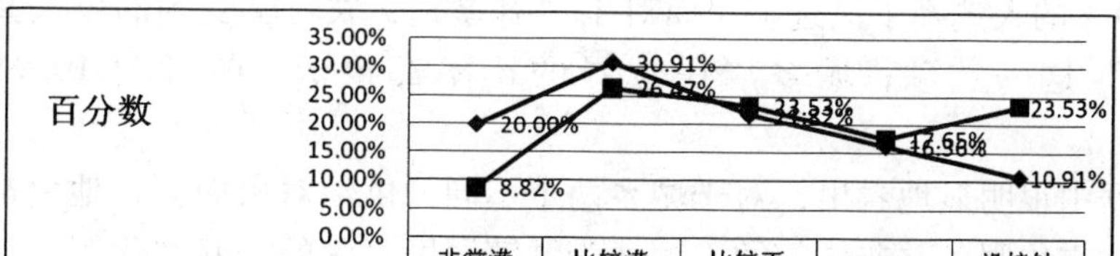

	非常满意	比较满意	比较不满意	不满意	没接触过
图书馆、利民图书阅览室	20.00%	30.91%	21.82%	16.36%	10.91%
农家书屋	8.82%	26.47%	23.53%	17.65%	23.53%

图七　城乡居民对公共书籍的评价

金平县当地文化部门为城镇居民提供公共书籍的形式有图书馆借阅和利民图书阅览室两种，它们的区别只在于提供的书籍类型不同，比较而言图书馆提供的书籍种类较为丰富，而利民图书阅览室只提供杂志、报纸之类的借阅服务，但其分布较广，在金河镇共有三处。农村居民享受的公共图书服务形式只有“农家书屋”一种。

根据调查的情况，城镇居民中有30.91%的人选择“比较满意”一项，所占比重最高，选择“非常满意”、“比较不满意”和“不满意”比率较为接近，分别为

20.00%、21.82%、16.36%，剩余10.91%的人选择了“没接触过”；相比较来看，农村居民选择最多的也是“比较满意”一项，占总数的26.47%，除有较少的8.82%的人选择“非常满意”以外，选择“比较不满意”、“不满意”和“没接触过”的比率都在20%左右。

从数据不难看出，对于公共书籍的提供而言，城镇居民的满意度高于农村居民，特别在“非常满意”一项的回答上，相差了11.18个百分点；另外，两个群体中相差较大的选项为“没接触过”，城镇居民仅为10.91%，农村居民为23.53%，这里面有个人对于学习要求不同的因素，也反映出了“农家书屋”的利用情况并不理想。

（三）城乡居民对于公共文化产品供给差异的认识

对各类文化活动、公共文化产品以及文化设施维护的评价情况，有助于我们掌握在金平——这样一个欠发达且城乡发展差距较大的地区，公共文化产品供给在城镇与农村两个群体中的差异。那么从服务的享受主体自身的认识而言，他们是否认识到这种差异的存在，对于这些差异的感受是强烈还是柔和，我们将进行分析。

1. 城乡居民对公共文化服务差异的态度

图八反映了城乡居民对公共文化服务差异的认知情况，如图所示，对于“有差别，农村享受到的公共文化服务不如城镇”一项的选择，城乡居民选择的比率都较高，表现出了一致性，其中城镇居民有38.18%的人选择了这一项，而农村居民中更有52.94%的人选择了该选项。而对于“有差别，农村享受到的公共文化服务比城镇还好”这一选项，城乡居民选择的比率都很低，前者为10.91%，后者为5.88%。

从数据中很明显地看出，对于城乡两个不同的供给对象而言，他们都认识到了享受的公共文化服务并非均等的，都认为城镇居民享受的公共文化服务较农村居民享受的而言要优质，也就是说在方向性的判断上态度是一致的。而感受的强度方面，两大主体的表现并不相同，有43.64%的城镇居民选择了“没有明显感受”，而仅有23.53%的农村居民选择这一项，说明对城镇拥有较农村更优质的公共文化服务而言，城镇居民的感受更柔和，而农村居民的感受更强烈。

2. 农村居民参与城镇文化活动的条件

根据上文的分析，我们已经知道城乡居民都承认公共文化服务方面存在的差距，那么农村居民是否有条件参与到城镇文化活动中，进而在实质上缩小这种差距的存在，我们就这一问题进行了调查。

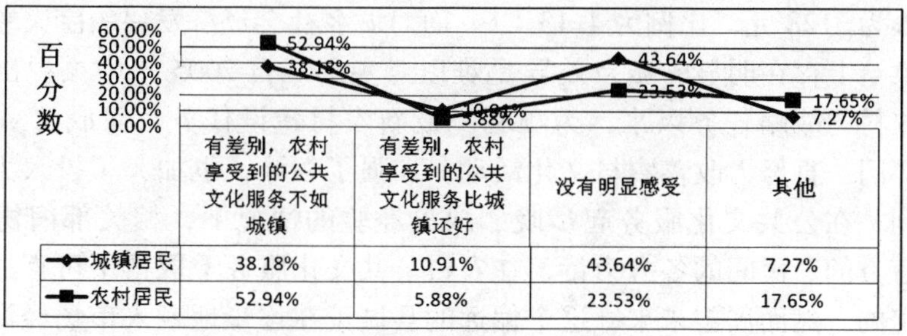

图八　城乡居民对公共文化服务差异的认知

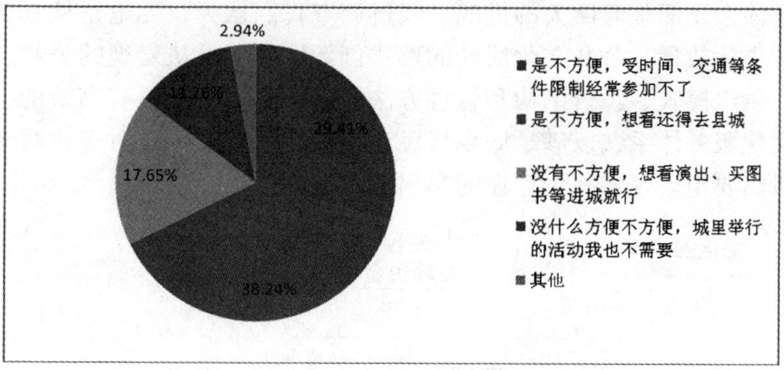

图九　农村居民参与城镇文化活动的条件

如图九所示，38.24%的农村居民选择了“是不方便，想看还得去县城”，29.41%的选择了“是不方便，受时间、交通等条件限制经常参加不了”，这两项加起来占到样本总数的67.65%，这说明绝大部分的农村居民认为自己难以参与到城镇公共文化服务的分享中。另一方面，有17.65%的农村居民认为“没有不方便，想看演出、买图书等进城就行”，这部分人认为自己没有受到客观条件的制约，能很方便地参与到城镇公共文化服务的分享中，而有11.76%的农村居民认为“没什么方便不方便，城里举行的活动我也不需要”，这部分人由于主观的原因而并不认为自己难以参与到城镇公共文化服务的分享中。

从数据中我们可以看出，客观条件对农村居民参与到城镇文化活动中存在明显制约，从人口分布来看，金平县农村较为分散，加上地形和交通的限制，毫无疑问，农村居民几乎没有机会参与到城镇的文化活动中，这与小组的问卷调查结果是相契合的。

三、存在的问题

从客观条件分析，金平县作为一个传统的农业县，又是国家级贫困县，城乡发展极不平衡，从统计数据上看，2010年城镇居民人均可支配收入为8794元，农民人均纯收入为2128元，比例为4.13∶1。面对城乡社会经济发展的巨大差距，在公共文化的供给上存在明显的城乡差异是难以避免的。自2005年中央提出了建设社会主义新农村的战略任务以来，为顺利完成新农村建设任务，促成“乡风文明”，当地政府部门一直努力改善农村文化活动，加强了领导，也加大了投入力度。可以欣喜地看到，在公共文化服务起步晚、缺乏经验的情况下，相关部门协调各种资源，动员官方的、民间的各方力量，在农村公共文化服务上取得了可喜的成绩，这是值得肯定的。然而展望未来，这个偏远的县城正在逐步地融入市场经济中，当地的农民群众正逐步适应着生活的改变，在文化逐渐趋于多元化的大背景下，当地公共文化服务体系还面临着巨大的挑战。经过调查我们认为，无论是从具体的公共文化产品的种类、数量，公共文化活动的形式创新性，还是从宏观的公共文化服务的发展理念、供给模式、经营结构和管理方法来说，如何建成具有高效的、具有回应性的公共文化服务体系，以满足城乡居民对精神生活的需要，对于执政者而言还有很长的一段路要走。现将其中存在的突出问题做以概括、分析。

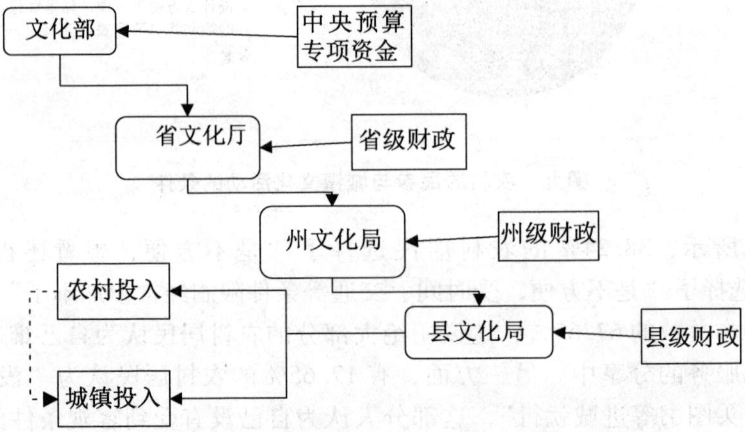

图2-58　文化支出资金运行机制

（一）管理体制不善，资源占用严重

就目前的情况来看，金平县公共文化产品供给资金完全来源于政府，而金平县属于国家级贫困县，财政收入基本靠转移支付和国家补贴，有限的财政收入在保证政府机构正常运转的情况下，还必须兼顾经济、教育、卫生、文化等各方面的发展，因而在公共文化产品资金投入总量的严重不足是当地公共文化产品总量不足，形式单一的重要原因，也是我们在调研中感受最为明显的一点。

由于县级财政的匮乏，文化方面的支出主要靠上级财政支持，其运营模式（如图十所示），资金均来自各级政府，且资金流通完全按照职能部门自上而下依次经过了中央、省、州、县四级政府职能部门。由于体制改革尚未完成，缺少一套健全的监督机制，加上我国政府的绩效评估历来重经济、轻社会，重有形、轻无形，因此，较为冗余的资金流通层次加剧了专项资金不定性转移和挪作他用的风险，各级政府都不同程度地存在将计划用于社会文化方面的资金用于经济建设支出的冲动，这在各类报道中并不鲜见。正如金平县文化体育局局长丁建军所说：

文化体育建设方面的专项资金，中央财政投入了多少我们不知道，省级预算的投入我们只知道一个总数，具体到我们县应该有多少不得而知，而州级预算里的有的时候又落实不了，或者说得不到及时的落实，所以说，资金一层一层下来，可能会少一些，一部分资金没到底。不是一步到位的话，有这种顾虑是在所难免的。前段时间系统内开会，周边有的县这几年文化建设、特别是农村文化这一块搞得情况比较好，比如开远市，但县级财政的作用占了很大比例。而像我们这个地方，又是边疆，还是国家级贫困县，县里的财政很少能照顾到文化体育方面的开支，主要还是靠跑项目争取资金，这也需要人力、物力。

因此，可以看出在现存的资金运行体制下，文化建设方面的投入被挤占的情况是在所难免的，尤其在金平这样一个贫困县，当地财力不足，如果再缺少上级财政的支持，文化建设的支出就捉襟见肘了。

除了整体上文化支出已被挤占的问题以外，在公共文化服务内部，还存在着农村投入易被城镇投入挤占的情况。在采访金平县民族歌舞团负责人魏永莉的过程中，她告诉我们：

虽然我们是和州文化局签订了合同，它向我们提供资金60万元我们保证每年完成到乡下演出50场的任务。但是这个任务很难完成，倒不是我们推卸责任，比如说，去年县里边举办了9场“乡村大舞台”，每一场我们都要出节目，还有“纪念金平解放六十周年”文艺晚会、“三八国际妇女节”100周年文艺晚会、“十八岁成人礼青春盛典”、“重阳节文艺活动”加起来可能接近20场晚会，都有我们参与，有的一大半节目都是靠我们，不是直接演出就是指导、编排。这些还不算，还有到外边参加文艺演出比赛的活动，比如去年有两个节目去普洱参加省里的民族歌舞表演还获了奖。所以说，我们基本没有剩余的时间和精力来搞“文艺下乡”，去年兵分两路总共演了44场，算是基本完成任务吧。

类似这样的情况，不仅在民族歌舞团存在，在固定资产投资领域更加突出。几年来，当地政府投资在县城里建设了文化馆、青少年活动中心，改造了民族体育场，拟建老年活动中心，当地财政的投入逾千万元，而对于各乡文化站的维护、扩建却一直搁置，严重制约了农村公共文化事业发展的步伐。

（二）对文化发展的意识不强，观念落后

自改革开放以来，我国政府的一切工作“以经济发展为中心”，长时间以来评定为政者的政绩如何，经济发展情况、财政增长情况一马当先，而忽视了社会的整体进步，忽视了文化软实力提升的重要作用。科学发展观的提出，要求发展模式的转变，提出建设和谐社会的宏伟目标，这一切都强调社会的全面、协调发展。然而，金平县作为国家级贫困县，大部分的农村人口还生活在贫困线以下，对于当地政府工作而言，促进经济发展、提升GDP，保证财政收入增长仍然是工作的重中之重。包括文化部门的工作人员也认同这样的观念意识，如在采访金平县文化体育局副局长朱有文时，他告诉我们：

> 我们县现在正处在经济发展的关键时期，各种场合都强调发展GDP的重要性，所以说很多地方如果相冲突的话，其他领域的工作都要给经济发展让路，包括抽调干部、垫付资金之类的。实事求是地说，大部分领导对文化工作的重要性认识不足，认为经济和工农业发展是硬任务、硬指标，文化建设是软任务、软指标，因而对宣传、贯彻、落实国办发〔2002〕7号文件、《文物法》、《公共文化体育设施条例》等相关规定政策不够，文化工作提不到议事日程，必要的机构和人财物问题得不到解决。
>
> 现阶段来看，州里边、上级单位，包括县里面给我确认的工作定位就是打好基础，把条件成熟的项目先立起来，然而逐步解决，现在搞的“新农村”建设对于发展农村文化是一个契机，也可以利用几个示范村先做出现亮点来，等到以后逐步推广。你说文化建设是社会发展的一个重要方面，这不假，就我们而言工作从来没放松过，我们县的大多数文化机构，在条件较差的情况下，工作始终没有因此停下来，坚持抓好文化活动和图书馆（室）的正常开放。许多业务人员甘于清贫，默默无闻地抓创作、抓辅导，做出较好成绩。

必须承认对于一个国家级贫困县来说，首先要解决广大农民群众的温饱问题，带领大家搞好经济建设，实现小康生活。然而，“经济基础决定上层建筑，上层建筑反作用于经济基础”，在发展经济的过程中不可忽视上层建筑起到的作用。在一些偏远农村，农民群众惧怕尝试新的农业生产技术、方法、资料，停留在传统的劳作水平上，怀疑科技作为生产力的作用，对项目推进和种植经济作物持抵制态度，这一切都是思想认识上的问题，与文化素质的落后有着密切联系。因此，在这种情况下，更要注意发展文化，从思想上扭转了群众的落后认识，才能为经济发挥，特

别是农业发展保驾护航。

除了就发展文化的意识淡薄以外，当地干群思想上对何为文化发展、为何发展文化也存在着观念上的偏差。在我们的调查中发现，相当一部分的文化干部认为搞好文化发展就是唱歌跳舞，到节庆的时候热闹热闹，这种意识观念在群众中也体现的比较明显，甚至很多农村群众在配合我们调查公共文化参与情况时，能想到的就是“文艺下乡”。而在与民族歌舞团的一位编导闲聊过程中，她向我们提到：

搞文化建设不就是唱歌跳舞么，县城里面什么时候最热闹，一个是四月傣族的“泼水节”，一个是正月苗族的“花山节”，我们提前一个月就开始准备，给一些老年团体编排节目，到时候大家一块唱唱跳跳，外地人来看了也高兴。

可以说，在我们的调查过程中如果不进行解释，几乎没有人能把文化活动与读书看报、科普学习等活动联系起来，在当地人看来文化几乎可以与娱乐活动画等号，文化活动丰富了业余生活，但对个人思想、技能的提高帮助不大。金平县当地聚居着8个少数民族，这些民族自古以来能歌善舞，文化基因的继承有一定的影响，然而当地政府也积极引导，让群众在积极参与健康有益的文化娱乐活动的同时加强学习，以开放、发展的眼光看待世界，不断提高自身素质，同时由于金平作为地处边疆又属于原战区，应该将爱国主义融入文化生活中，培养公民的国防意识。

（三）农村公共文化产品重形式、轻内容，重“送文化”、轻“种文化”

“农家书屋”是近几年来全国农村文化服务建设的重点、亮点，也是金平县农村公共文化服务体系中的重头戏，在当地，这项工程开展的情况如何？金平县文化体育局副局长朱有文向我们介绍了相关情况：

“农家书屋”工程建设是省政府和州政府2010年重点督察的20项重要工作之一，所以去年我们也予以足够的重视，人力、物力都往这方面倾斜，到去年底的时候，实现了全县93个行政村村村都有书屋，还有3个是边防哨所的，属于军民共建，超前完成了任务。管理上依据的是统一的三个制度——《农家书屋管理制度》、《农家书屋出版物借阅制度》、《农家书屋管理员岗位职责》，建立了三个本子《图书借阅登记本》、《图书目录登记本》、《征求意见登记本》，每个书屋的标牌是由省新闻出版局统一配置。每个点国家免费配置图书1500册；报刊20种；音像制品和电子出版物100种181张。书屋由村里人自己管理及使用。

“农家书屋”工程是针对农民群众“买书难、借书难、看书难”的现实问题而开展的公益性文化工程，是切实保障广大农民群众基本文化权益的一项民生工程。如今书屋建成了，它的使用情况如何？带着疑问我们来到了铜厂乡的瑶山村、大塘子村和长安冲村。

经过观察，三个农家书屋的使用和维护很不乐观。首先，据居民介绍，在一年的时间里，书屋有一半处在关门状态；其次，走进书屋一看便知维护、管理的情况很差，一方面是一部分图书已经丢失、损坏，另一方面桌椅蒙灰、书籍摆放凌乱不堪；而且，村里的干部和群众都对农家书屋漠不关心，认为没多少作用，利用得很少。对于存在的问题，瑶山村“大学生村官”村委会主任助理，也是该村农家书屋管理人员之一的卢田青向我们说明了情况：

> 我2009年来到瑶山村任村委会主任助理，没过多久“农家书屋”建设就开始了，村里面负责提供场地，瑶山村卫生所旁边有两间闲置的公房，原来用来堆附近农户的柴火，后来进行了修整，主要是加固和铺瓦，修整完就用来作为“农家书屋”的场地。里面的图书和设备包括书架和DVD什么的都不是村里管，直接由上面置办的。
>
> 在我们这种地方搞“农家书屋”受制的因素很多、很复杂。你比如说，我们村就有7个自然村，书屋建在哈尼上寨，别的6个自然村的乡亲要来书屋看书要走一个小时左右的路，除非是农闲的时候，否则他们根本不会来。书屋刚建起来那会儿还好点，越往后来的人越少，现在来的基本都是光看碟，或者是借回家看，看书、借书的很少。再有，现在书屋的钥匙放在村委会，村干部谁有空谁过去开门，原来大部分的时间都是我过去，有的时候一天也没几个人，久而久之我也觉得没意思了，就不去了，怕丢东西又不能开着门，你们说为什么大部分时间关门，因为开着也没有用、没人来，所以就不是每天都开门。

由此可见，“农家书屋”的管理和维护都存在问题，造成了门可罗雀的现状，村民对其的满意度评价很低，这也在问卷调查中得到了反映。这里面折射出了当地农村公共文化服务建设重形式、轻内容的问题，93个行政村“农家书屋”的建设可谓耗费了大量的人力、物力，主管部门在建设的过程中也高度重视，然而为什么建，怎么建，建成之后怎么为当地乡亲服务等问题没有得到正确认识，因此出现把建成而非建好当做最终目标的怪象。

无独有偶，像“文艺下乡”、科普知识宣传之类面向农村群众的公共文化产品，其考核指标仅为每年完成的数量，政绩考核体系是为政者施政的指挥棒，久而久之，相关部门难免形成完任务、走过场的心理。文化产品是抽象的产品，用数量来衡量其效果，无疑将造成有数量、无质量的后果。

另一方面，文化建设应该是将“送文化”与“种文化”两种服务形式结合起来，而在金平县农村却长期存在重视“送文化”而轻视“种文化”的问题。

当地的农村文化服务，主要是由文化行政部门主导的单向的、强制性的、灌输性的公共文化产品的供给模式，这种供给模式是以“国家”为本位而非“农民”本位，较少考虑农民群众的现实需求和受众地位，往往表现为一种精英文化对乡村文化的改造，导致农村文化“服务”与农民群众的需求严重脱节或错位，输了血自己却不能造血。

（四）政府垄断服务，运作模式僵化

按照西方公共经济学理论，公共产品可以分为纯公共产品和准公共产品两大类。一般说来，纯公共产品可以由政府提供，而对于具有不完全的非竞争性和非排他性的准公共产品则可以通过政府补贴的方式，由政府和私人混合提供。而金平县，在公共文化服务体系的建设中，除露天电影的放映有政府契约外包的形式存在，其余公共文化产品均完全由政府提供，社会团体和群众参与到公共文化产品供给的很少。

在政府垄断的模式下，首先，由政府单独承担公共文化产品的供给，资源显得捉襟见肘，特别在金平县这样的经济欠发达地区，地方财政几乎无力照顾文化建设，因此，供给总量不足在所难免；其次，由于政府垄断了服务的提供，缺乏比较和竞争，其提供的服务品质难以得到保障。同时，政府计划式的思维还容易导致资源配置的不均衡，最终的结果就是提供的文化产品品质差、效果差、群众不满意；最后，文化活动贴近群众生活，有的内容政府管不到、管不了、也管不好，如果政府坚持件件管、事事管，只能造成政府的短期取向和救火行为，而忽视了维护与持续。在当地公共文化设施使用寿命短、利用率低、部分闲置就是因为政府无法照顾到维护而造成的。

四、对策及建议

综上所述，目前金平县遵循的是由文化行政部门主导的单向的、强制性的、灌输性的公共文化产品的供给模式，这是造成当地公共文化产品供给总量不足、城乡差异大、缺乏效率的首要原因。在这样一个多民族的家园，各族群众对文化产品内容的需求不尽相同，满足其需求的最好的模式应该是促进文化供给内生的机制，这就需要政府结束垄断，将一部分可以分割的产品交由非政府部门来提供，形式上可以是商业型供给或者是志愿型供给，这既有利于提供符合群众需求的文化产品，又能将政府从事必躬亲中解放出来，缓解资源紧张的压力，更重要的是能够调动起社会参与的积极性和激发群众的创造性。

治理理论的主要创始人之一罗西瑙（J. N. Rosenau）在其代表作《没有政府统

治的治理》和《21世纪的治理》等著作中将治理定义为“一系列活动领域里的管理机制，它们虽未得到正式授权，却能有效发挥作用。与统治不同，治理指的是一种由共同的目标支持的活动，这些管理活动的主体未必是政府，也无须依靠国家的强制力量来实现。”①

治理的基本含义是运用权力维持秩序，满足公众的需要；其目的是在各种不同的制度关系中运用权力去引导、控制和规范公民的各种政治参与活动，以最大限度地增进公共利益。它有四个特征：治理不是一套规则，也不是一种活动，而是一个过程；治理过程的基础不是控制，而是协调；治理既涉及公共部门，也包括私人部门；治理不是一种正式的制度，而是持续的互动。②

从学者们的概括中我们不难看出，治理理论的基本前提是承认国家的作用和能力都是有限的，因此它强调多中心治理和管理方式、手段的多样化，要求管理对象的参与，以形成上下互动的管理过程，反对单纯依靠行政命令进行协调，提倡平等协商与合作。这为公共文化产品的供给机制改革提供了一个全新视角，结合金平县的实际情况，我们认为应重点做好以下几方面工作：

（一）建立多主体供给的公共文化服务体系

治理视野下，公共文化产品供给主体应逐步走向多元化，不仅非营利组织参与到供给中，甚至私人部门也参与进来，共同承担公共文化事业建设的责任，他们在共同的目标下相互作用，参与到公共决策和提供公共服务中来，形成一个互动的、多样化的社会网络组织。因此，政府应主动打破包揽一切公共文化产品的局面，充分发挥商业组织和第三部门在公共文化产品供给中的积极作用。在色彩斑斓的民族文化影响下，金平当地群众能歌善舞，民族文化传统、习俗保存得较为完好，这为市场和第三部门参与到公共文化产品生产中奠定了物质条件。

目前，虽然理论上没有统一的认识，但从具体实践上看，文化部门已经着手利用这一优势生产公共文化产品，最典型和成功的案例就是2010年举办的“乡村大舞台”系列文艺演出。在9场演出中，参演者多为各乡镇村民组成的业余文艺队，他们自拍、自演的节目贴近生活、感染力强，得到了广泛的好评。更为可喜的是，据负责人介绍，这些农村文艺队认真准备、提前到场，对活动的参与热情高涨，而且追求荣誉，反复润改节目以期在最终评比中获奖。我们认为，该活动的成功开展对当地建立多主体供给的公共文化服务体系有重要的借鉴意义。今后，政府应当更新治理理念，在充分发挥政府的宏观管理职能的基础上，将某些管理权限还于社会、企业、市场和公民，寻找社会参与公共文化产品供给的切入点。实现政府管理方式和管理手段的转变，由行政性管理方式向契约性管理方式转变，由控制性管理

① 罗西瑙：《没有政府统治的治理》，剑桥大学出版社，1995年，第5页。

② 俞可平：《治理与善治》，社会科学文献出版社，2000年，第5页。

方式向协商性管理方式转变，由微观干预性管理方式向宏观调控性管理方式转变。具体包括，对于门槛比较低、专业性、技术性不强的公共文化服务项目，如文艺演出可以由政府创造条件，积极鼓励和支持个人和第三部门参与，不仅把优秀的节目汇聚到城镇，而且播撒到广袤农村，满足城乡居民多层次的文化需求与消费；而对于具有经营性质的公共文化产品，如露天电影放映，可采取合同的形式承包给市场组织，尤其是偏远的乡镇更要扶持、鼓励当地有实力的个人、团体自主经营，这样既克服了地理、交通条件的限制，同时，市场化的运作模式将有力克服效率不高的问题。总之，政府应进一步理顺和市场、社会组织的关系，充分发挥它们的主体能动作用，建立起一种科学、合理、高效和可持续的发展模式。

（二）引入市场机制，政府主导、市场配置

上文已经说明，由政府垄断的公共文化服务体系往往缺乏效率，并最终导致政府失灵，同时政府的管制产生了租金和超常利润，容易导致腐败和寻租的出现。与此相对，市场机制主要依靠价格的变动来调节资源的流动，以实现资源的最优配置。但在现实生活中，市场规律对公共文化服务的供给也有其弊端，容易造成市场失灵。这主要因为市场主体以逐利为目标，往往导致基本公共文化服务发展的非均衡局面，造成城乡居民间、不同阶层间等不均衡发展的问题。同时，公共文化服务使用和消费上的不同程度地具有非排他性，使得以收益最大化为目标的生产经营者不愿意无偿提供这类产品，导致公共文化服务供需之间存在巨大的结构性缺陷。

治理理论在国家、市场和公民社会三维结构的框架下来探讨政府作用与能力等问题。对于金平县而言，这就要求政府转变职能，对公共文化服务是“提供”而非“生产”，其角色应该是通过预算安排或者政策安排等适当方式，将公共文化服务委托给私人企业或第三部门进行间接的生产。这要求首先要明确政府提供公共文化服务的职责，做好规划和统筹工作，同时在项目融资、经营运作等方面引进市场机制，发挥其在优化资源配置上的积极效用，最终形成政府主导力、市场配置力、社会主体配合的公共文化服务体系，这既有利于效率的提高，同时也利于统筹城乡公共文化的发展。

（三）建立覆盖城乡的公共文化服务绩效评估体系

虽然政府代表着公权力，但具体运用公权力的是政府中的个人，迈克尔·利普斯基在“街道层官僚理论”（Street - Level Bureaucrats Theory）中指出一线的、与公民直接接触并决定其利益的公务人员也是政策的制定者。对于这些为政者而言，政绩考核体系就是他们施政的指挥棒，唯有建立一套合理的绩效评估体系的建立，才能保证政府在主导公共文化服务的提供中坚持公益性、公平性、以人为本和节俭与效率并重的原则。治理理论强调政府应在明确“掌舵”和“划桨”职能划分的基础上，引入竞争和激励机制，以经济、效率、效能、公平为绩效指标对公共文化服

务进行管理，从而实现公共文化产品的有效供给。

就金平县现阶段在绩效评估体系中存在的问题来看，应主要改进以下几个方面：一是加大文化发展在政府绩效评估中占的比重。长期以来，当地政府政绩评估重经济发展和财政增收，而公共文化的发展在评估中被边缘化，需要指出现代社会的竞争是人才的竞争，人力资源已经成为竞争的战略资源，而文化产品的消费能提高人的素养、技能，因此，提高文化发展在政绩考核体系中的比重，才能实现社会长远和可持续的发展。二是建立覆盖农村的绩效评估体系。目前金平县对于文化部门工作成绩的考评的指标主要涉及文化馆的管理、青少年活动中心的利用、图书馆的借阅服务、组织重大节日庆典晚会和编排文艺节目的获奖等内容。不难看出，这些指标的设立忽视了农村公共文化的发展，必须予以纠正，下一阶段应补充设计一套涵盖农村公共文化产品内容、形式、品质以及群众满意度的评估体系，以统筹城乡均衡发展。三是在评估体系的设计中要注意投入产出比。目前来看，金平县对公共文化产品供给的评估大多只考虑效果，而忽视了效率，这不利于资源、成本的节约和供给主体的创新，今后应注重在评估中突出强调效率，设立具体指标，并在考核中进行比较（既与历史相比较又与相邻的县相比较），以期实现有品质、有效率的提供公共文化产品。

（四）旅游产业与发展民族文化相结合

后工业时代的来临使经济价值越来越依赖于文化价值，随着经济的发展和生活水平的提高，人们的消费逐渐由物质产品的消费转向精神产品的消费。

金平县堪称祖国南疆的一颗璀璨明珠，这里有醇厚的人文积淀和色彩斑斓的民族文化，优美的自然风景可与多姿多彩的人文风情相结合，旅游业的发展潜力巨大。目前，当地党委政府已经确立了“建设和发展旅游事业”的战略目标。然而，没有文化品位的旅游业缺乏纵深发展的依托，是不能持久的。作为民族文化资源十分丰富的多民族地区，金平县发展旅游业应在充分显示山美水美的基础上，大力挖掘民族特色，特别是多民族的文化特色，注入较高的文化内涵、文化个性，下大力开发利用民族历史文化资源，提高金平县旅游业的文化品位和档次。值得一提的是，丽江印象的模式值得借鉴，在发展民族风情旅游中充分动员当地群众，既让游客感受到了原汁原味的民族风情，又形成了文化产业，从这个角度上说当地群众既是公共文化的生产者又是受益者。

文化是社会或民族分野的标志，是一个民族最真实的性格。文化的传播、延续和发展需要载体，公共文化产品作为其中的重要内容，具有广泛性、公益性等公共特征，同时作为文化产品又可以满足受众的文化需求，还作用于社会的政治意识形态的建构和秩序整合。我们深入金平县，调查了当地公共文化服务的内容、形式，并深入社区和农村了解了他们对消费的文化产品的认知以及满意度等情况，不可否认，作为一个国家级贫困县，面对经济基础薄弱、地方财政紧张、地形险要和人口分散等条件的制约，当地政府整合各方资源，加大投入，近年来，在公共文化服务体系的建设上做出了令人称赞的成绩。与此同时，我们也敏锐地发现了其中存在的问题，管理体制不善，资源占用严重；对文化发展的意识不强，观念落后；公共文化供给中重形式、轻内容；政府垄断生产，运作模式僵化等问题已经严重制约了当地公共文化服务体系进一步完善，更为严重的是，在城乡之间形成了内容、形式、品质等多方面的鸿沟。针对政府失灵，利用金平县多民族聚居、民族文化丰富、人文积淀醇厚的优势，我们提出以治理理论为指导，建立由政府主导、市场配置、社会作为的公共文化服务体系，统筹好不同民族之间、城乡之间公共文化产品的供给。

第三节 贵州省三都水族自治县若干村寨公共文化服务状况实证研究

文化作为一个民族的灵魂，不但是民族凝聚力和创造力的重要源泉，而且是一个国家和地区持续、协调、全面发展的重要内容和精神动力。我国公共文化服务取得了可喜的进步，内容丰富，形式多样的公共文化服务越来越被社会公众所享用，但是广大民族地区农村公共文化建设如何？他们对政府提供的公共文化服务是否满意？如何才能完善民族地区农村公共文化服务，丰富民族地区广大农民的公共文化生活呢？带着这些问题，我们于 2010 年 7 月对贵州省三都水族自治县若干村寨进行了实地调查，以期能够发现民族地区公共文化供给和服务中的问题，为改善民族地区农村公共文化服务状况提供思路。

一、相关研究概况

通过对贵州省三都水族自治县若干村寨①的实地考察，全面了解民族地区农村当前的公共文化服务和公共文化生活状况，寻找民族地区公共文化供给和服务中存在的问题，为民族地区加快公共文化服务建设提供借鉴和参考。本次调查研究，我们主要采用了问卷调查和访谈调查相结合的方法，在调查地点共发放问卷 400 份，回收问卷 387 份（除了个别问卷性别、民族、年龄等个别选项缺失外，基本上都是有效问卷），有效回收率达 96.75%。为了更清楚地了解三都自治县公共文化状况，我们本次调查还对 10 多人进行了访谈，主要包括县文体局领导和职工，农村的村

① 由于受研究者所拥有的经费、人力和时间等方面的限制，本次调查主要是在三都水族自治县的猴场村、三郎村和牛场村进行。问卷调查对象虽然不是随机抽样，但是村庄分别选择的是大、中、小三个类型的村寨，样本基本符合该地区的实际情况。

主任、村支书、妇女主任以及村民。本次调查对象中男性210人，占54.3%，女性177人，占45.7%，男性比例略高于女性。其民族构成如下（见图2-59）：

民族①

		Frequency	Percent	Valid Percent	Cumulative Percent
Valid	汉	59	15.2	15.4	15.4
	水	256	66.1	66.8	82.2
	布依	29	7.5	7.6	89.8
	侗	1	0.03	.3	90.1
	苗	34	8.8	8.9	99.0
	彝	2	.5	.5	99.5
	壮	2	.5	.5	100.0
	Total	383	99.0	100.0	
Missing	0	4	1.0		
Total		387	100.0		

图2-59

从民族构成上看，所选地区多达7个民族，其中少数民族占85%左右，充分体现了样本的民族特色。

从年龄上看，26岁至35岁青年人比较多，占24.5%（见图表2-60）。另外16岁至45岁的人数共有266人，占受调查人数的69.1%。这些人群，不但文化程度相对较高，而且是公共文化活动的重要参与者，会对文化活动提出有用建议与思考。总体上，年龄呈正态分布。

年龄

		Frequency	Percent	Valid Percent	Cumulative Percent
Valid	16-25	85	22.0	22.1	22.1
	26-35	95	24.5	24.7	46.8
	36-45	86	22.2	22.3	69.1
	46-55	51	13.2	13.2	82.3
	56-65	46	11.9	11.9	94.3
	66岁以上	22	5.7	5.7	100.0
	Total	385	99.5	100.0	
Missing	0	2	.5		
Total		387	100.0		

图2-60

① 调查问卷中有4人没有填写自己的民族。

从文化程度上看，当地村民的文化程度相对较低，主要以小学和初中文化程度为主，分别占37.2%和41.2%，高中及中专占8.7%，而拥有大专以上文化程度的仅占2.6%。（见图2－61），总体上来看，民族地区农村群众的受教育程度普遍太低。

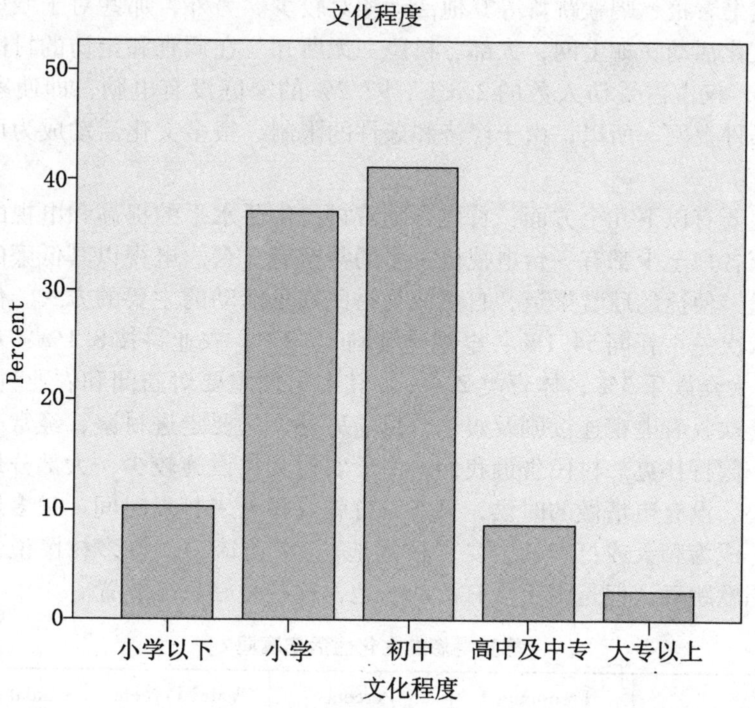

图2－61

二、研究分析与问题

（一）农民文化活动形式单一，对政府公共文化服务供给满意度低

有人认为，“文化本身成了资本的一种重要形式——全球经济的排头兵。文化产业和像旅游一样的服务业，成为国家和地方经济增长的推动部门”。① 事实上，丰富多彩的文化活动，不仅具有经济的推动力，更是社会发展中政府义不容辞的责任和义务。群众的公共文化生活是否丰富，群众对政府提供的公共文化活动是否满意，最能反映政府是否真正做到“利为民所谋”。在对“您觉得您的农闲时间文化

① 祖德·布卢姆菲尔德；弗朗哥·比安契尼：《文化公民身份与西欧的城市治理》，载［英］尼克·史蒂文森编，陈志杰译，潘华凌校：《文化与公民身份》，吉林出版集团有限责任公司，2007年第143页。

生活和活动丰富吗?”这一问题进行分析时，只有36人认为自己文化活动是丰富，仅占9.3%，而认为自己文化活动不丰富的比例是38%（见图2-62）。那么，农民在闲暇时间主要进行什么活动呢？在被调查的人员中，有279人把在家看电视当作自己的主要活动，占总数的72.1%，占有第二位的是棋牌活动，占24.8%。而体育锻炼、读书看报、唱歌跳舞等其他活动相对较少。另外，那些对于城里人来说司空见惯的文化活动，如上网，大部分村民一无所知。在调查和走访的村民中，只有9家有电脑，仅占占受访人数的2.3%，97.7%的家庭没有电脑，即使家里有电脑的也没有条件上网。所以，由于经济和条件的限制，很多文化活动成为可望而不可即的事情。

原因主要有以下几个方面：首先，随着村民生活水平的提高和电视的村村通的实行，各家各户至少都有一台电视机，多的甚至有3台。电视以其低廉的价格、巨大的信息量、便捷的欣赏渠道，自然成为村民娱乐活动的主要的方式。他们喜欢的电视节目依次是：新闻54.1%；电视连续剧31.2%；农业科技8.1%：戏曲和法律类各6%；大众娱乐3%；体育类2.4%。其中男性主要对新闻和农业科技感兴趣，女性主要喜欢收看电视连续剧及娱乐节目。另外，只要走进村寨，经常会看到三五一群坐在一起打扑克。村民告诉我们，由于农村文化设施较少，大部分地方没有文化活动中心，没有事情做的时候，只能以打牌或聊天来打发时间。很多地方的村口或者小卖部成为聊天或打牌的主要“根据地”。在访谈中，许多村民说，其实他们也很喜欢唱歌跳舞，但是由于没有活动场地，这些爱好只能放置。

您觉得您的文化生活丰富吗?

		Frequency	Percent	Valid Percent	Cumulative Percent
Valid	丰富	36	9.3	9.4	9.4
	一般	174	45.0	45.2	54.5
	不丰富	147	38.0	38.2	92.7
	没有	28	7.2	7.3	100.0
	Total	385	99.5	100.0	
Missing	System	2	.5		
Total		387	100.0		

图2-62

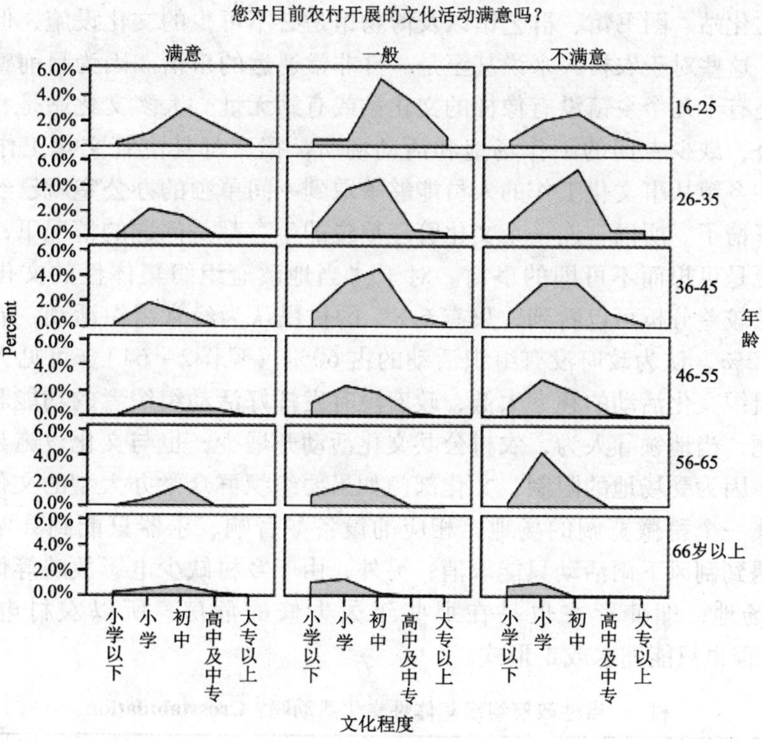

图 2－63

从满意度上来说，年轻人，特别是45岁以下的中、青年人对公共文化活动关注度较高，并且对公共文化不满的人数要远远大于满意的人数（见图2－63）。另外，我们在对村民访谈中得知，当地村民都很自我满足，原因是政府过去一直开展的文化活动有限，甚至从来没有开展过。而在送文化下乡的浪潮之下，村民能看几场电影就认为是最大的“荣幸”了，所以，我们看到的是大多数人对当前文化活动的满意度回答是一般。我们认为，对文化活动的需求和满意度应该与自身的受教育程度和年龄有密切的关系，不同年龄阶段的人群对于文化活动的需求类型有所不同，所以整体上各个学历、年龄段的人对文化活动的举行会出现不同的看法，各个年龄和学历阶段既有满意的也有不满的，也有人认为政府文化活动开展的马马虎虎。与此相对应，认为农村公共文化服务体系完善和差的分别占5.2%和5.%，认为较好和较差分别占10.2%和24.3%，有55.2%的群众认为一般。这是最值得我们思考的问题和现象。

（二）农村公共文化设施有限，政府组织集体文化活动频率较低

基础公共文化设施是村民进行文化活动，丰富农闲生活，陶冶情操的重要依托，但是目前农村文化设施少，成为制约农村文化活动开展的重要原因。对于城市

人来说，文化站、图书馆、群艺馆以及博物馆是必不可少的文化设施，但是在我们的调查中，这些对于农村人来说甚至是一件非常遥远的事情。因为目前整个三都水族自治县还有十几个乡镇没有像样的文化站或有站无址。大多文化站是和乡镇政府在一起办公，缺少专门的工作场地和活动场所。据三都县主管文化工作的领导介绍，目前在乡镇从事文化工作的人员能够争取到一间单独的办公室就已经是一件很不容易的事情了。所以，连一个文化管理单位的生存都是问题的情况下，农村文化设施建设更是可想而不可即的事情。对于“当地政府组织集体性的文化活动吗?”这一问题的较差分析可以看到，只有6.8%的村民认为经常组织活动，偶尔组织活动的占33.2%，认为政府没有组织活动的占60%（见图2－64）。可见大部分村民认为政府组织文化活动的频率太低，政府没有发挥好活动组织者的功能和作用。对于这一问题，当地领导人为，农村公共文化活动开展少，也与文化设施与场地有限密切相关。因为受场地的限制，文化部门如果要组织群众举办大型的文化活动，只能到户外找一个稍微宽阔的场地，相应的设备如音响、乐器只能到县城文化馆去借，如果遇到刮风下雨活动只能取消；另外，由于乡村缺少电影放映等休闲娱乐的文化活动场地，即使存在也是在那些年久失修的危房，所以农村电影放映的“2131”工程也只能缩水或走形式。

村 ＊ 当地政府组织集体性文化活动吗？Crosstabulation

			当地政府组织集体性文化活动吗?			Total
			经常组织	偶尔组织	没有组织	
村	猴场	Count	7	8	11	26
		% within 村	26.9%	30.8%	42.3%	100.0%
		% of Total	3.4%	3.9%	5.4%	12.7%
	牛场	Count	7	51	68	126
		% within 村	5.6%	40.5%	54.0%	100.0%
		% of Total	3.4%	24.9%	33.2%	61.5%
	三郎	Count	0	9	44	53
		% within 村	.0%	17.0%	83.0%	100.0%
		% of Total	.0%	4.4%	21.5%	25.9%
Total		Count	14	68	123	205
		% within 村	6.8%	33.2%	60.0%	100.0%
		% of Total	6.8%	33.2%	60.0%	100.0%

图2－64

（三）不同民族的公众对公共文化服务的需求和偏好具有差异性

在调查中发现，参与棋牌活动的人占24.8%，参与体育锻炼的人占14.7%，参与唱歌跳舞的占23%，读书学习的占18.9%，而参与祭祀的占2.1%，烧香拜佛的仅占 1.6%，做礼拜的仅占 0.8%。在这些人群中，当地水族没有人参与烧香拜佛。他们参与最多的是自然崇拜、祖先崇拜和图腾崇拜的祭祀活动。在我们的调查中，由于年轻人大多出外打工，所以目前的祭祀活动主要由一些上年纪的人参与。同时，除了少数汉族人做礼拜之外，其他少数民族都不参与这项活动。当地群众告诉我们，他们由于受本民族风俗习惯的影响，需要和参与更多的是能够唱歌跳舞的场地，而不是像教堂一样的宗教活动场所。所以，在以后的建设中，希望当地政府要更多地根据当地不同民族的习惯和他们对不同文化活动的偏好，提供像棋牌活动室、歌舞排练中心、农家书屋之类的公共文化设施，以满足他们的需求和偏好。

（四）村民参与公共文化活动积极性高，但目的和动机不同

文化程度 * 村里组织活动你一般会参加吗？Crosstabulation

			村里组织活动你一般会参加吗？				Total
			有活动就会参加	经常参加	偶尔会参加	从来不参加	
文化程度	小学以下	Count	12	6	13	8	39
		% within 文化程度	30.8%	15.4%	33.3%	20.5%	100.0%
		% of Total	3.2%	1.6%	3.4%	2.1%	10.3%
	小学	Count	47	13	44	37	141
		% within 文化程度	33.3%	9.2%	31.2%	26.2%	100.0%
		% of Total	12.4%	3.4%	11.6%	9.8%	37.2%
	初中	Count	61	23	41	31	156
		% within 文化程度	39.1%	14.7%	26.3%	19.9%	100.0%
		% of Total	16.1%	6.1%	10.8%	8.2%	41.2%
	高中及中专	Count	12	5	13	3	33
		% within 文化程度	36.4%	15.2%	39.4%	9.1%	100.0%
		% of Total	3.2%	1.3%	3.4%	.8%	8.7%
	大专以上	Count	4	0	5	1	10
		% within 文化程度	40.0%	.0%	50.0%	10.0%	100.0%
		% of Total	1.1%	.0%	1.3%	.3%	2.6%
Total		Count	136	47	116	80	379
		% within 文化程度	35.9%	12.4%	30.6%	21.1%	100.0%
		% of Total	35.9%	12.4%	30.6%	21.1%	100.0%

图 2-65

公众对公共文化活动的参与程度，是对文化活动举办的是否成功进行评价的重要依据。总体上来说，当地群众对公共文化活动的参与热情较高。35.9% 的样本有活动就参与，12.4% 的样本经常参与相应的文化活动。从“文化程度与参与程度的交叉分析表”看（见图 2-65），首先，对于有活动就参与这一项，显示调查对象参加文化活动的频率与其受教育程度近似成线性正比关系，随着文化程度的提高，

参与文化活动的热情也随之上升。第二，具有初中文化程度的人参与文化活动的频率最高，为53.8%。而具有小学及其以下文化程度的人从来不参与公共文化活动的频率最高。据当地文化部门的领导反映，由于民族地区受教育条件的限制，文化程度普遍偏低，小学及其以下文化水平的人，虽然想参与各种文化活动，但是由于能力和素质的限制，所以会出现心有余而力不足的现象，久而久之会失去参与公共文化活动的热情。参与文化活动的动机也具有极大的差异。其中有兴趣的占样本总数的45.4%，凑热闹的占27.4%，为了锻炼身体的占9.0%，为了获取知识而参与的占18.2%（见图2－66）。通过比较可以看出，大多数公众对参与公共活动具有浓厚的兴趣，但是目的不明确，以凑热闹为主的人还占有相当的比例。如何让民族地区的村民能够有意识地参与自己感兴趣的公共活动，促进公共文化活动的多样性还有很长时间的路要走。

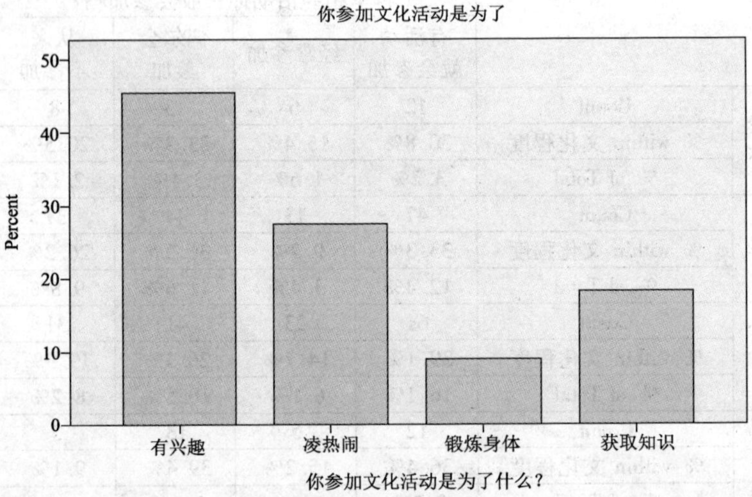

图2－66

三、丰富和活跃民族地区公共文化活动的对策

（一）因人因地而异，提供村民最需要的公共文化产品和服务

由于民族地区农村社会公众受民族、风俗习惯、性别等因素的影响，对公共文化活动具有不同的期望，所以，当地政府必须根据当地公众的群体性特征，提供让他们满意的公共文化服务。目前，在农村地区首先是要建立乡村文化站。在样本中有70.7%表达了对乡村文化站的需求，有9.1%的群众要求定期或不定期地组织各种群众文娱活动，8.5%的公众要求建立图书馆（室），也有8.0%的人希望有体育健身器材及场馆（见图2－67）。为此，一方面必须加强基础文化设施的建设力度。

由于目前民族地区农村文化馆、图书馆、文化活动中心、电影院严重缺乏和不足，必须加强投入和扶持的力度。通过政府投入，城乡共建、村企共建、村校共建等多种方式，引进资金，建设文化场所，提供文化活动的用品和资料，满足农村平时读书看报和开展文化活动的各种需求。另一方面要加强对乡村文化工作人员的教育和培训。政府不但要定期举办培训班让文化服务人员定期学习，也可以选送农村文化骨干赴省内外有关高等院校、艺术团体进行业务培训，不断更新知识，提高素质，[①]从而保证能够为村民提供最需要和最满意的公共文化产品和服务。

您认为农村最需要的公共文化产品和服务是什么

		Frequency	Percent	Valid Percent	Cumulative Percent
Valid	乡村文化站	265	68.5	70.7	70.7
	图书馆（室）	32	8.3	8.5	79.2
	群艺馆	8	2.1	2.1	81.3
	博物馆	4	1.0	1.1	82.4
	体育健身器材及场馆	30	7.8	8.0	90.4
	文物保护	2	.5	.5	90.9
	定期或不定期的组织各种群众文娱活动	34	8.8	9.1	100.0
	Total	375	96.9	100.0	
Missing	0	5	1.3		
	System	7	1.8		
	Total	12	3.1		
Total		387	100.0		

图 2－67

（二）加大资金投入，实现公共文化产品的多元化供给

如图 2－68 所示，对于有效开展文化活动的关键，有 41.8% 的公众认为是资金，30.5% 的公众认为是村领导的组织，18.9% 的公众认为是村民的参与热情，也有 5.9% 的公众认为与方便的公共文化活动场地和设施有关。所以要实现公共文化活动在农村的有效供给，必须从以下几个方面入手：

① 周晓丽：《农村公共文化服务：问题与对策分析》，载《理论月刊》2010 年第 5 期。

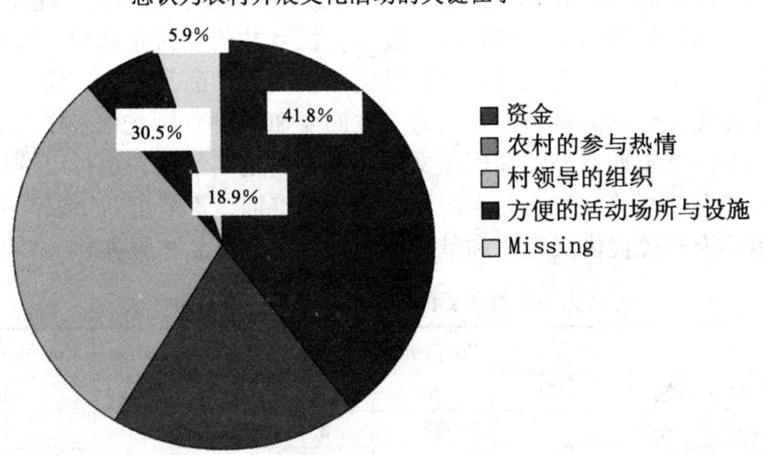

图 2－68

一是必须加强公共财政对公共文化事业的投入。民族地区政府要本着“政府主导、量力而行、统筹规划”的原则，加大农村公益性文化阵地建设力度。一方面不但要认真落实每年地方财政收入的一部分用于文化建设的政策，而且要积极争取上级对乡镇文化站标准化建设的资金补助，对实施文化站达标建设的乡镇给予资金扶持和奖励，还要尽量开拓出具有特色的项目，从而获得中央及地方级政府的专项投资和扶持。另一方面各级政府在组织力量对本地农村文化现状进行全面摸底的基础上，制订加快农村文化建设的规划。每年安排一定数量的资金与各级地方财政配套使用，主要用于乡镇文化站硬件设施的建设和改扩建；参与文化演出和服务的艺术团体，可以通过开展赞助演出，商业演出等市场化的行为，开拓文化产业，增加创收能力，自力更生，以业养业，为公共文化事业的发展积聚资金。①

二是加强民间社会资本对公共文化事业的投资。如图 2－69 所示，对问题“您认为农村公共文化活动应由哪些部门来提供?”的回答，除了对政府抱有极大的期望之外，公众对非政府组织、盈利组织、公众个人都抱有一定的希望和信心。在民族地区政府资金相对不足的情况下，农村文化建设中引入“民办公助”和“公办民营”等多种形式，通过政策导向、社会荣誉等多种手段，积极鼓励民间社会资本对公共文化服务事业的投入，开辟有偿文化网络服务，大力倡导全民办文化，赞助文化设施，参与文化活动，从而实现公共文化产品的多元有效供给。另外，政府要做好文化宣传工作，要让群众明白公共文化活动给他们的生活带来的正面效应，从而增加社会公众对公共文化活动的参与热情。

① 周晓丽:《农村公共文化服务：问题与对策分析》，载《理论月刊》2010 年第 5 期。

您认为农村公共文化活动应由哪些部门来提供

		Frequency	Percent	Valid Percent	Cumulative Percent
Valid	乡镇政府	339	87.6	89.7	89.7
	非政府组织	16	4.1	4.2	93.9
	盈利组织	10	2.6	2.6	96.6
	私人或个人自主	13	3.4	3.4	100.0
	Total	378	97.7	100.0	
Missing	0	6	1.6		
	System	3	.8		
	Total	9	2.3		
Total		387	100.0		

图 2-69

（三）做好送文化下乡工作，避免形式主义

由于各地各部门开展的文化下乡活动，促进了农村文化建设，改善了农村社会风气，密切了党群干群关系，受到农民普遍欢迎，在社会上引起强烈反响。在调研中，有73.4%的公众认为送文化下乡活动有利于加强沟通，认为会起到积极作用的占样本总数的23.5%，只有3.1%的人对送文化下乡的作用认识不够。但是在实际中，送文化下乡虽然作用巨大，却明显存在着走形式的现象。有的到目前为止几乎没有开展过送文化下乡活动（见图2-70）。为此，要认真落实送文化下乡活动，改变过去送文化下乡走形式的做法。地方政府应安排文化下乡专项资金，对下乡放映的影片、演出的节目、演出的团体，逐步实行政府采购，公开招标。改变过去免费送文化下乡，演出内容和演出团体上级部门指定，农民没有发言权的现象。通过让农民自主选择所喜欢的演出剧目、影片以及其他文化活动内容，不断优化文化服务质量，满足农民群众多样化的文化需求。

村 ＊ 文化下乡在村里有没有举行过 Crosstabulation

			文化下乡在村里有没有举行过			Total
			经常	偶尔	从来没有	
村	猴场	Count	6	7	13	26
		% within 村	23.1%	26.9%	50.0%	100.0%
		% of Total	2.9%	3.4%	6.4%	12.7%
	牛场	Count	7	29	89	125
		% within 村	5.6%	23.2%	71.2%	100.0%
		% of Total	3.4%	14.2%	43.6%	61.3%
	三郎	Count	0	1	52	53
		% within 村	.0%	1.9%	98.1%	100.0%
		% of Total	.0%	.5%	25.5%	26.0%
Total		Count	13	37	154	204
		% within 村	6.4%	18.1%	75.5%	100.0%
		% of Total	6.4%	18.1%	75.5%	100.0%

图 2－70

那么究竟什么样的节目才是文化下乡活动应该提供的呢？从图 2－71 可以看出，电影、书刊杂志、戏曲等是社会群众最喜爱的活动，所以政府要加强对这些活动的供给力度。争取通过“乡村大世界”、“文化列车”、“流动舞台车”能够为农村群众带来好的文化享受。也要奖励“农村文化大院”、“农村电影队”、“业余剧团”和“农家书屋”，使他们发挥在文化下乡中的主体地位和作用，不断提升农民的文化素质和文化品位，促进农村公共文化在经济社会发展中的推动作用。

您认为文化下乡应该提供什么样的服务

		Frequency	Percent	Valid Percent	Cumulative Percent
Valid	政策法规	32	8.3	8.4	8.4
	电影	134	34.6	35.4	43.8
	戏曲	40	10.3	10.6	54.4
	书刊杂志	111	28.7	29.3	83.6
	其他	44	11.4	11.6	95.3
	科技	14	3.6	3.7	98.9
	科技服务	1	.3	.3	99.2
	体育锻炼	1	.3	.3	99.5
	体育方面	1	.3	.3	99.7
	知识	1	.3	.3	100.0
	Total	379	97.9	100.0	
Missing	0	8	2.1		
Total		387	100.0		

图 2－71

民族地区由于受地理位置、经济发展的影响，公共文化活动的开展相对更加艰巨。但是民族地区各级政府要充分认识到公共文化在经济和社会发展中的作用，脚踏实地、认真有效地为当地群众提供丰富多彩，喜闻乐见的公共文化活动，从而促进民族地区的社会和谐与稳定。

第三章　民族地区公共文化服务供给机制

文化是民族的血脉，是人民的精神家园。当今世界，文化的地位和作用更加凸显，越来越成为民族凝聚力和创造力的重要源泉、越来越成为综合国力竞争的重要因素、越来越成为经济社会发展的重要支撑，丰富精神文化生活越来越成为我国人民的热切愿望。在新的历史条件下，建立具有中国特色的公共文化服务体系，探索适应当前我国经济发展的公共文化产品供给模式，努力发展社会主义先进文化已经成为我国文化建设的重要目标和首要任务。我国民族地区公共文化产品的供给关系到中国特色公共文化服务体系建设的全局，对我国的政治稳定、社会和谐都具有重要意义。首先，民族地区公共文化产品的供给是满足人民日益增长的文化需求的客观需要，将进一步保障民族地区人民文化权益，实现全国各族人民公平共享改革开放带来的文化发展成果，为构建社会主义和谐稳固建立群众基础。其次，是传统民族文化得以传播和发扬的有效途径，能够促进少数民族文化发展和经济繁荣。最后，民族地区公共文化产品的供给将潜在的维持社会稳定。我国民族地区的文化基础建设相对薄弱，仍未摆脱封建迷信等旧思想的束缚。同时，国外敌对势力也伺机利用我国少数民族地区的民族和宗教问题，进行各种渗透和分裂活动。因此，为基层群众提供丰富多彩的文化产品有助于丰富他们的精神生活，向他们传递特定的思想文化主张、民族观和价值观，从而增强其对国家的认同感和归属感，提高个人判别能力，以抵制落后思想和分裂思想的影响，维护社会的稳定和民族团结，增强中华民族的凝聚力。

党和国家历来高度重视少数民族地区的文化事业发展。1992 年开始实施“全国万里边疆文化长廊建设”工程，在云南、广西、新疆、西藏、内蒙古、吉林等 9 个少数民族地区建成了一批公共文化基础设施；1998 年开始实施“广播电视村村通工程”，以此解决边远贫困地区广大农村广播电视覆盖问题，截至 2003 年底，全国各级政府共投入“村村通”建设资金 17.5 亿元，完成 11.7 万个行政村“村村通”任务，解决了 7000 多万农民群众收听收看广播电视的问题，已基本实现通电行政村“村村通”；2000 年“西新工程”开始实施，重点解决西藏新疆等边疆民族地区广播电视覆盖问题；2004 年国务院办公厅转发了广电总局、发改委、财政部《关于巩固和推进村村通广播电视工作的意见》，文件指出，“村村通”工程运行和维护经费原则上由地方各级人民政府分级负担，主要由省市两级政府负担，中央财政将对纳入国家“西新工程”实施范围的新疆、内蒙古、宁夏回族自治区和青海、甘肃、云南、四川省藏区“村村通”工程维护经费给予适当补助，同时提出，自2004年7月下旬起正式启动自然村“村村通”工程；2007年《少数民族事业“十一五”规划》中指出，要大力发展少数民族文化事业，继续在文化基础设施建设、政策投入、产业发展和人才培养等方面，加大对民族自治地方文化建设的扶持力度；2009年，国务院办公厅发布《国务院关于进一步繁荣发展少数民族文化事业的若干意见》，提出加快少数民族和民族地区公共文化基础设施建设，繁荣发展少数民族新闻出版事业，大力发展少数民族广播影视事业，加大对少数民族文艺院团和博物馆建设扶持力度，大力开展群众性少数民族文化活动，加强对少数民族文化遗产的挖掘和保护等政策措施。因此，不断深入研究和探索我国民族地区公共文化服务体系建设和公共产品供给模式，具有重要的理论意义和现实意义。

我国是一个统一的多民族国家。多年来各民族和睦共处、团结互助，为我国经济社会发展创造了良好的内部环境。在改革开放三十多年后的今天，全国各族人民更应该共同分享改革开放带来的文化成果。而我国民族自治地方大多分布边远山区、边疆、荒漠干旱地带，自然环境恶劣，社会经济发展相对落后，再加上复杂的宗教问题和民族多样性，使其公共文化产品的供给与其他地区相比具有特殊性。

第一节　民族地区公共文化产品的供给现状

正是因为民族地区特殊的自然、历史、文化等因素，使得民族地区的公共文化产品的供给不同于国内其他大部分地区。主要表现在文化产品供给不足，质量不高；供给主体单一，文化队伍建设薄弱；文化产品多元化需求与产品供给单一之间存在矛盾等方面。

一、民族地区公共文化产品供给不足，质量不高

民族地区的公共文化产品供给与中国其他农村地区相比，供给更加不足，表现为诸如图书馆、博物馆、体育健身场所等文化基础设施建设不足，文娱休闲活动开展不足以及图书音像等公共文化载体供给不足。究其原因，首先由于地理环境的限制增加了民族地区公共产品的供给难度。民族地区多处于山区、草原、边疆以及沙漠干旱地带，交通不便，因此在进行公共文化产品的供给时，将增大供给成本。而且民族地区地域辽阔，人口分散，而文化事业机构等公共文化产品的供给点主要在县级以上设立，造成对于距离较远的乡村群众的无效供给。其次，财政资金不足是供给乏力的主要原因。民族地区经济发展缓慢，财政匮乏，因此地方政府缺乏相应

的配套资金，没有稳定的资金投入机制。据统计，全国人均财政收入1680.4元，民族自治地方只有391.5元，只相当于全国平均水平的23.27%。在接受了大量国家财政转移支付之后，民族自治地方的人均财政支出达到1225.4元，仅相当于全国平均水平的64.24%。[①] 在这种情况下，有限的财政收入被更多的投放到经济领域，来保障人们最基本的生活需要。这两方面的原因综合导致公共文化产品的供给总量不足。而公共服务设施的老化和疏于维护，配套设施供应不全，而且政府部门提供的文化产品往往没有从基层群众的实际需求出发，提供具有实用性强与观赏性强的文化产品，这都严重影响文化产品的供给质量。

二、供给主体单一，文化工作队伍建设薄弱

民族地区公共文化产品的供给还是政府主导的模式，企业和其他社会组织发展不足，公共服务参与度较低，所以政府往往既是文化产品生产者，又是文化活动组织者，还是自身监督者。而政府在满足少数民族地区的需求多样性方面能力不足，管理理念相对滞后，往往视文化产品为可有可无的附属物，加之缺乏来自各方面的监督，造成供给低效。基层政府在文化机构建立上具有很大的随意性，大多文化站和乡镇政府在一起办公，缺少专门的工作场地和活动场所，有的甚至没有固定的办公场所。在文化工作队伍建设上，往往随机调用其他部门人员，因此缺乏专业性和全职性。根据宁夏文化部门的统计得出：2006年宁夏地区文化工作者年龄偏大（40岁以上占75%），缺乏活力，文化程度偏低，专业人才匮乏。一些经过专门培训、专业素质较强的文化干部，由于待遇问题长期得不到解决相继改行离站，专业学校的毕业生又很难补充进去，文化队伍建设方面相当薄弱。

三、供给产品形式单一，不能满足多元需求

民族地区基层政府供给的基本公共文化产品主要是上级规定的图书、报刊以及运动器材和音响等设备，往往由上级政府统一以实物形式下拨，这种外部指令式的供给造成各乡镇与行政村的公共文化产品雷同，而且不能做到及时更新和定期维护，不能满足当地的实际需求。体育锻炼、唱歌跳舞、民族艺术演出等活动形式和群艺馆、博物馆等基础设施在大多数的基层民族地区都很匮乏，基层群众很少甚至没有参加过类似的文化活动。很多地区的少数民族由于缺乏场地和设备支持，或者无人自发组织开展活动，很少举办具有自己民族特色的文化体育活动。

---

① 李俊清：《民族地区公共产品的缺失与政策选择》，载《中国行政管理》2006年第4期。

第二节　民族地区公共文化产品供给机制

民族地区公共文化产品供给机制解决的是“谁来供给—供给什么—如何供给”的问题。借助前几章对公共文化产品的分类研究来分析公共文化产品的供给问题，我们可以得出如下三个结论：第一，公共文化产品有效分类的依据是公共文化产品的是否排他性和是否非竞争性，依据公共文化产品的不同分类可将公共文化产品市场分为不同的类型，且政府在完善公共文化产品市场化供给过程中起关键作用。第二，通过对公共文化产品的分类分析以及对公共文化产品市场的划分，为实现公共文化产品供给方式多元化提供了重要的理论基础，明确了政府不是公共文化产品唯一的供给主体，而应根据公共文化产品的类型选择不同的供给主体和供给模式；第三，对于那些准公共文化产品的提供，可以积极鼓励和支持私人部门和第三部门的参与，满足人民群众多角度、多层次的文化需求与消费需要。

民族地区公共文化产品可以有六种生产和供给方式：一是公共生产，公共提供。即由民族地方政府直接安排公共文化产品和服务的生产，并由政府部门免费向社会公众提供。这些公共文化产品主要是指对民族地方经济、社会和文化发展具有较强外部性的公共设施及服务项目。二是公共生产，市场提供。即由民族地方政府或公共部门直接组织文化物品和服务的生产，由市场主体按照营利的原则提供文化物品和服务。这些产品通常是有较强的外部性和营利性，采取公共生产方式有助于保证文化产品内容的政治性和质量的可靠性，采用市场提供方式则有助于借助于市场主体的力量最大占领文化市场。三是公共生产，混合提供。即由民族地方政府或公共部门对一些准公共文化产品，采取抵用券或少量收费以及通过价格管制让市场或其他社会组织提供公共文化服务的形式。四是非公共生产，公共提供。由私人部门或者公私部门联合进行文化物品和服务的生产，民族地方政府通过采购等形式获得产品的所有权，并无偿向社会提供相应的服务。五是非公共生产，混合提供。即由私人部门或者公私部门联合进行文化产品生产，再由政府部门、市场主体或者二者联合以有偿方式向社会提供。六是非公共生产，市场提供。即由私人部门或者公私部门联合组织公共文化产品的生产，多元市场或私人生产为主，政府或公共部门提供必要的指导、协调和服务，之后由市场按照商业性文化的原则向社会提供产品或服务。

然而就现状看来，在“谁来供给”方面，民族地区公共文化产品多是政府单一主体供给，市场和第三部门的参与度不高；在“供给什么”方面，政府大包大揽，既供给外部性强的公共图书馆、博物馆、纪念馆等基础设施，电视节目、民族报刊等文化载体，又承担外部性相对较弱的文娱影视等准公共文化产品的供给，往往出现供给能力不足与效率低下的状况；在“如何供给”方面，常常拘泥于“政府生产—政府提供”的模式中，没有积极动员其他社会主体形成供给合力。因此，为了提高民族地区公共产品供给的总量和质量，满足各族人民多元化的需求，政府、市场、非营利组织等第三方部门应该明确各自的权限与职责，合理分工，各尽其职，优势互补，合力实现公共文化产品的有效多元供给。

一、政府对纯公共文化产品的权威性供给

（一）政府在公共文化产品供给中的作用及局限

政府提供公共文化产品，一方面是由纯公共文化产品内在的非排他性和非竞争性的性质决定的，另一方面也保证了纯公共文化产品的基本全面供给。政府在公共文化产品供给过程中应该主要扮演的是政策的制定者、资金的供应者和生产的安排者的角色①：

第一，政府作为第一部门制定供给模式的基本政策。根据社会主义政治制度的要求，中央政府应当完善公共文化产品相关的法律、法规、政策，使公共文化的传播具有法律性，使公共文化服务的各项环节有法可依，使公共文化的方向不因领导人意念的改变而改变，同时合理引导各级政府、市场以及社会主体各自的公共文化产品的供给行为，从而建立起有效的公共文化产品的供给体系。各级地方政府应完善各项法律法规实施细则，建设相应的配套系统。

第二，政府为公共文化服务提供资金支持。政府作为主要的资金提供者，要做到根据经济形势和发展情况决定公共文化服务资金的投入数量和投入方向，并建立长效的财政供给机制，同时还要从各种渠道筹集社会资金支持公共文化事业的发展。

第三，政府可以自主安排公共文化产品的生产者。政府提供不等于政府生产。具体地说，政府生产主要是指政府运用税款以及财政收入，通过政府机关或公共企业直接生产或提供相应的公共文化产品，这种方式主要用于提供纯粹的公共文化产品和服务，如国家图书馆、国家文献中心等的建设，但是这样的供给是很有限的。政府也可以与其他部门建立合作关系，委托或者授权或者资助有能力的机构生产公共文化产品。

但是，政府在对公共文化产品的供给制定政策、提供资金财政支持以及安排文化产品生产者的同时，也会出现低效率甚至是无效率的情况，我们将这种现象称之为“政府失灵”，具体的“失灵”主要表现为以下几个方面：

1. 我国的行政审批制度倾向于保护国有企业和事业单位，对于私人部门和第三

① 周晓丽，毛寿龙：《论我国公共文化服务及其模式选择》，载《江苏社会科学》2008 年第 1 期。

部门的审批设置重重障碍，不利于公共文化产品多元提供方式的发展。现阶段，不论是在书面制度上，还是在实践行为中，我国各级行政审批制度的主要功能是保护公共文化产品生产领域中的国有企业和事业单位的地位，阻止非公资本的参与和进入。私人部门的资本难以进入公共文化产品生产领域，就会导致公共文化产品生产领域的产权过于集中在政府企事业单位，难以形成市场的公平竞争机制，从而不能保证所提供公共文化产品的效率与质量，无法满足社会公众日益增长的精神文化需求。

2. 成本意识缺乏，供给效率低下。政府在供给公共文化产品过程中缺乏价格指引和市场竞争这样有效的激励机制，加之公共产品难以测度，很难进行“成本—收益”分析，这就不可避免地造成公共文化产品的供给效率低下，容易导致社会资源的浪费或者是错置。

3. 寻租腐败现象较为严重。所谓政府寻租是指政府以行政权力为主要手段寻求其利益最大化实现机会的行为或者过程。这里所指的“租”即租金，指某种资源由于产权垄断或经营垄断而产生的超额收入。政府机构及其官员直接凭借其垄断特权对公共文化产品的垄断经营过程之中取得了大量的非生产性利润，正是由于“寻租”的存在，而导致了大量公共资源的浪费和重复建设，即使在公共服务合同外包的实施过程中，也存在大量寻租现象，从而直接阻碍了公共文化产品供给的质量和效率。

（二）政府公共文化供给的思路

那么，民族地区政府如何在可控范围内加大公共文化产品和服务的供给力度，提高供给效率？可以至少从以下三个方面入手：

第一，要充分发挥现有文化设施的作用。博物馆、图书馆、文化馆、美术馆、纪念馆、爱国主义教育基地等各级各类公共文化设施要按照免费开放的要求，进一步明确服务标准，创新服务方式，为城乡居民提供优质高效、普遍均等的公共文化服务，在窗口接待、场所引导、资料提供以及内容讲解等方面创造良好的服务环境，增强吸引力。要推广公共图书馆总分馆制，保障市县乡镇人民的文化权益。组织公共图书馆讲座联盟，鼓励各级公共图书馆开展决策咨询等服务。文化馆（站）对于人口分散、地广人稀的民族地区具有非常重要的作用，弥补了公共文化产品无法集中供给的不足，但必须及时构建专业化文化工作队伍，切实调研当地民众的需求，积极广泛开展丰富多彩的群众文化活动。要积极为民族地区文化馆、图书馆、艺术团等配备文化服务车、电影放映车和流动舞台，通过运用现代化的文化宣传设备，深入到乡镇农村，切实开展政策宣传、电影放映、文艺演出、农牧业科技宣传等活动，以满足边远地区少数民族人民群众的文化生活需求。还要认真落实送文化下乡活动，避免形式化的做法。地方政府应安排文化下乡专项资金，对下乡放映的影片、演出的节目、演出的团体，逐步实行政府采购，公开招标，同时改变过去

“演出内容和演出团体上级部门指定的免费送文化下乡”的做法，通过让农民自主选择所喜欢的演出剧目、影片以及其他文化活动内容，不断优化文化服务质量，满足农民群众多样化的文化需求。

第二，要加强公共文化产品生产。公益性文化单位要充分发挥在公共文化服务中的骨干作用，面向基层、面向群众，着力提高公共文化产品生产能力和服务水平。可以通过政府采购、项目补贴等方式，支持文化企业生产质优价廉、健康适用的公共文化产品，参与公共文化服务。要不断增加广播电视、电影、网络、报刊在少数民族地区的资源总量，增加体现少数民族民俗风情与优秀文化的出版物的出版发行和影视制作，加强少数民族语言广播影视节目的译制，鼓励当地人民积极参与和自主组织文化活动。国家投资、资助或拥有版权的文化产品要无偿用于公共文化服务。

第三，要调动社会力量共同参与公共文化服务。政府可以通过“民办公助”和“公办民营”等多种形式，外加政策导向、社会荣誉等多种手段，积极鼓励民间社会资本对公共文化服务事业的投入，开辟有偿文化网络服务，大力倡导全民办文化，赞助文化设备，参与文化活动，从而实现公共文化产品的多元有效供给。另外，政府要做好文化宣传工作，要让群众明白公共文化活动给他们的生活带来的正面效应，从而增加社会公众对公共文化活动的参与热情。

另外，统筹城乡公共文化发展，消除城乡公共文化差别，实现城乡公共文化基本服务均等化，是社会主义和谐社会建设的一项重要任务，也是各级文化部门亟待解决的一个重要问题。民族地区同样存在城乡二元体制，同样没有形成城乡各部门积极参与、分工合作、优势互补、成果共享的公共文化服务体系一体化建设的良好互动格局。目前，民族地区城乡公共文化建设与中国整体的城乡公共文化建设存在共性的问题——农村建设严重滞后于城市，城乡之间严重失衡。其具体表现在：一是对乡村的公共文化建设投入滞后于城市；二是民族地区乡村的文化设施比较落后，文化服务功能有所萎缩；三是适合当地各族人民群众需要的优秀文化产品比较缺乏。

面对仍然存在的城乡公共文化服务和产品供给中存在的非均等化现象及相关问题，民族地区各级政府在今后的公共文化产品供给和公共文化服务建设的过程中，应从以下几个方面着手，加快乡村公共文化服务体系建设，完善乡村公共文化产品供给：

1. 加强民族地区乡村公共文化服务体系建设，统筹推进城乡区域文化协调发展

这不仅是贯彻落实科学发展观的必然要求，也是保障人民基本文化权益、推动文化大发展大繁荣的迫切需要。因此，做好乡村公共文化服务体系建设既是缩小城乡文化差距的重要表现，也是城乡公共文化服务体系一体化建设的关键。因此，首先要将当地政府所实施开展的面向乡村和村民的基本公共文化服务项目纳入政府预算，并确保政府对乡村公共文化服务体系建设的财政投入随着政府财政收入的增长

而逐年增长，前者的增幅不低于后者的增幅，使乡村文化建设在资金投入上有一个根本的改观；二是站在村民群众的立场上，坚持“三贴近”原则，生产更多符合村民群众价值观和审美情趣的公共文化产品，同时要结合民族地区民族多样性的特点，提供符合当地各民族不同风俗习惯的产品。也可将一些公共文化产品和服务的选择决定权交给村民，由他们根据自身的利益需要和兴趣爱好而选择确定政府应该为他们提供的公共文化产品的数量、质量和种类，以尽可能使公共文化产品的生产供给与当地群众的需求爱好相吻合；三是实现重心下沉，优化乡村公共文化设施网络结构，尤其是将行政村乃至自然村的文化设施建设作为乡村公共文化设施网络建设的重点。

2. 加快乡村公共文化事业发展，缩小城乡公共文化资源配置差距

由于经济社会发展不平衡和历史欠账的原因，城乡之间本来就存在着比较大的文化差距。目前“中国式市场经济”的资源配置方式，又进一步拉大了这种差距。资源配置不均衡是造成城乡公共文化服务不均等的根本原因。因此，要实现城乡公共文化服务基本均等化，就必须努力消除城乡公共文化资源配置的不平衡状况。首先，要逐步调整公共资源配置方式，充分发挥政府在城乡公共文化资源配置中的主导作用。要逐步改变原来按行政层级和城乡二元结构配置公共文化资源的传统做法，实行按人口居住状况和城乡一体结构配置公共文化资源的创新举措。其次，要切实改变“重城市、轻乡村”的传统做法，大力推进乡村公共文化服务事业建设。通过建设乡镇综合文化站，村居文化室（俱乐部），形成覆盖乡村的公共文化服务机构网络；通过建设乡村图书馆（室）、农家书屋、体育场馆、演艺舞台等，形成覆盖乡村的公共文化活动设施网络；通过建设广播电视“村村通”工程、互联网上网服务工程、文化信息资源共享工程等，形成覆盖乡村的公共文化信息传播网络；通过组织开展门类众多、形式多样的群众文化活动，形成覆盖乡村的公共文化活动网络。逐步形成机构健全、设施众多、活动丰富、运转良好、服务广泛的民族地区乡村公共文化服务新体系，切实扭转目前存在的“城市腿长，乡村腿短”的公共文化畸形局面，使乡村公共文化数量规模和质量档次逐步接近城市水平，方便乡村群众就近就便享受政府提供的公共文化基本服务。

3. 切实加强对公共文化服务的转移支付力度，增强乡村公共文化自我发展能力

在继续促进城市公共文化发展，满足城市群众文化需要的同时，要本着城市支持乡村、城市反哺乡村的原则，不断加大以城带乡的工作力度；贯彻“多予、少取、放活”的方针，努力激发乡村文化发展的内在活力，逐步提高乡村公共文化发展能力，提升乡村公共文化总体水平。一是要全面建立公共财政转移支付制度。各级政府公共财政新增财力，要更多地向乡村公共文化建设倾斜。通过实行公共财政转移支付，建立乡村公共文化扶持基金等途径和手段，努力增加“输血”的数量，加大对乡村文化建设的投入支持，重点搞好乡村公共文化基础设施和骨干工程建设，切实改变乡村公共文化投入偏少、资源贫乏、设施短缺、发展乏力的状况，尽

可能为乡村群众享受文化生活创造基本的物质条件。与此同时，要引入竞争机制，鼓励当地开发特色文化产品，改革投入方式，完善绩效评估，探索建立符合乡村实际的文化经济政策，不断增强乡村公共文化的“造血”功能，逐步形成多渠道投入、多方面参与、多形式兴办的乡村公共文化建设新局面，为乡村公共文化的持续发展，提供健全的机制保障和坚实的财力支持。二是要充分发挥公共财政职能作用，促进乡村公共文化健康发展。通过政策引导、政府采购、项目补贴、定向资助、贷款贴息等方式，推动面向乡村的公共文化产品的生产和流通，以资金流带动文化流，促进城市公共文化服务产品、活动设备、人力资源等，不断地向乡村流动和转移，方便乡村群众享受城市公共文化发展成果。同时，改革公共文化服务供给方式，提高公共文化服务投入效益。对于乡村公共文化服务产品的提供，有关方面在加强指导和服务的同时，要充分尊重群众的需求多样性和自主选择权，变政府统一配送为群众自主采购，以不断增强乡村公共文化服务的适应性、针对性和有效性。

二、公共文化产品的商业性供给——市场供给

（一）市场供给的作用与局限

商业性供给即市场供给，是以营利为目的的组织通过政府补贴、委托经营、合同竞标等途径，按照市场规则生产并供给准公共文化产品。在一定程度上能对政府在公共文化产品供给上存在的一系列缺陷和问题进行有效的弥补。

第一，私人部门的加入将减轻政府财政负担，提高供给效率，为公众提供更多的选择权。市场行为就其本质而言就是一种逐利行为，而追逐利润的最大化是所有私人资本永远不变的目标，私人资本在看得见的资本利润情况下，会主动参与到公共文化产品的供给链条中。为了解决政府公共文化产品支出不足的突出问题，政府有意识的降低私人资本进入公共领域的门槛，在一定范围内将准公共文化产品交由私人部门来生产和提供，一方面能够有效的节约公共资源，使公共资源在一定程度上得到最佳的配置和合理的利用，另一方面也能够最大限度的提高公共文化产品供给的数量，加大文化资源的开发力度，扩大公共文化产品的供给范围和产品种类。政府也通常采取一致性原则订立契约、以市场方式提供准公共文化产品的模式以满足人民日益增长的多样性文化需求。市场机制的引入在促进少数民族影视发展以及文化产业化方面具有突出的作用。企业进入影视行业将提高少数民族语言广播影视节目制作能力，加强优秀广播影视作品及少数民族语言译制工作和影视推广，并且推出内容更加新颖、形式更加多样、数量更加丰富的少数民族广播影视作品，更好地满足各族群众多层次、多方面、多样化的精神文化需求。同时通过文化产业与科技、信息、体育、旅游等领域联动发展，确定重点发展的文化产业门类，推出一批

具有战略性、引导性和带动性的重大文化产业项目，建设一批少数民族文化产业园区和基地，在重点领域取得跨越式发展。

第二，较之公共部门而言，私人部门和企业具有更为先进的生产技术和管理方式。企业能够在激烈的竞争环境下生存下来不外乎两大条件：管理和技术。有效的管理方式能够最大限度地调动员工的生产的积极性和主动性，提高企业中“人”的生产效率；而生产技术的不断革新则能够保持企业具备长期的市场竞争力，提高企业中“机器”的生产效率，能够更加有效地提供品质优良的产品和服务。所以，政府通过有效的制度保证以及合理的政策引导，支持和鼓励私人部门参与到公共文化产品的生产和供给当中来，能够切实提高公共文化产品供给的效率和质量。

当然，也正是因为市场的逐利性和经济理性，使其在公共文化产品供给的过程中，表现出一系列和其本质密不可分的缺陷和不足，从而导致了市场供给公共文化产品这种模式的公共性的缺失，即我们通常意义上的“市场失灵”。这些缺陷和不足表现在：

1. 市场供给存在外部性问题。公共文化产品供给的外部性，简单地说就是其提供公共文化产品的溢出效应，而这种正外部效益很容易产生搭便车现象，实践中这种针对正外部效益的收益很难实现，而且即使是能够实现控制，其控制成本也相对比较高。所以，在这种情况下，私人资本很难主动和积极的介入到公共文化产品的提供中来。

2. 私人部门的内在逐利性。由于私人部门具有天然的逐利性，所以在公共文化产品的供给过程中，私人部门和资本很容易带有选择性的生产利润空间较大的产品，而会忽视那些没有或者是盈利空间较小的公共文化产品，其造成的直接结果就是公共文化产品供给的不均衡，从而导致在公共文化产品市场上，购买力较强的人，更容易获得更多、更优质的公共文化产品，而相对的弱势群体，则很难从市场上获得各种不同类型的公共文化产品，长此以往，就会导致社会的不公平，同时也加剧了社会分配的不公。

3. 交易成本过高。“交易成本”这一概念是由罗纳德·科斯提出的，具体是指私人部门或企业在获得准确的市场信息以及谈判和经常性契约所要付出的费用。当交易成本为零时，市场上的交易买卖各方在充分获知市场信息的基础上做出自己的购买或者贩售行为；当交易成本为正时，市场主体在信息不充分的前提下，很容易做出错误的判断，导致生产的过剩或供给的不足。我国传统的公共文化产品市场由于长期受到政府部门的垄断，所以私人部门和企业很难做出准确的市场估计和判断，从而无法达到其所追求的盈利目的，这也削弱了私人资本和企业参与到公共文化产品供给中的积极性，导致私人部门并没有完全充分的发挥其在公共文化产品供给中的积极作用。

目前民族地区的市场参与公共文化服务的程度不高，政府在积极培育市场的同时，要想最大限度地减少市场失灵带来的不利，就要首先承担市场不愿供给的文化产品，保证公众最基本的文化需求。其次，要加强对文化产品市场的监督，严防低俗化。通过价格管制、质量管制等措施维护文化品消费者的利益，保证文化产品市场健康向上发展。

三、公共文化产品的志愿性供给——非营利性供给

（一）志愿型供给中的问题及其对策

所谓志愿供给就是通过非营利组织自愿提供公共性文化产品。非营利组织是指在政府部门和以营利为目的的企业（市场）之外的一切志愿团体、社会组织和民间协会，[①] 比如基金会、志愿者协会、寺院、教堂等。它们在经济上独立核算、自主经营、自负盈亏。其资金来源大体可分为四部分：财政补贴，包括来自各级政府的拨款和项目经费；社会捐赠，包括个人捐赠、企业、基金会及国际组织提供的资助；服务收费，包括会员缴费、服务取酬；经营性收入，包括经营实体收入、投资收入、产品销售收入等。在发达国家，非营利组织一般从事国民文化教育、提供文化消费服务，扶植传统文化和民族特色文化等方面的业务。它们已经成为社会文化领域中不可忽视的力量。据统计，美国有140万个非营利组织，分布在全国各行各业和各个地区，与政府、企业等量齐观，已成为美国社会肌体的重要组成部分。城市文化中心、社区图书馆、电视台、报社、博物馆、歌舞乐演出团体，甚至包括一些社会文化机构，都可以是非营利组织。非营利组织参与公共文化产品的供给不仅能弥补政府部门公共文化产品供给数量上的不足，而且可以有针对性的提供不同质量、不同特点、满足公众不同需求的公共性文化产品，非营利组织在公共文化产品的供给方面有以下特点：①组织灵活。由于非营利组织是社会为了回应某些社会需求而自发形成的，具有一定的自治性，组织结构更加灵活，所以非政府组织能够更加贴近普通民众，满足人民群众多样化的公共文化需求，这对于解决民族地区民族多样性导致的需求多样性和人口分散的问题十分有效；②效率优势。一般来说，相同条件下非政府组织在解决许多社会问题方面常常比政府更有效率，这是因为非政府组织能够以最低的成本动员大众和反映社会底层意见，宣传政府政策，帮助政府降低政策实施成本。[②] 因此，非政府组织也能够在更大程度上反映公民的各项文化需求，并做出相应的有效回应，努力寻求并积极行动以满足公民对于公共文化产品的多元需求。在民族地区，非政府组织更应成为当地文化建设的带头人，积极引导当地民众成为“文化示范户”，加强少数民族特色技能（如民族医药、民族体育）

① 曾峻：《公共管理新论——体系、价值与工具》，人民出版社，2006年第116页。

② 李少惠，穆朝晖：《非政府组织参与西部农村公共文化产品供给的路径分析》，载《四川师范大学学报》（社会科学版）2010年第5期。

的培训和推广以及非物质文化遗产的保护，促成当地文化风气的良性循环。例如甘肃夏河拉卜楞寺作为著名的藏传佛教圣地，不仅能满足佛教信仰者的文化需求，更能播散善待苍生慈悲为怀的为人处世观，维护社会和谐，同时其唐卡艺术、藏医藏药也是重要的文化遗产，具有较强的文化辐射力，吸引众多游客的眼球，为当地旅游发展作贡献。

正如任何事物都有两面一样，公共文化产品的志愿性供给模式也同政府供给和市场供给一样，同样存在着所谓的“志愿失灵”的状况，主要原因在于：

1. 公共利益的局限性。政府部门在提供公共文化产品和服务时，由于其自身所内含的公共性，必须从整体出发，考虑最广大人民的公共利益，所以必须做出全局性的安排，无论是从政策安排还是从制度建设都要综合考虑各方面群众的利益问题。但是，第三部门往往是从某个角度出发提供公共文化产品，不同的第三部门有各自独特的关注领域以及相对应的服务取向；换言之，第三部门更多的是体现在某一方面的公共利益，而无力关注全局，如李亚鹏和王菲的“嫣然基金”，其所面向的受益群体只是唇腭裂患者。诸如此类的非盈利组织具有一定的排他性，只针对其业务范围内的受众提供公共产品，因此，从这一层面上来说，第三部门对公共利益尚不存在足够的精力和能力做出通盘的考虑。

2. 组织自身的局限性。一方面，公共文化产品在供给的过程中普遍存在搭便车现象，以至于第三部门缺乏应有的动机参与到公共文化产品的供给当中，[①] 因此能够提供的公共文化产品在量上是不足的；另一方面，在需求多元化的今天，单靠以接受政府拨款和社会捐赠为主的传统资助模式已不足以维持非营利组织的生存和发展，第三部门基于其本身运营的非盈利性，导致其活动所需的开支与其所能募集到的资金之间存在着一个巨大的缺口，即缺乏稳定的资金来源以维持自身的各类活动。因此，第三部门无法单靠自身的力量来推进慈善和公益事业以确保公共文化产品的提供。另外，由于政府对第三部门的发展以及其在社会管理过程中的重视程度不够，对第三部门的资金支持力度不足都造成了第三部门的自发志愿不足；与此同时，广大民众的志愿参与意识不强，也成为第三部门在公共文化产品供给过程中缺乏动力的一个主要原因。

3. 志愿组织的业余性。所谓志愿组织的“业余性”主要是指志愿组织中工作人员的业余性，即志愿服务者热心有余而专业不足。我国第三部门中的工作人员大多数是由未受过专业训练的人员组成，尤其是很多志愿组织往往强调由义工或志愿者提供服务，加之受资金的限制而无法有效地吸引专业人员的加入，而缺乏相关的技术指导和智力支持，第三部门提供公共文化产品方面的专业性不强，这些工作只能由有爱心的业余人员来做，从而影响所提供的公共文化产品的质量。

---

① 王金辉，王永莲：《论我国农村公共产品供给的自愿失灵》，载《安徽农业科学学报》2008 年第 16 期。

那么，如何通过政策的制定与支持，促进民族地区乃至全国非营利组织在公共文化产品供给中继续发挥其不可或缺的重要作用呢？

首先，要制定和完善关于非营利公共文化服务组织的法律法规。要制定与非营利组织相关的政策法规，明确非营利组织在公共文化服务中的功能定位，建立服务标准和评价体系，创新和丰富公共文化服务社会化、专业化管理模式。积极支持区县级以上的文化基金会、行业协会等发展成为“枢纽型”的非营利公共文化服务组织。推进公共文化服务举办主体化、建设运营市场化、融资渠道多样化，通过其载体——非营利组织的运行，使公共文化服务更加符合社会文化福利的公平原则。

第二，营造有利于非营利公共文化服务组织发展的社会环境。在明确政府公共文化服务投资范围并加大投入力度的同时，积极创新社会融资以及引导更多的投资主体支持非营利组织参与公共文化服务的机制。大力宣传社会主义的慈善捐献文化，让更多的人去理解和加入到非营利公共文化服务中来。

第三，科学制定非营利公共文化服务组织的税法监督和管理制度。通过区别不同性质收入的税收政策，规范引导非营利公共文化服务组织的经营活动。对于直接来源于公共文化服务的非营利性收入和相关收入，及其直接用于公共文化服务开支的结余，可减免税；与公共文化服务非营利性目的无关的商业收入，应该按有关法律纳税。对非营利公共文化服务组织收入及使用加以限制，超越了有关限制，不仅会影响减免税资格，而且还可能受到直至被撤销的不同程度的处罚。

第四，在政府的主导下，建立非营利公共文化服务组织的社会监管体系。非营利公共文化服务组织的设立及运行实施要受政府全程严格监督，尤其是财务要接受政府税务部门的监督并且向社会公开。当非营利公共文化服务组织发展到一定规模时，必须接受包括律师、审计师、注册会计师在内的第三方审计。同时，要建立非营利公共文化服务标准和评价体系，加强行业自律。

四、公共文化产品供给的新模式——公共治理模式下的多中心供给

（一）公共治理的内涵与特征

世界各国由于历史、国情和公共管理哲学的差异，形成了不同的公共服务制度与模式。目前，世界各国的公共服务模式大致可划分为三种类型。第一种是以美国和德国为代表的自保公助模式，又称“最低保障与兼顾效率型”公共服务模式；第二种是以英国与北欧各国为代表的国家福利模式，又称“全面公平型”公共服务模式；第三种是以新加坡和智利为代表的自我积累模式，又称“效率主导型”公共服务模式。考察各国公共文化服务发展状况，可以看出作为社会整体公共服务制度的有机组成部分，各国公共文化服务亦形成了不同的模式，主要亦可分为三种，即：第一种是以法国、意大利、西班牙、葡萄牙、巴西、阿根廷等拉丁语系国家，以及

(原）社会主义国家、东亚和发展中国家，如中国、俄罗斯、越南、日本、印尼等为代表的“中央集权”或可称“政府主导”模式（或称“单元式”文化行政模式），这种模式中从中央到地方政府均设有文化行政管理部门，中央部门直接领导地方部门制定文化政策，开展文化行政。各级政府文化部门对文艺团体进行有限的资助并提供比较完善的公共文化服务。第二种是以美、德等为代表的“市场分散”或称为“民间主导式”模式（或称“多元式”文化行政模式），中央没有正规的文化行政主管部门，地方各级政府一般也没有，政府对各类文化团体或机构主要在政策法规上进行调节、给予优惠，鼓励其适应市场，自我生存。主要由大量的非政府组织或非营利组织机构开展公共文化服务。第三种是以英国、澳大利亚等为代表的政府与民间共建的“分权化”模式（或称“二元式”文化行政模式），政府以“一臂之距”与民间建立“伙伴关系”，进行文化资源的分配、文化事务的管理和文化服务的提供。

不同的公共文化服务模式，相应体现出不同的特点，但可以肯定的一点是，发达国家采用的公共文化服务模式，都可以归入现代公共管理学意义上的“共同治理模式”，各国除政府部门外，都有大量的非政府、非营利组织，即所谓的第三部门，如各种文化协会等，参与公共文化服务的提供。根据全球治理委员会的界定，所谓“治理”即是各种公共的或私人的机构管理其共同事务的诸多方式的总和，它是相互冲突的或不同的利益得以调和并且采取联合行动的持续的过程。换言之，“治理”是公共事务管理方式的一种新发展，其中的公私部门之间的界限均趋于模糊。治理与传统的统治有本质区别，表现为：(1) 统治的主体只能是公共权力部门，其权威来源只能是政府。而治理的主体可以是公共权力部门，也可以是私人部门，还可以是二者的合作，其权威来源依仗的主要并非是政府，而是合作主体之间的持续性互动；(2) 管理过程中权力运行的向度不同。统治的权力向度是自上而下的单向度运作过程，而治理则是多元的、上下互动的过程，它通过合作、协调及对共同目标的确定等手段达到对公共事务的治理；(3) 统治遵循的是正式规则、制度与程序，而治理则以信任为基础，遵循的是由主体间协商与同意的规则与程序。换言之，治理所偏重的管理机制并不依靠政府的权威或制裁，而是利益各方参与协商的机制。发达国家的经验表明，建立公共服务型文化行政管理体制，形成政府与社会共同治理结构，是保障公共文化服务得以完善提供的一般模式。①

综上所述，所谓多中心公共文化产品供给的公共治理模式，正是针对政府、市场以及社会组织在公共文化产品的供给中均存在不同程度的失灵问题所提出的面向政府、市场和第三部门这三个主体关于公共文化产品的协调供给，以实现对各自缺陷的合理弥补，提高公共文化产品供给效率及质量的新型公共治理模式。主要包括

① 黄士芳，毛少莹副主编：《完备的公共文化服务体系研究》，深圳报业集团出版社，2010 年第 1 版，上篇 9 – 11 页。

以下两方面的突出特征：

第一，强调多元主体协调供给。由于单一主体——不论是政府、市场还是第三部门——在公共文化产品的供给过程中都会不可避免的导致失灵问题，而在公共治理模式下的“多元主体协调供给”模式相较于传统的单一供给模式而言，更加强调的是政府、私人部门以及志愿组织的平等独立的共同参与，协同配合。在这种模式下，政府能够有效发挥其“领航者”的角色，有力的协调、引导和带动第三部门以及私人部门积极主动地参与到公共文化产品的供给链条当中来，弥补政府供给的缺陷和不足，而公共文化产品由政府和民间资本共同供给，不仅可以避免政府部门的垄断行为，同时也有利于促进民间资本的壮大和发展，促进市场经济繁荣。私人部门介入公共文化产品市场，结束了由政府单独投资提供公共文化产品的时代。多元化生产的结果是降低政府的财政负担，间接缓解纳税人的税赋负担，更有利于缓解社会矛盾，促进社会的和谐。另外，更多的市场行为也会有效地避免腐败等寻租问题的产生，引入公司合作伙伴关系模式后，可以后续引入监督与竞争机制，促进资金和资源的有效使用。

第二，能够实现资金和技术的有效互补。私人部门以及志愿组织在公共文化产品供给中的参与，在一定程度上活跃了公共文化产品市场：一方面，政府可以有效地吸引和利用民间资本，以弥补自身在公共文化产品提供上的财政约束，充分达到“集中力量办大事”的效果；另一方面，政府可以依托企业自身所具备的市场导向、公平竞争等特质，通过企业不断的技术创新，为广大公众提供更为快捷、便利和优质的公共文化产品。另外，在公共文化产品的供给过程中合理引入私人资本，使得公共部门与私人部门在公共文化产品的供给方面形成合作伙伴关系，这样不仅可以使政府作为主要的公共文化产品的需要者、产品服务标准的制订者，摆脱公共文化产品生产和服务供给的低效率，而且还可以有效弥补私人部门公共性的不足，有效规避营利组织自身单纯追求“成本—效益”的弊端。

（二）公共治理机制的实现

实现“公共治理模式”是民族地区公共文化产品供给的未来趋势。要想早日实现供给效率较高的多中心供给，需加强以下三个方面的建设：

首先，培育市场和社会组织。多中心供给的模式是建立在各供给主体独立自主，能够“独当一面”的基础之上的，需要强大的政府、健全的市场和独立的社会组织。对于市场的培养，政府首先要建立健全规定市场经济各种基本经济关系的法律法规及实施细则，如财产法、破产法等；规定市场活动和市场主体行为方面的法规及实施细则，如合同法、产权法等；规定解决特定经济行为方面的法规及实施细则，如审计法、会计法等，创立平等竞争的市场环境。必要的时候，可以通过减税、补贴等诱因机制和管制措施引导市场行为，确保市场产品质量和服务品质，维护公众利益。对于社会组织的培养，政府除了通过完善相关的程序法、实体法和单行法以保障和监督社会组织之外，还应在注册登记、筹措资金等方面予以支持，从而创造一个适合其发展的宽松的政策环境。同时在宏观领域，政府应该对非政府组织发展方向、组织使命、项目计划与实施等进行有效的监督；在微观领域，政府应信任社会组织，赋予他们充分的处理具体事务的权力。社会组织同时也应该加强自身建设，完善筹款制度、公开透明财务制度以及办事流程，完善理事制度，充分发挥内部监督机制。

其次，转变政府角色。公共治理模式中政府不再唯我独尊，也不再是最高绝对权威，而应该是“同辈中的长者”，充当元治理的角色，承担指导和确立行为准则的责任。因此，政府一方面必须实现公共文化权力的必要分散，比如英国文化管理一直奉行“一臂之距”的基本原则，即政府部门只管文化而不办文化，不对艺术团体和文化机构进行直接的行政干预，因为只有文化权力的分散才能导致文化资源向地方和民间机构分散。但另一方面，在权力下放的过程中，要遵循“范围适度、强度适度和速度适度”的原则，要建立部门间工作协调机制，同时要健全控制监督机制，从而保证政府的宏观调控能力。

最后，构建各供给主体的信任关系。信任程度决定了社会各个力量之间的合作程度，信任程度越高，合作程度就越高。如果不能在合作主体间建立信任关系，社会治理的过程会依旧在控制导向的路径中延伸下去。因此，需要在全社会营造诚信氛围，呼吁各主体之间的相互信任；需要政府以身作则，不再实施霸权式管理，而是信任其他主体去充分发挥各自的优势；需要用信任资源完善种种制度设计和安排，从而为共同治理创造环境。

第四章　民族地区公共文化建设的保障机制

温家宝总理曾说过，从一定意义上讲，文化是制度之母。一种社会制度的形成、巩固和发展，需要有相应的文化为其提供指导和奠定基础。而一个地区经济的发展也需要文化发展作为其最为内在的本质要求。人是民族地区社会活动的最重要主体，文化则是民族地区人们全面发展的基本的内在要求，可以说文化的力量，深深熔铸在民族的生命力、创造力和凝聚力之中，当前加强民族地区社会主义公共文化服务建设，具有特别重要的战略意义。公共文化事业的发展是一个国家和民族发展的灵魂，公共文化事业与经济发展和政治发展逐步的相互交融，在综合国力竞争中的地位和作用越来越突出。另外，公共文化事业的发展也是国家发展和民族振兴的一个重要支撑，同时它还是一个社会的文明程度和人民生活质量的重要标志。为此，要努力地去建设社会主义核心价值体系、建设和谐共享的公共文化事业，要改革创新公共文化体制机制，构建先进的公共文化服务体系，持续的发展公共文化事业。经过近30多年的改革开放，我国的经济建设得到迅猛发展，人们物质水平有了极大的提高。继国家“十一五”规划提出了逐步形成覆盖全社会的比较完备的公共文化服务体系的目标，站在时代的高度上，党的十七大又对文化建设做出了全面部署，提出文化是国家民族的软实力，要实现文化大发展大繁荣的目标，加大对民族地区的投入力度，努力的兴起社会主义文化建设的新高潮，从这些都能看出国家逐步的对公共文化服务建设的重视度。文化事业的繁荣和发展是民族地区全面繁荣发展的必要条件，而经济发展的程度又是直接衡量民族地区经济发展状况的一个重要标志，民族地区由于自身所处的各种宏观和微观环境条件的限制，在对于公共文化服务建设方面尤其是它的保障机制方面还存在一些有待解决的问题。

第一节　制度保障

民族地区的公共文化服务建设事业，尤其是少数民族文化的发展一直以来都受到中央政府的高度重视，一方面主要是通过保护少数民族地区的文化遗产的方式对少数民族的文化进行有效的整理和维护，另一方面，国家还致力于在少数民族地区培养大量的相关人才和组织。近些年来，为了使民族地区的公共文化服务建设体系不断得到完善，中央政府也制定了一系列的政策和制度，从最根本上保障民族地区人民在文化方面的有关权益，同时提高少数民族地区人民的文化素质，改善民族地区科技发展水平，从整体上促进民族地区公共文化服务建设事业的全面发展。

一、国家在促进民族地区公共文化服务建设方面的历史沿革

（一）萌芽阶段

1954年，我国颁布第一部《中华人民共和国宪法》，该宪法中明确规定：中华人民共和国各民族一律平等，都有接受教育、使用和发展本民族语言文字、从事各类文化活动的权利。此后，在1982年修订的《中华人民共和国宪法》和1984年颁布的《中华人民共和国民族区域自治法》中，都进一步明确了少数民族群众发展本民族文化的权利。自此，我国尊重、保护和发展少数民族文化的基本法律制度开始逐渐形成。①

（二）发展阶段

进入新世纪以来，为了应对民族地区经济以及社会等内外环境的发展和变化，国家又相继出台了一些重要的法规和文件。2000年，中共十五届五中全会通过了第十个五年规划建议，在建议中，首次使用了“文化产业”这一概念；2004年，中共十六届四中全会在《中共中央关于加强党的执政能力建设的决定》中提出“文化生产力”的理念；第十一个五年（2006—2010）规划时期是我国全面建设小康社会、加快推进社会主义现代化建设的关键时期，也是我国文化发展的重要阶段。②根据《中华人民共和国国民经济和社会发展第十一个五年规划纲要》的内容，确定了在未来五年中我国文化发展的指导思想、方针原则和目标任务，为进一步繁荣发展社会主义文化，推动文化与经济、政治、社会的协调发展提供了强有力的政策保障；③ 2009年，国务院又颁布了《关于进一步繁荣发展少数民族文化事业的若干意见》，这一《意见》对繁荣和发展民族文化的意义、民族文化事业的指导思想、基本原则和目标任务、政策措施以及完善少数民族文化事业发展的体制机制等都进行了明确的阐释和说明。

---

① 党秀云：《民族地区公共服务管理导论》，中央民族大学出版社，2012年第232页。

② 金星华、张晓明、兰智奇、惠鸣、徐平：《以科学发展观为指导，推动少数民族文化加快发展》，http：//www.chinaorg.cn，2009-06-19。

③ 《盘点2006》，《出版参考》2006年第36期。

（三）成长阶段

2010年10月18日，中国共产党第十七届中央委员会第五次全体会议通过了《中共中央关于制定国民经济和社会发展第十二个五年规划的建议》，该建议其中第九条就提出：推动文化大发展大繁荣，提升国家文化软实力，文化是一个民族的精神和灵魂，是国家发展和民族振兴的强大力量，必须坚持社会主义先进文化前进方向，弘扬中华文化，建设和谐文化，发展文化事业和文化产业，满足人民群众不断增长的精神文化需求，充分发挥文化引导社会、教育人民、推动发展的功能，建设中华民族共有精神家园，增强民族凝聚力和创造力；[①] 2011年，“十二五”规划纲要又提出“推动文化产业成为国民经济支柱性产业”的原则性方针。在中国加快转变经济发展方式、优化经济结构的过程中，文化产业被寄予厚望。2011年10月15日至18日，中国共产党第十七届中央委员会第六次全体会议在北京召开，审议通过了《中共中央关于深化文化体制改革推动社会主义文化大发展大繁荣若干重大问题的决定》。这次全会将“文化命题”作为会议的主要议题，而这也是继1996年十四届六中全会讨论思想道德和文化建设问题以来，中央全会再一次集中探讨文化课题。[②] 会议总结了党领导文化建设的成就和经验，深刻分析了文化建设面临的新形势和新任务，阐明了中国特色社会主义文化发展道路，确立了建设社会主义文化强国的宏伟目标，提出了新形势下推进文化体制改革的指导思想、重要方针、目标任务和政策举措。2011年春节前，文化部、财政部共同出台《关于推进全国美术馆公共图书馆文化馆（站）免费开放工作的意见》，全面部署全国各地美术馆、公共图书馆、文化馆站免费开放工作，要求在2011年年底之前，各地的国家级、省级美术馆全部向公众免费开放；全国所有公共图书馆、文化馆（站）实现无障碍、零门槛进入，公共空间设施场地全部免费开放，所提供的基本服务项目全部免费。

二、民族地区公共文化服务建设体系制度保障机制的主要内容

（一）中央政府应实施重点面向民族地区老百姓的各种形式重大的公共文化服务工程，例如：广播电视村村通工程、全国文化信息资源共享工程、送书下乡工程、乡镇综合文化站和基层文化阵地建设工程、农村放映室工程、农家书屋建设工程等。[③]

（二）各级政府部门应增强对民族地区的公共文化产品的生产供给能力，包括建立健全民族地区的公共文化设施网络、充分发挥现有地区文化设施的作用、加强

① 丁光军：《中国特色社会主义农村文化建设理论研究》，江西农业大学硕士论文，2011年。

② 刘艳艳：《公共文化服务体系建设的几个问题》，载《华章》2012年第5期。

③ 党秀云：《民族地区公共服务管理导论》，中央民族大学出版社，2012年第251页。

地区公共文化产品生产、积极开展公益性文化活动、提高产业支撑和市场供给能力等。

（三）创新公共文化服务运行机制，要适应公共文化发展新的态势，积极推进政府职能转变，把本不属于政府职能的那一部分还给市场，推动公共文化行政部门由原先的主要管微观到现在的管宏观进行转变，同时将工作重心由从前的单一管理直属单位转到市场的监管、社会管理和公共文化服务三者多元化发展上来。如乡镇综合文化站的体制机制改革、完善公共文化服务投入机制、创新公共文化服务方式、公共文化服务技术水平等。

（四）加强民族地区公共文化服务队伍建设，着力提高公共文化从业人员的整体素质，因为文化从业人员各项素质的高低将直接影响到整个公共文化事业的发展快慢，这些素质主要包括思想政治素质、文化知识水平、业务管理水平、组织活动和在新形势下做好公共文化服务的能力等。

（五）加强民族地区公共文化服务体系建设的领导力量，大力发展农村公益性文化事业，实施文化惠民工程，优先安排关系群众切身利益的重大公共文化服务项目，逐步解决群众收听收看广播电视难、看书难、看电影难的问题，基本满足乡村居民就近便捷享受公共文化服务的需求。

三、民族地区公共文化服务体系建设制度保障的现状及原因分析

公共文化服务，是由政府主导、公共文化服务主体承载、社会参与形成的普及文化知识，丰富精神生活，传播先进文化，不断满足人民群众日益增长的精神文化需要，保障群众基本文化权益的各种公益性文化机构、文化设施、文化队伍、文化产业及其服务内容的总和。它是社会主义文化建设的重要组成分。加快建立覆盖全社会的公共文化服务体系，并使之得到创新与发展，是党的十七大推动文化大发展大繁荣纲要对文化工作的战略部署，是发展社会主义先进文化，构建社会主义和谐社会的必然要求，是实现好、维护好、发展好人民群众基本文化权益的主要途径，有力的社会公共文化服务体系能够促进人的全面发展、提高全民族的思想道德和科学文化素质、促进社会主义文明和谐发展。[①] 目前，我国的民族地区公共文化服务体系还相当的滞后，还存在着许多的问题和困惑。

（一）政府重视不够，发展理念滞后

随着我国改革开放进程的不断推进和市场经济体制的发展和深入，近些年来，中央政府以及各级地方政府一直致力于加快民族地区的建设和发展，但事实上，各级政府在加快民族地区建设和发展的过程中，更加关注的是民族地区如何能够充分

① 陈水明：《浅谈农村公共文化服务体系》，载《大舞台》2011年第5期。

发挥自身优势，广泛的招商引资，如何能够更好更快的在民族地区进行经济建设，而忽略了少数民族地区本就匮乏和贫瘠的精神基础和文化产业，从某种程度上来说，这在主观上加剧了民族地区公共文化事业的滞后。另一方面，就目前而言，在我国政府考核的一系列指标中，地区的GDP产值仍是一个最重要的衡量指标，这也造成了地方政府，尤其是经济欠发达的少数民族地方政府，过多的关注地区的经济发展，而忽视了地区精神文化方面的发展，从而造成了对该辖区内公共文化事业发展以及公共文化产品和服务提供方面的滞后，从根本上忽视了民族地区广大民众的精神文明建设。但是，事实证明，一个地区的文化发展对该地区的经济发展有着极其重要甚至是直接显著的影响。众所周知，经济基础是文化发展的基本前提和重要基础，经济发展的程度直接决定了文化发展的深度，而文化发展的深度又会反作用于经济发展的程度和速度，不同的文化对经济发展的影响也不尽相同，对社会发展的作用也各不相同，简言之，二者之间是经济基础与上层建筑的关系，是密不可分且相互影响的。就现阶段民族地区的公共文化服务发展程度而言，政府过度地强调经济发展，注重GDP的增长速度而没有对公共文化事业的发展给予足够的扶持与重视，因此造成了目前民族地区公共文化服务发展滞后的现象比较严重。

（二）机构总量不足，内部服务活力欠缺

近些年，民族地区虽然也发展和建立了一些类似文化站、文化馆这样的直接为民族地区的人们服务的文化机构，但是由于财政资金的不足以及内部人员流失而导致的能够为人们提供的公共资源的总量越来越少，而且质量也普遍不高。经费不足、人员整体素质不高且流失严重等问题的存在，使得民族地区政府已经没有多大能力去顾及公共文化服务建设事业的发展，从而影响了民族地区的全面建设小康社会的进程。近些年来，虽然公共文化服务队伍的建设取得了很好的成效，但在民族地区仍然存在文艺骨干人员不足、队伍结构不合理、发展速度不均等问题，部分业余队伍都是由中老年人和音乐老师组成，青少年队伍及专业文化队伍比重相对过低，这种不合理主要是由于大部分中老年人业余时间比较多，队伍排练时间比较充裕，而年轻人工作压力，业余生活相对贫乏且不愿意主动参与到文化产业的发展中来。另外，有些民族地区目前还不具备公共文化服务建设的统一有序的队伍，还不能完全满足民族地区人民群众的基本文化需求。①

（三）服务形式单一，活动内容匮乏

当前民族地区特别是当地的一些村社，由于文化设施缺乏，文化活动稀缺，且没有文化活动场所，老百姓茶余饭后的娱乐方式，只有看电视、打麻将几种固定的方式，而几乎没其他方式可以选择，这就导致大部分时候人们更习惯于关起门来在

① 陈水明：《浅谈农村公共文化服务体系建设》，载《大舞台》2011年第5期。

自家看看电视聊聊天，或者几个人一群地在某家门口摊开桌子打麻将或玩扑克牌，其实并不是说这种娱乐方式不好，而是有时候这些娱乐行为往往会转化为赌博行为，从而导致一些家庭的矛盾出现。有些父母因为嗜赌而连自己的孩子都不管，原本小小的娱乐活动所带来的影响最终将不利于家庭的和谐，也会使我们民族地区的稳定受到一定的挑战，同时这种成群的赌博行为也让人们之间的关系从牌友变为赌友，从某种程度上来说，它会使人们之间的关系变得淡薄，这将必然会阻碍我们民族地区的良好有序的发展。

四、民族地区发展公共文化服务建设事业的制度保障措施

（一）提升政府重视程度，转变发展理念

如果民族地区长期保持精神文化建设滞后状况，那么在一定程度上将会严重阻碍我们民族地区的经济更好更快的发展。这就要求我们政府应该加大对民族地区公共文化事业的投资力度，并着力于有关文化馆和乡镇综合文化站的基础设施的建设，可以积极主动地去用奖励和补助的政策鼓励民族地区的人们创建适合自己民族地区的文化室和一些文化广场。众所周知，经济是文化的前提和基础，经济决定文化，文化反作用于经济，不同时期、不同阶段的文化对经济的影响也不同，对社会发展的作用也不同，总的来说，经济与文化的关系就是经济基础与上层建筑的关系，两者密不可分且相互影响。文化发展的好坏将直接影响到经济的良好发展，因而作为民族地区，当地政府部门应该要从思想上去重视公共文化服务的建设，特别是民族地区农村公共文化服务事业的有序发展，当然只是在思想上重视是远远不够的，民族地区还必须把公共文化服务建设纳入到政策法规当中去，同时将它提升到民族地区经济建设的高度中去，把文化建设和经济建设一起当作各级政府对其相关部门进行综合考核的内容，从而能够保障民族地区公共文化服务建设的制度化，更好地推动民族地区公共文化服务事业的顺利发展。

（二）优化文化机构的运转，改善内部服务的能力

民族地区的政府部门应该加大人才队伍建设的力度，培育壮大民族地区公共文化服务建设的队伍。第一，要努力的培养一批精通文化事业建设的优秀干部从业人员，努力去塑造一批文化事业的领军人物，同时，可以经常开展一些行业内外的文化交流会，使自己的文化事业在与别的队伍交流过程中能吸取他人的经验，从而吸取别人的精华，让自身的文化事业达到更好地互补和有效的融合；第二，可以经常对已有相关业余文化骨干和爱好者进行辅导和培训，让一批民间艺术的传承人能积极去传承民族民间文化，使之得以广泛的发展与传播，要吸纳和培养一批社会青年充实到我们的文艺队伍中来，成为这支队伍中的生力军，这样既能够极大地丰富年

轻人的业余生活，又可以为公共文化事业的发展打好坚实的基础；第三，上级文化部门要多主办一些群众参与广泛的文化活动、文艺表演、民族民间艺术会演等，这样可以很好地激发调动人们的积极性，有了兴趣人们才会更好地去关注和发展我们的公共文化事业，当然政府也应该给予一定的财政补助，充足的财政支持才能让文化活动得以有效的开展，最终能从根本上去满足人民群众的基本文化需求。

（三）丰富文化服务的形式，充实文化活动的内容

民族地区的政府部门要加大对民族地区文化事业的相关建设，可以广泛地开展群众性文化体育活动。群众文化活动是民族地区的公共文化服务体系建设的核心要素，丰富多彩的农村文化活动能增强文化站的凝聚力、维护农村社会的稳定。而人民群众是公共文化服务建设的主体，要充分调动人民群众主动参与公共文化服务建设的积极性和创造性，民族地区的文化站等相关活动不能总是停留在低水平、旧面孔上，更不能忽视人民群众的参与性，因此各政府文化部门应该努力并经常性地开办一些形式多样的适合人民群众文化特点的活动，如常常开展一些有关健康方面的与人们息息相关的讲座和一些积极向上的文艺表演等活动，使人们能够在一定程度上得到精神上的愉悦，同时也能使他们改掉一些原有的恶习，最大限度地满足人民群众多样化、多层次、多方面的精神文化需求。

（四）国家积极出台政策，民族地区积极发挥自主性

政策是保障，国家制定有效的方针政策是发展文化事业的最基本保障，要想更好更快发展民族地区的公共文化事业建设，中央政府就必须秉持高瞻远瞩的战略视角，同时结合民族地区的自身特点，积极出台相关的政策文件来有效地指导和保障民族地区公共文化事业顺利进行。如：在制定相关方针政策时首先要明确自身的目标任务，及时落实责任分工，然后再提出合理有效的实施方案且分阶段、分步骤进行组织实施，同时各有关部门要抓紧研究制定切实可行、操作性强的配套政策，尽快出台实施。事实上，任何一项国家的建设和发展都必须要有国家相关政策的保障和支持，政策保障是前提，否则一切都是空谈，因此国家出台相关政策文件保障公共文化事业的建设是至关重要的。任何事物的发展都分为内部因素和外部因素两个方面，对于民族地区发展公共文化事业建设来说，国家出台的相关政策文件保障是一个外部因素，而真正起决定作用的还是要靠民族地区自身这个重要的内部因素，民族地区必须要在积极响应国家政策的前提下，从自身实际情况出发努力探索且发展自己的公共文化事业，把文化事业的发展看做和经济事业的发展同等重要，从某种角度上来说，文化的发展能够促进经济的长效发展，当然经济的发展也能更好地保障文化的发展，二者是相辅相成的关系。例如，充分调动民族地区人们对于各类公共文化产品生产供给主体的积极性、主动性，使人民能够积极主动地探索和丰富公共文化产品的内容和形式，在民族地区形成各类公共文化产品百花齐放的生动局

面，拓宽公共文化产品生产供给渠道，促进各种途径相互补充，共同满足人民群众的基本文化需求。除此之外，作为民族地区的人们来说，必须认清自身的特殊情况，积极响应国家的号召，及时地去贯彻国家制定的各项方针政策，把民族地区的发展当成自己的一项事业来做，从全局利益出发，个人利益服从整体利益，积极主动地发挥自身的积极性。总的来说，民族地区要想更好更快地发展公共文化事业建设，就必须立足于现实和民族地区自身情况。

（五）加强政策落实力度，确保达到最优效果

在当前国家的各项建设中，政府不仅仅要适时的出台一些有效的政策措施来保障民族地区各项事业的发展，同时各项政策的落实情况也是摆在我们面前的一个重要问题，可以说关于政策落实的问题一直是个难点，如果空有政策的提出而不实实在在落实的话当然也就更别提所谓的发展。随着公共文化服务建设事业在民族地区进程中的不断深入，许多的惠民政策出台，那么要让这些政策更好地得以落实，首先是党和国家政府领导的重视，其次是让政府和相关基层部门以及群众互相融合联动，做到一层一层的把关。除此之外，就是关于落实的力度问题，应该依据情况而定，在某些问题上必须要适度适时地加以落实，该强时则要强，该适度宽松式则适度宽松，要留有政策执行的弹性区域，以在最大限度上达到最佳的效果。

（六）实施有效的财政政策，保障基本文化权益

政策制度是经济发展的基础，而财政则是政策落实的一个坚硬的物质保障，即使政策制度制定的再好，如果你没有财政政策为其提供一个好的物质上的保障，那么一切都只是空谈，正所谓纸上谈兵的东西是没有任何意义的，因为一项政策只有践行了，才能知道其是否具有可行性，当知道其可行时，还要做好及时的反馈，只有这样才有意义和效果，因此，要使政策措施得到很好的落实就要求有良好的财政保障，这样各项政策措施才有可能在民族地区得以开展。由于民族地区财政支出很不合理，所以就需要适时的加大国家财政性经费的投入，同时也要加大科学研究方面的支出，适当提高基础建设支出，最为重要的是要加快政府机构的改革，精简机构富余人员，提高政府的办事效能，减少政府的一般性服务支出，控制行政管理支出的过多增长，加大财政在教育、科技、卫生、社会保障、再就业、生态环境、公共基础设施、社会治安、边境安全等方面的投入，进一步加强和改善公共文化服务，逐步实现区域间基本公共文化服务的均等化。另外，作为民族地区要继续加大组织财政收入工作力度，切实采取有效措施，积极应对各种困难，确保财政收入任务完成。一要全面贯彻执行“加强征管、堵塞漏洞、清缴欠款、惩治腐败”的税收工作方针，严格执行税收法律法规，依法治税，依率计征，努力做到应收尽收。二要继续清理各种税收优惠政策，坚决维护税法的严肃性、统一性和权威性，坚决制止违反规定的减税、免税和“先征后返”行为。三要继续加强财政与税务、财政与

收费部门的协作，形成有力的收税费工作机制，提高征税缴费工作的针对性和有效性。加大对非税收入的监缴和稽查力度，严格执行收支两条线管理。四要建立和完善财政收入增长激励机制。[①] 建立完备的公共文化评估监督机制，必须要按照宏观调控市场监管社会管理公共服务的政府改革目标，建立职能科学合理和机构统一精干的文化宏观管理和资金监管机构，制定公共文化服务的投入绩效考评指标体系和实施办法，把公共文化建设作为评价地区发展水平，衡量发展质量和领导干部工作实绩的重要内容，确保各级政府和公共文化管理机构在公共文化服务体系建设中认识到位、组织到位、责任到位、措施到位，以实现和保障人民群众的基本文化权益。[②]

第二节　财政保障

党的十七届五中全会关于制定国民经济和社会发展第十二个五年规划建议的说明中强调指出：文化建设是现代化建设事业的重要组成部分，国家发展、民族振兴，不仅需要强大的经济力量，更需要强大的文化力量。近年来，我国积极发展文化事业，加大政府对文化事业的投入，逐步形成了覆盖全社会的比较完备的公共文化服务体系，而公共文化服务体系的建设需要多种因素的共同作用，特别是巨大的资金投入、合理的投入结构、理想的投入绩效以及政策环境的强力支持，有效的财政投入机制的建立是公共文化服务体系建设的必要保证。近年来，随着各级政府对民族地区公共文化服务建设提供力度的不断加大，民族地区的文化事业得到了较大发展。但是，与社会主义文化大发展大繁荣的要求相比，与人们日益增长的精神文化需要相比，政府在民族地区的公共文化服务体系建设方面尚有较大差距，构建全面覆盖的民族地区公共文化服务体系已成为当务之急，在此过程中，财政部门要明确责任，积极探索建立切合实际的经费保障机制。同时，民族地区一直以来以社会经济体制落后、人口素质偏低、市场经济体制建设进程缓慢、信息不畅通、观念较落后等为特征，形成了特有的低水平发展路径，要更好地实施公共文化服务建设，不仅需要有好的制度保障机制，也应找到一种适合且促进民族地区发展的机制。另外，由于民族地区的经济发展水平所限，必须借助于政府的帮助与推动，而公共财政是政府履行公共文化服务的职责、实现公共文化服务职能创新的一个物质基础，其中财政政策是最直接有效的助推方式，民族地区的公共文化服务建设的顺利实现，财政政策的有效践行是必不可少的。在这一过程中，财政部门如何履行职责，

① 卢华东：《政府构建农村公共文化服务体系的原则与任务》，载《社科纵横》2009 年第 7 期。

② 张冬梅，陈颖：《少数民族经济发展中的财政政策》，中央民族大学出版社，2006 年。

完善政策措施，增加投入，确保民族地区公共文化建设的资金需求，提高财政资金的使用效果将是一个新的任务。

一、财政政策在发展民族地区公共文化服务中的必要性

（一）良好的财政政策能够有效地保证公共文化服务建设的需要

财政政策是政府履行公共文化服务建设的职责，它是国家政权在民族地区得以实现的重要物质保障，政府作为建立在一定经济基础之上的上层建筑，其能力水平不可置疑地要以一定的经济基础作为其履行职能的前提，同时还会受我们的财政状况和运行机制的影响和制约，民族地区的政府公共文化服务建设的各项内容都在一定程度上受财政支出和运行状况的影响，财政政策作为政府最重要的经济行为，在政府公共文化服务建设过程中发挥着不可替代的作用。因此，加大政府对公共文化设施、文化产品和服务的投入，满足公众的基本文化需求，是我国构建服务型政府的重要内容。

（二）合理的财政政策能够有效调节公共文化服务建设中的资源配置

公共文化服务作为一种公共文化产品，具有一定的非竞争性和非排他性以及很强的外部收益性，其供应常常存在市场失灵。在当前的市场经济条件下，必须要求国家的宏观调控与市场机制相协调，因为市场自身具有盲目性和滞后性，在很多方面无法发挥其调节的作用，在这种情况下就必须要有政府的宏观调控来互补，从而达到资源的优化配置。宏观调控包括很多种方式，有行政手段，有法律手段，而其中最重要的则是我们的财政政策，换句话说就是财政是政府实施宏观调控的重要手段。同样在民族地区，财政政策能够有效地调节资源配置，保证公共文化产品的有效供给。

（三）稳定的财政投入是有效促进民族地区公共文化建设的需要

一直以来，我国都十分重视社会主义精神文明建设，始终坚持物质文明和精神文明建设两手抓，两手都要硬的方针，使全体人民共享社会主义文化建设的成果。财政政策的有效践行可以促进民族地区科教文卫事业的全面发展，近些年来国家在民族地区的资金投入上正在逐年提高，例如教育经费、文化卫生经费等等，同时，还加大了专项资金的投资力度来支持民族地区的科教文卫事业的发展，使得民族地区的每个孩子都能够确保有学上、上好学，从根本上解决民族地区科教文卫事业方面的后顾之忧，从最根本上促进民族地区的科教文卫事业向更加良好和协调的方面发展，所以，政府通过财政政策资助公共文化服务发展是非常必要的。

二、我国在发展民族地区公共文化服务体系中财政政策现状

（一）财政投入总量不足

目前，我国在公共文化服务的建设资金投入方面主要依靠政府投入。在民族地区，政府财政对文化事业方面的投入明显不足，而由于民族地区的经济发展长期处于比较滞后的状态，导致民族地区自身的财政收入难以有效地应对自身的各种相关支出，作为政府部门，既要把这些资金拿来发展经济，又要拿来投入到文化事业中，资金的不充足表现得很明显。这就导致相关的基础设施发展的后劲不足，从而使文化事业难以得到良好的发展。① 民族地区公共文化服务的财政支持表现为非均衡的低度投入，民族地区文化服务事业方面存在的非均等化，是由于国家财政对民族地区的文化服务投入水平的低度化和非均衡化，国家财政对民族地区的文化事业的投入总量偏少，并没有随着国家或地区财政状况的好转而加大对民族地区的文化事业的投入。从文化部门的统计数据来看，全国文化事业费占国家财政总支出的比重比较低，在民族地区整个文化事业缺少国家有效的财政资金保障。虽然我国在不同的时期对民族地区的公共文化事业投入都有明确的政策，但从实际情况来看，这些政策并没有得到有效的执行，更确切地说有些政策可能只是停留在提出阶段而未真正地去践行。除了以上的纵向比较之外，横向比较则会发现与教育、卫生、科技事业费等相比，文化事业费占全国财政支出的比重也较低。这种文教科卫之间的投入严重不平衡，会造成文化服务落后于教育、科技等事业的发展。

（二）财政投入主体单一

由于国家当前的资金投入大部分都是由政府单一主体提供的，而企业和一些第三方组织却很少进入这一服务部门之中。从某个方面来说，光靠政府的单方面专项投资是有限的，这些政府投入的资金既要供养文化馆工作人员也要定期地对设备进行更新和维修保养，这些都是需要财政资金来支持。但政府可能更愿意投入资金去发展其他的公益性部门。投入的不足，从一定程度上阻碍了我国民族地区文化事业发展。

（三）财政投入结构欠佳

从我国的整个经济发展的区域划分来看，呈现的是一种东部长三角、珠三角等地区较发达，而中部和中国的边远以及民族地区相对较落后，地区与地区之间贫富悬殊的差距还很大，而民族地区大部分都是聚集在我们国家比较偏远的地区，经济

① 张建欣：《促进我国公共文化服务体系发展的财政政策研究》，载《当代经济》2010 年 8 月（上）。

发展与东部发达地区相比，情况就更是严重。① 近些年，国家对公共文化事业的重视十分的凸显，常常会给予相应的很多资金投入，而东部发达地区由于自身原有的经济发达优势，国家的资金更多的注入只会使他们的经济文化事业更加的繁荣，在民族地区，虽然近些年国家也给予了很多的资金投入，但是由于民族地区本身诸多因素的关系导致民族地区长期处于比较落后的状态，即使有国家的资金投入其中，他们的发展仍然还是很难跟上发达地区的快步节奏。② 相对而言，国家对民族地区的资金注入其实还是十分不足的，那么经济文化的发展将会是很缓慢的。而从另一个角度来看，民族地区的城市跟农村相比，农村地区的发展更是十分的落后，因为社会发展水平的高低直接受经济发展水平的影响。尽管近年来中央政府对民族地区的农村文化投入有所增加，但是无论从哪个方面来看，都远远低于财政对相关城市的文化投入力度。

（四）财政资金管理机制缺失

国家对于有关资金的投入与发放，一般采取的都是自上而下的直接拨款的方式，如像这种对某个地区的某项事业的投入一般的金额还是比较大的，但是他通常是一层一层的到达下面接收的单位，在整个下拨的过程中，可能会经历很多的相关部门，每一个部门都有自己的利益诉求，一项资金的拨款可能最长要一年的时间，它不是因为中央没批示和发放，而是由于在下拨的过程中别的部门会从自己的权力威慑力之下抽取一些，这就使得项目资金在不同政府层级之间的流程过长以及存在部门权力利益化等问题，不仅使得原有的国家拨款额大大缩水，同时还使资金下发的速度和效率十分低下。显而易见，这种转移支付在民族地区的相关资金投入中缺乏科学的标准、规范的程序，使得民族地区的公共文化服务建设过程中财政资金管理机制存在严重的缺失。

三、完善民族地区公共文化服务建设财政保障的相关对策

（一）加大资金投入力度

政府要根据民族地区的实际情况，有针对性地在不同的地区投入充足的公共文化事业发展的资金，在民族地区主动积极地兴建图书馆、文化馆、文化站、电影放映工程、农家书屋工程等等。③ 为广大群众提供更多的公共文化服务的基础设施，并且可以将各种展览性的知识深入到民族地区，为民族地区的人们送去知识，让他

① 马海涛、龙军：《公共文化服务体系建设与财税政策支持》，载《铜陵学院学报》2007 年第 6 期。
② 陈冬发：《公共文化服务体系建设中公共财政投入机制研究》，上海交通大学硕士论文，2008 年。
③ 张建欣：《促进我国公共文化服务体系发展的财政政策研究》，载《当代经济》2010 年 8 月（上）。

们接受到良好的知识熏陶，同时可以通过开展人民群众乐于参与其中且便于参与的文化活动，丰富他们的业余文化生活，提高他们的生活乐趣。另外，还要通过实施对口支援等多种帮扶方式，加大对民族地区专项资金投入力度，专项用于扶持民族地区改善生产、生活条件，促进民族地区快速发展，通过不断加大对民族地区专项资金的投入力度，坚持对民族地区给予倾斜支持，有效缓解了民族地区财政困难，促进了民族地区经济社会的全面发展。① 从而在最大限度上改善民族地区的村容村貌和群众的生产生活条件，为民族地区加快脱贫致富、加强民族团结奠定坚实基础。

（二）保障公共文化供给均等化

建立公共文化服务财政保障机制其实是一项长期性的系统工程，政策性之强，涉及面之广、任务之艰巨。从前面的分析我们也看到，民族地区的相关基础设施还相当的落后，经济文化的发展十分滞后，要想使其得到更好的发展，可能还需要国家资金的大力支持，使民族地区各项事业的发展能够有坚实的财政保障基础，让民族地区的经济文化和社会各个方面都能得到更好的发展，如果资金和相关设备供应不足的话，那么公共文化活动就难以有效地得以开展，因此，必须要加强公共财政对公共文化事业方面的投入。② 增强各级政府对公益性文化事业财政投入的责任意识，按照有关文化事业发展的财政扶持政策，加大对公益性文化的支持力度，确保中央和地方财政每年对文化建设投入的增幅不低于同级财政经常性收入的增幅，并明确各级政府的责任，切实解决文化事业费总量偏少、比例偏低的情况。当然，当资金投入到民族地区时，民族地区的人们也应该将需要分配和配置资金的相关企业或者单位的各项资金进行详细的分块，使每一项资金的使用都能够得到合理的利用，同时，应该使人们在一些基本的公共文化服务方面的权力得到最基本的保障，例如，民族地区的图书馆建设、广播建设等最基本的设施应该得到基本的满足，因为只有这些最基本的文化设施建好了，人们才更愿意去投入到其他文化活动的建设。首先作为民族地区的政府部门要认真地去落实每年财政收入的一定比例来给予补充文化事业的相关建设。其次，作为政府部门还应该积极的去争取上级财政部门的资金补助和扶持，以使得这些资金能够更好地来对相关的文化站或者是广播站之类的文化设施进行建设。最后还应该要结合自身的特色主动开发新项目，从而使自己能够获得有关发达地区或者中央财政的拨款和奖励，给自身发展提供充足的后劲资金。③

---

① 何继良：《关于构建公共文化服务体系，保障人民基本文化权益的若干问题思考》，载《毛泽东、邓小平理论研究》2007 年第 12 期。

② 马洪范、王瑞涵：《完善农村公共文化服务体系建设的财政研究》，载《中国财政》2010 年第 11 期。

③ 余益中：《广西公共文化服务体系建设理论》，广西民族出版社，2009 年。

（三）构建财政投资主体多元化

在民族地区不仅仅要依靠政府的资金投入，同时要努力地去构建投资主体的多元化，如积极的吸引一些私人来民族地区进行投资，因为民族地区的先天优势和地理区位优势，只要合理的开发和有效的合作，在民族地区将是有很大空间可挖。事实上，一项事业的成功不可能是一蹴而就的，也就是说，目前国家也是不可能立即就能提供充足的公共文化产品，完全满足民族地区社会发展在现阶段还是很困难，因此就需要民族地区要时刻坚持文化的正确方向，尽最大的努力去吸引更多的民间投资进入，构建良好的投资主体多元化，动员更多的社会资源来为民族地区的公共文化发展作出贡献，从一定程度上缓解了财政方面的压力同时又满足了当地人们的基本需要。另外，近些年来，非营利组织发展相当之迅速，是政府有效的“减压阀”和“稳定器”，它有着不可忽视的功能作用。非营利组织具有很大的活力，它往往与政府合作共同解决诸多的社会问题，因此这就要求民族地区在进行公共文化服务建设的过程中充分的调动非营利组织的力量。

（四）完善相关配套措施

我们国家经济发展的不平衡在当前十分严重，东部发达地区远远超过中西部地区，而经济的差距将会直接导致文化的差距大，这就要求我们的政府适度的去给予发达的地区投入一些资金，而对于民族地区则要继续加大对其公共文化服务建设的资金投入，保证民族地区的人们文化发展的最基本需要，同时还要对其原有的文化基础设施进行定期的更新和维护，另外，可以充分合理的利用国家投入的资金，结合民族地区的实际以及社会发展的速度主动开发一些有益的文化活动，让人们能够更大程度上提高自身的精神文化生活，从而为整个民族地区的公共文化事业的建设起到很好的促进作用。① 完善各项措施，合理配置民族地区公共文化服务建设的财政投入，完善相关的配套措施对于民族地区公共文化服务建设的发展是很重要的，它需要民族地区的各有关部门周密的部署，统筹安排，确保各项财政政策落实到位。在资金安排和资源配置方面需要建立起良好的协调机制，有效整合文化资源，建立综合性的公共文化服务平台，加强公共文化设施网络整体规划建设，实现各部门各层级公共文化服务的资源整合与共建共享，提高公共财政资源的使用效益。另外在加大财政投入的同时，要积极引导公共文化服务机构不断深化劳动人事制度、内部收入分配制度改革，全面实行聘任制和岗位管理制度，建立健全竞争、激励约束机制，研究制定基本公共文化服务标准和财政保障标准。传统的文化事业管理是一种以“定性”为基础的模糊管理方式，新时期公共文化服务体系建设则要求确立

① 赵路：《构建公共文化服务财政保障机制，满足人民群众基本文化需求》，载《中国财政》2008 年第 21 期。

一种量化和科学的管理方式，如要研究确立现阶段公共文化服务供给的标准和保障范围，要研究把握当前区域经济水平差异、地区文化差异和城乡差异背景下公共文化服务产品的供给状况以及与规划目标之间的差距，要研究确立公共文化经费支出的范围、补助标准与实现途径等，最后加强公共文化服务绩效管理与评估，要抓紧研究制定公共文化服务体系绩效评价指标，逐步形成制度化、规范化、科学化的绩效管理与评估体系。公共文化服务的绩效评估，应以保障人民群众基本文化权利的实现为核心、以公共文化发展战略为导向，以落实公共部门提供公共文化产品和服务的职责为目标来设计评估模式和评估重点。评估体系应综合评价财政公共文化服务投入的数量、使用情况、是否符合公众需求、不同社会群体特别是弱势群众的文化权利是否得到重视和满足等。①

总的来说，充足的财力是公共文化产品有效供给的必要条件。首先必须加强公共财政对公共文化事业的投入。民族地区政府要本着“政府主导、量力而行、统筹规划”的原则，加大农村公益性文化阵地建设力度。一方面中央政府要在综合考虑民族地区税收能力、公共服务水平和全国平均公共服务水平等因素的基础上，进一步增加中央财政对民族地区的转移支付数额。尤其是在税收方面，应该给予民族地区更大的自主权和优惠幅度。民族地区基层地方政府不但要认真落实每年地方财政收入的一部分用于文化建设的政策，而且要积极争取上级对乡镇文化站标准化建设的资金补助，对实施文化站达标建设的乡镇给予资金扶持和奖励，还要尽量开拓出具有特色的项目，从而获得中央及地方上级政府的专项投资和扶持。另一方面各级政府在组织力量对本地农村文化现状进行全面摸底的基础上，制订加快农村文化建设的规划。每年安排一定数量的资金与各级地方财政配套使用，主要用于乡镇文化站硬件设施的建设和改扩建；参与文化演出和服务的艺术团体，可以通过开展赞助演出，商业演出等市场化的行为，开拓文化产业，增加创收能力，自力更生，以业养业，为公共文化事业的发展积聚资金②。二是加强民间社会资本对公共文化事业的投资。在民族地区政府资金相对不足的情况下，农村文化建设中可以引入民办公助、公办民营、城乡共建、村企共建、村校共建等多种方式，政府可以通过减免税收或给予信贷优惠等政策，鼓励企业参与进来；可以争取企业家捐助或者第三部门的协助，特别是祖籍是本地区的成功人士，鼓励他们回家乡无偿投资文化建设；大力倡导全民办文化，赞助文化设施，提高民众自主生产文化产品和组织文化活动的积极性与能力，从而实现公共文化产品的多元有效供给。三是推动当地文化产业化发展，形成“文化—经济”的良性循环推动式发展。文化产业化不仅有利于形成规模效应，降低公共文化产品生产成本，提高供给效率和多样性，而且有利于独具特

① 赵路：《构建公共文化服务财政保障机制，满足人民群众基本文化需求》，载《中国财政》2008 年第 21 期。

② 周晓丽：《农村公共文化服务：问题与对策分析》，载《理论月刊》2010 年第 5 期。

色的民族地区的文化旅游、演艺等产业的快速发展，逐渐形成新的经济增长点和支柱产业，从而形成“文化—经济”良性循环推动式发展。

第三节　人才保障

改革开放以来，我国公共文化服务建设事业取得了举世瞩目的成就，然而由于历史原因与现实原因、主客观条件的差异，出现了严重的地区文化发展的不平衡。造成这种状况的原因固然很多，但人才资源的短缺和开发利用低效率已成为影响和制约我国民族地区公共文化服务建设事业和社会发展最主要的瓶颈。因此必须加强民族地区公共文化服务队伍建设，着力提高公共文化从业人员的文化素质水平。

一、民族地区基层文化人才建设是公共文化服务建设的根本

（一）民族地区基层文化人才是保证公共文化服务体系实施的主体

人才的发展是关键，一个地区经济发展的最为根本的要素就是人才。在文化领域范围内如果没有专业人才，民族地区的任何服务工作都无法实施。近些年来我国的公共文化服务体系的发展在全国有声有色，回首中国过去的30年历程，从改革开放实行到中国特色社会主义的公共文化服务体系建设的践行；到2011年，“十二五”规划纲要提出“推动文化产业成为国民经济支柱性产业”，在中国加快转变经济发展方式、优化经济结构的过程中，文化产业被寄予厚望，这一切都离不开始终站在一线的文化专业方面的优秀人才，正是因为有这个主体的存在我们的公共文化服务体系才能在每个地区顺利的实施开来。①

（二）民族地区基层文化人才是衡量公共文化服务质量的关键

从民族地区本身情况来看，当地的教育水平、人们的文化素质普遍偏低，而基层文化人才是衡量公共文化服务质量的关键，同时服务质量的程度取决于人才的素养，这就要求加强人才的培养。例如民族地区的各级政府部门要加强对基层文化人才队伍的建设，并通过多渠道、多途径的培训学习，提高专业人员的工作能力和专业方面的水平，当然基层文化专业人员要加强自身学习的自觉性，积极参加相应的进修班，不断提高自己的专业文化水平，使我们的基层文化工作能够得到一个更高程度的提高，最终有利于促进民族地区的公共文化服务建设事业的健康可持续发

① 倪丽：《人才是完善公共文化服务体系关键》，载《科技咨询》（科技、管理）2011年第9期。

展。因此加强基层文化人才队伍建设，充分发挥其在建设公共文化服务体系中的作用，是繁荣发展社会主义先进文化、构建社会主义和谐社会的要求，是实现好、维护好、发展好人民群众基本文化权益的主要途径，对于促进人的全面发展、提高全民族的思想道德和科学文化素质、建设富强民主文明和谐的社会主义现代化国家，具有重大意义。[①]

二、民族地区基层公共文化服务的专业技术人员的现状分析

（一）专业人员年龄偏大

上世纪末，在民族地区，对于一些图书馆、文化馆或者乡村文化站来说，可能通过考试招收过一些相对比较专业的文化技术工作人员，他们自身可能经过多年的文化工作有着丰富的实践经验，但是多年以后，大部分人也都进入到了现在的中老年时期，而现在有些年轻人只要有那么一点在文化工作上有潜能可挖的人，他们大多更乐于去发达地区更好的平台上施展自己的才能和寻求更好的机会发展自己，而不愿留在家乡为自己家乡的文化事业贡献力量，导致有希望培养成潜力的能人全部流失到外面发达的城市之中。[②] 另一方面，某些有意愿来民族地区的或者愿意留在家乡的文化方面的人才很难有民族地区文化部门的正规编制，在一定程度上挫伤了他们大部分人的积极性，最后导致的结果就是民族地区的基层公共文化服务专业岗位上严重地缺少年轻工作者，呈现的景象就是专业人员年龄结构老龄化严重。其实大家都知道，一个地区如果总是一成不变，不去推陈出新的话，很难得到更好更长久的发展，文化的发展需要适时的注入新的血液最终影响民族地区的文化事业的长远发展。[③]

（二）专业人员文化程度低

文化程度偏低在文化事业里是一个很常见的问题，在中国很多地方都是这样，而这种普遍的现象在民族地区就更加明显。本身民族地区由于历史、社会等原因，经济和文化发展就相当的慢，教育发展本身也很落后，而那些稍微有些文化的人可能更愿意通过自己的努力去投身更有经济效益和前景的事业，而不会把时间放在文化事业上，文化事业单位大学毕业生比例很小，特别是文化站，有一大批文化工作者是从演员岗位下来的，普遍都是初中毕业生，有的甚至是小学生，虽然这些年都参加过大专、或本科的进一步进修学习，但是文化基础还是很薄弱。从某个层面来

---

① 李长春：《实现维护发展好人民群众基本文化权益》，载《党建》2007年第6期。

② 倪丽：《人才是完善公共文化服务体系关键》，载《科学咨询（科技、管理）》2011年第9期。

③ 张晗：《对民族地区人才市场建设的几点思考》，载《延边大学学报》（社会科学版）2011年第1期。

说这很明显就会导致公共文化服务专业人员的文化程度较低，从而不利于文化事业的长远发展。

（三）人员专业不对口

在早期，中专毕业或者高中毕业也许就能得到一份工作，在分配的过程中有可能会出现随机分配的现象，这就不免有些人会被分到文化站里面工作，其实他们中有很多人员对文化工作也许毫无兴趣，专业就更谈不上对口，因为文化事业单位是个铁饭碗，可能更有甚者是通过走后门进的文化部门，机会其实也是来之不易的，导致他们会产生一种得过且过的心理，他们更加在乎和追求的是安逸的生活。也许当他们逐渐老去退休时这些人会通过裙带关系也会安排自己的亲信进入自己的部门工作，可想而知他们中的人同样是专业不对口或者专业衔接不是很紧密，这种恶性的循环模式渐渐地发展，最后导致的结果就是文化站里面的人员专业对口的人越来越少，从某个层面上来说，根本不利于民族地区文化事业的长远发展。另外，由于21世纪是人才激烈竞争的时代，而就业压力的增大，导致就业形式十分的严峻，要想找份理想的工作可能会有很大的困难，这就难免会出现一些应届毕业生会去选择不是与自己专业对口的工作，他们会持着先就业再择业的态度进入一个与自己专业不对口的行业工作，这必然会造成民族地区的文化站工作人员的专业不对口，不利于整个民族地区的文化事业的健康发展，更加不利于整个民族地区的文化繁荣和经济的发展。

三、民族地区公共文化服务建设的人才保障对策

（一）国家宏观政策的引导和支持

政策环境是人才培养、吸引、使用各个环节中的硬性保障，人才制度是否先进，人才政策是否完善对人才吸引将产生重要影响。由于民族地区的经发展水平相对较低，观念较落后，人们在选择职业时往往倾向于工作和收入水平相对稳定的党政机关、事业单位，官本位思想严重，不愿意到文化事业相关的部门，这就要求政府应该切实的制定引进人才的长远发展战略，同时创造引进人才的良好环境，更好地去建立引进人才的长效机制，制定和完善引进人才的优惠政策，真正地对公共文化服务体系建设事业做好领导和带头作用。

（二）从具体需求入手，做好人才规划

人才规划和预测是人才资源开发的首要工作，每一个人才资源部门应从人才供需预测，以科学预测为基础，研究制定公共文化服务人才队伍长远建设规划。首先从民族地区的具体需求入手，做好公共服务建设方面的人才规划。例如在规模上，

要适应形势要求，根据公共文化发展战略科学规划实施大规模的人才资源开发，在层次上必须要确立与文化发展相适应的人才优势，在结构上要合理配置资源，优化人才结构，在效能上，既要提高人才的整体素质，又要发挥人才的潜在能量，从构筑人才高地的要求出发，全面提高人才的使用效益。

（三）从教育开始着手，培养高素质人才

近年来国内有关统计数据分析，均发现一个不争的事实，那就是民族地区人才资源总量和增长速度较之发达地区有拉大差距的趋势，从另一个方面反映了欠发达地区人才形成周期较长且呈现不稳定状态（部分地区有下降的现象）。

科教兴国是我国当前发展中国特色社会主义的一个重要战略方针，由此可见，教育应该是作为发展公共文化服务建设的第一步，可以通过实施教育，来培养一大批不同层次的公共服务方面的相关人才，例如可以对人们进行开展继续教育，提高人才的素质，坚持全面培训和重点开发相结合的原则，努力去做好对民族地区人才资源的深度开发。同时可以实施全面的培训，提高文化工作者的文化素质和相关的技能，尽最大努力满足当地公共文化发展的需要，另外可以实施重点培训，如以中青年的专业技术人才为重点，通过多样化的学习培训，造就一大批素质高、能力强、业务精的学术型人才，使之成为民族地区公共文化谋求长远发展的核心骨干力量。当然民族地区应该从自身实际情况出发，培养公共文化服务方面的人才，因地制宜的制定适合本地区文化发展情况的人才开发战略，作为政府部门应该要激励民族地区的人们努力地去践行公共文化服务建设的理念，同时在民族地区要倡导尊重人才尊重文化的口号来号召民族地区人们的积极性，从基本上改善我们的整个大环境。使民族地区的人才趋于更加的专业化、对口化方向发展，从而促进民族地区的公共文化服务建设得更加健康有序的良性发展。

（四）坚持“请进来”和“走出去”相结合，拓展人才综合素质①

任何一项事物的发展都不应该是处于一个封闭的环境中，而必须在一个相对比较开放的环境中才能使其潜能和潜力得到更好的发展，同样人才的发展更需要一个开放的空间环境，在民族地区对于诸如图书馆等公共文化事业相关项目的建设就应该贯彻内部培训和外部培训相结合的原则，积极的采取“请进来”和“走出去”的方式，除了应该在内部进行系统的学习和培训以外，还应该与有关高校联合办学、邀请专家教授授课、开办专业培训班，满足图书馆长远发展需要。② 例如，民族地区可以根据自身的要求将本地区图书馆里的基层人员通过选拔机制送到发达地区的有关高校进行学习，使他们的知识能够在学习过程中得到不断地更新，同时也

① 王岐山：《要坚持“请进来”与“走出去”相结合》，http：//new. xinhuanet. com，2013－03－09。

② 余益中：《广西公共文化服务体系建设理论》，广西民族出版社，2009 年。

能使他们不断地提高自身的知识素养和综合素质的提高。事实上，人才的引进和输出对于民族地区来说都是很重要的，作为民族地区不仅要思考如何吸引人才投身到公共图书馆事业中来，而且还要考虑人才的输出，积极的向外输送人才，与社会人才机构合作，建立合理的人才输出机制。只有积极的贯彻这种请进来和走出去的方针，民族地区公共文化服务建设事业才能得到更好的人才资源保障。

（五）建立以公开、竞争、择优为导向的选拔任用机制

近些年来，各行各业开始提倡“业绩文化”。业绩文化是从西方引进的一种文化理念，实际上是一种竞争的哲学，因为在竞争环境中，业绩是至关重要的，只有业绩，才能把你与其他竞争者区别开来，在业绩文化的推动下，西方的人才资源管理发生了一系列革命性的变化，主要表现在从学历取向走向业绩取向。① 我们在人才的管理文化上，必须克服过去那种把学历与人才画等号的观念，提倡业绩文化，并建立一套科学、客观、公正的业绩考核评价体系。② 在业绩评价的方法上，要从向后看考核转到向前看考核；从一次性看考核转到过程性看考核；从对策单一式考核转到对策丰富式考核。真正用业绩文化理念指导我们的人才管理。市场的配置具有自发性，它在人才资源配置中的基础性作用是不可忽视的，民族地区应该要相应的加强文化事业方面人才市场的软件建设和硬件建设，它包括人才市场的场地、信息库、信息网络建设等，努力地去建立健全科学的人才评价机制。要建立以公开、竞争、择优为导向，有利于优秀人才脱颖而出，充分施展才能的选拔任用机制③；要进一步发挥市场在人才资源配置中的基础性作用，建立完善人才服务体系，形成促进人才合理流动的机制；要建立健全与社会主义市场经济体制相适应、鼓励人才创新创造的分配制度和激励制度。健全国有企业人才激励机制，重点向创新创业人才倾斜。完善各类人才薪酬制度，加强对收入分配制度的宏观管理，逐步建立秩序规范、激发活力、注重公平，监督有力的工资制度。坚持精神激励和物质奖励相结合，改革和完善人才福利制度，建立健全人才保障机制，有利于民族地区实施人才资源战略的文化保障。④

（六）争取发达地区支持，促进本地区人才资源开发

对于民族地区的公共文化服务建设，除了民族地区自己的支持以外，国家和经济发达地区也应该给予一定程度的帮助和支持，如：国家可以尽自己最大的能力给

---

① 陈春：《海峡两岸经济区人才需求分析及对策研究》，福建农业大学硕士论文，2006 年。

② 李志江：《人才资源的经济学分析：中国欠发达地区人才资源开发与利用实证分析》，中国人民大学出版社，2007 年。

③ yuguantoul：《建立以公开平等竞争择优为导向，有利于人才脱颖而出》，http：//forum. home. hews. cn，2012 - 10 - 23.

④ 倪丽：《人才是完善公共文化服务体系关键》，载《科学咨询》（科学、管理），2011 年第 9 期。

予相应充足的拨款以帮助民族地区的公共文化事业的发展，一些文化事业发展比较好的地区可以及时的给予民族地区相关有益的经验以及启示，最大限度上帮助和支持民族地区公共文化服务建设，并有计划地为民族地区培养更多的优秀人才；中东部经济较发达的地区可以直接向民族地区适时的输送优秀的且擅长进行开发和发展公共文化方面的精英人才，能够更好的向民族地区注入新鲜的活力，从而推动民族地区整个经济和文化方面的全面发展。

最后，在民族地区，公共文化服务建设必须要建立健全公共文化服务监管监督机制。加强对民族地区公共文化服务的监管，保证公共文化产品充分发挥正外部性，是实现公共文化产品有效供给的内在要求。在监管方面，不仅要注重财务监管，也要注重供给过程监管，不仅对市场、非营利组织的供给效率和质量进行监管，也要对政府内部进行监管，从而形成完善的监管体系。

一是增强中央政府对地方政府、上级政府对基层政府、公民对政府的监管。在实际的资金运作过程中，中央提供给民族地区公共文化服务的专项资金往往存在一定程度上的流失问题，一些部门和单位对中央财政资金进行层层滞压、截留、挪用，或者搞重复申请、“多款一用”，更甚者挪用公款，谋取私利，最后真正用到基层公共文化服务建设的资金相当有限。所以，一方面，中央政府或者上级政府急需加强对地方公共支出的规范与督察，核实中央财政与地方财政的结算及其他涉及中央财政的重大事项。在供给监督方面，要加强对财政收支运行全局、业务主体和控制机制、体制性流动及体制外转移支付执行的监督；要实行公共文化预算公开，使预算的形成、拨付、分配、执行、审计、验收可监督、可问责；要积极探索改进和完善财政监督工作方式的途径，从集中性大检查方式过渡到日常监督检查与专项监督检查相结合，从事后检查逐步过渡到事前、事中、事后检查相结合，使财政监督的方式方法更趋科学、合理、规范，进一步提升财政监督工作层次，增强财政监督工作的效能。另一方面，逐渐实现制度化的财务公开制，保证纳税人知情权，实现公众监督，并开通“公共服务建言热线”，及时倾听公众反馈。

二是监督市场和第三部门。市场在公共文化产品供给中，由于其总是追逐效益最大化往往规避巧用，容易偏离公共性目标，这就需要政府给予其必要的规制，保证市场所提供的文化产品符合公共利益，实现公平共享。在民族地区首先政府要完善法律法规，从法律上明确界定市场在政府特许经营、项目招标等不同介入方式中的责任，以及违法承担的后果。其次建立市场型文化产品信息平台，及时公布各企业的产品信息与消费者评价结果，最大限度避免公众与市场之间的信息不对称导致的弊端。对非营利组织在公共产品供给中的监督主要集中在对善款使用的公益性上。因此，要充分发挥社会影响力大的媒体的监督作用，对第三部门形成无形的制约；要提高公众尤其是捐款者的监督意识和监督能力，推动第三部门的财务公开；要引入第三方评估专门对非营利组织的绩效做出公正评价并指导优化。

第五章　民族地区公共文化服务绩效评价机制

绩效评价是公共文化服务体系建设的一个重要环节。有效的绩效评估有助于甄别公共文化服务的现实绩效误差，从而实现绩效改进和公共文化服务体系的再优化。植根于民族地区特殊的文化土壤，民族地区的公共文化服务绩效评价机制需彰显民族地区公共文化的特色，揭示民族地区公共文化服务建设中的问题，体现民族地区公共文化的发展趋势。本章聚焦于民族地区公共文化服务绩效评价机制的构建，在吸收和借鉴国内先进经验的基础上，从公共文化服务绩效评价原则、指标、操作方法、反馈与效力等层面对民族地区的公共文化服务绩效评价体系进行了初步的探索与建构。

第一节　发达国家和地区公共文化服务绩效评价实践及借鉴

公共文化服务具有典型的“公共物品”的特性，公共物品的生产理论源于西方发达国家，经过多年的发展与积累逐渐成熟。国外公共文化服务绩效评价的做法，对建设有中国特色的评价体系具有借鉴意义。

一、发达国家和地区公共文化服务绩效评价实践

（一）英国公共文化服务绩效评价实践

在早期，英国对公共文化服务绩效的考核主要关注公共文化服务的投入规模、投入和使用的程序是否严格和规范等。但是，这容易造成公共文化服务的供给追求“合规”而变得僵化。20 世纪 80 年代以后，英国政府将企业管理的经验引入政府管理，形成了“全新的公共责任机制”，其核心是“公共责任的实现程度与效果，是效率、效果和效益的综合”，绩效评估的重点逐步由“投入与过程控制”向“产

出与效果”转变。公共文化服务重点的转变并没有使公共文化服务本质改变，其仍需建立在法律的许可之下。首先，政府绩效评估是建立在法律基础上的。英国1983年的《国家审计法》从法律角度表述了绩效审计；1997年颁布的新《地方政府法》中进一步规定，地方政府必须实行最佳绩效评估制度，各部门每年都要进行绩效评估工作。早在1850年，英国就通过《公共图书馆法案》（ThePublicLibraries Act），许可各地筹建公共图书馆，向居民免费开放；1964年又通过《公共图书馆和博物馆法案》（PublicLibraries andMuseums Act）；1999年，在《地方政府最佳服务效果法案》（The Best Value provision of the Local Government Act）中，也对地方政府提出了文化绩效方面的具体指标和要求。在法律的整体框架下，英国实行了和其经济、文化等配套的公共文化服务绩效评价机制。①

英国政府实行的是中央“统领全国文化行政管理”，中间“非政府公共文化机构”和基层“英格兰的10个地方艺术理事会和苏格兰、威尔士、北爱尔兰艺术委员会”三级文化管理架构。三个级别相对独立，资金逐级分配。英国专门针对公共服务的绩效评估框架是1997年大选后，作为1998年政府综合支出评估（Comprehensive SpendingReview，CSR）的一部分引入的，在这里，第一次引入公共服务协议（Public Services Agreements，PSA），对政府公共支出全面设置可测度目标。一段时间，中央政府对地方政府的绩效考核主要由两部分组成：“最优价值绩效指标”（Best Value Performance Indicator，BVPI）体系和“全面绩效评估”（Comprehensive Performance Assessment，CPA）体系，这两个体系都有对公共文化活动的评价指标。②

（二）美国公共文化服务绩效评价的实践

与英国相类似，美国国会1993年7月通过了《政府绩效和结果法案》（简称GPRA），以法律形式要求所有的联邦机构使用和发展绩效评估技术并向公民报告绩效状况。另外，公共文化服务的绩效评估也是建立在法律基础上的。美国政府在行政体制上，没有设立统管全国文化事业的部门，主要设立三个政府代理机构：美国国家艺术基金会，美国国家人文基金会，国家博物馆图书馆学会。中央政府鼓励各级政府和社会对文化进行投资，但是政府不会直接对文化机构拨款，而是通过社会中介来对文化实施赞助。在绩效评估过程中，评估程序是机构自身或与议会合作、依靠专家学者力量设计的不定选择。政府一般根据情况设立四个不同层次的绩效目标：绩效底线（Baseline），即维持过去绩效水平；预期（Expectation）目标，是基于当前情况设立的较高目标；牵引（Stretch）目标，是对机构有挑战且需付出努力

① 张波：《主要西方国家公共文化服务发展之比较》，载《沈阳师范大学学报》（哲学社会科学版），2008年第6期。

② 焦德武：《公共文化服务体系的绩效评价》，载《安徽农业大学学报》（哲社版）2011年第1期。

才能实现的目标；最高层是基准（Bench - mark），是一定区域内最佳水平、标杆。美国政府与地方政府绩效评估的具体方案是白宫办公室推行的“管理执行评分卡”，运用交通信号灯形式，对人力资本、资源的竞争性配置、财务绩效、电子政府、预算与绩效考核等进行评估（红色为不满意，黄色为引起重视，绿色为成功）。①

（三）日本公共文化服务绩效评价实践

日本公共文化服务绩效评价体系一般分为政府审计、民间审计和内部审计，主要涉及以下几个部门：审计部门、文化事务或基金管理部门、具体文化运营机构、民间审计机构等。在政府审计中，审计部门处于重要位置，负责对文化管理部门及其下属的文化机构进行财务和工作绩效评估，审计部门高度独立，直接向立法机关负责。文化管理部门一方面接受立法机关和审计部门的质询和审计，另一方面也负有对下级文化事务机构进行管理、评估的责任。为保证审计的公正，民间审计力量（会计师事务所等）也介入审计流程。绩效审计的结果直接关系到对文化机构的业绩评价、文化机构负责人的工作评估、财政拨款、文化政策的调整等等，得到了各级立法机关、审计部门、文化部门的重视和配合，一个从中央到地方，覆盖全面的文化服务绩效评估体系也得以形成。一个健全公正的评估体系的建立可以作为提升各文化服务部门服务水平与公共资源有效分配的依据。②

日本在公共文化绩效评估方面设定了一系列的指标，贯穿了从活动实施到目标达成的整个过程，主要涉及四个方面：（1）投入指标，系指行政活动（事业、施政、政策）所需的投入量，包括设备费用、人事费用及补助费等；（2）产出指标；（3）成效指标，指该业务为众人及社会带来的效果、影响及效用；（4）影响指标，指以社会公认的价值规范为标准，对公共文化业务或计划在实施一定期间后的效果及影响进行评估。③

（四）香港公共文化服务绩效评价实践

香港的文化主管部门是香港康文署（康乐及文化事务署），其辖下的文化机构有博物馆、公共图书馆、文化表演场地等。香港艺术发展局则是由政府指定全方位发展香港艺术的唯一法定机构，负责向民间文化艺术提供政府资助。其对全港文化艺术服务的评估主要采取的手段包括：

1. 在项目审批与执行过程中加强监管。香港的公共图书馆、博物馆、电台等每年要接受香港审计署的审计。以图书馆为例，在2010—2011年度的审计报告中，

---

① 王列生等：《国家公共文化服务体系论》，文化艺术出版社，2009年第246页。

② 张琳娜，朱孔来：《国内外公共文化服务研究现状评述及未来展望》，载《西安财经学院学报》2013年第3期。

③ 王列生等：《国家公共文化服务体系论》，文化艺术出版社，2009年第273 - 278页。

审计署对图书馆的服务的管理、馆藏的管理、服务改善等方面提出意见，这些意见非常之细致周全。包括图书采购数量、收费标准、捐赠图书管理、甚至具体到指出图书封面过胶存在的问题。

2. 发布年报。每年康文署和艺术发展局都会公布其年报。其中康文署在年报中披露其工作情况、获得的拨款、收费情况、公众意见等。艺术发展局的年报内容包括其年度发展概况、主导性计划、受资助团体和人士、财政报告。财政报告主要包括收支表、资产负债表、现金流动表等。审计师重点对其账目进行估计和判断。通过年报，上级部门和民众可以了解这些部门过去一年的工作情况、资金使用情况。此外，香港立法会也会对香港的公共文化服务机构发布报告，2006 年 10 月，立法会下属的信息及广播事业委员会发布了香港公共广播服务研究报告。

3. 定期或不定期进行公众调查。香港文化部门会委托社会调查机构，进行更为详细的文化统计或评估报告。香港中文大学于 2005 年 10 月进行的调查结果显示，72.2%的受访者对港台整体印象良好，接近七成受访者认同港台提供多元化节目。当年 3 月香港大学民意研究计划的调查也显示，超过五成受访者认为港台贯彻公营广播机构功能。此外，如《“公众对艺术态度”调查（2010）》，就是香港艺术发展局委托香港大学进行对香港居民文化观感进行的调查。①

（五）台湾公共文化服务绩效评价实践

台湾地方政府机关的绩效评核工作始于 1951 年公布实施的《行政院所属机关考成办法》，1969 年成立了“行政院研究发展考核委员会”，办理行政机关考核业务，运用管理与社会科学的方法，客观衡量各机关执行情况，以提高整体行政效能。面对近年竞争日益激烈的国际情势以及岛内社会民众与企业界人士对于提升政府效率的要求，台湾“行政院”参考美国《政府绩效与成果法案》的规划与设计，于 2001 年 5 月 17 日颁布《行政院所属各机关施政绩效评估要点》，标志着台湾当地政府公共事务管理正式进入绩效管理的行动阶段。

台湾于 2002 年 9 月制订了《行政院研考会推动“地方中程施政计划暨绩效评估作业”实施计划》，以协助地方政府建立中期施政计划暨绩效评估制度，提升政府整体施政绩效。其中绩效指标的设计以《地方永续发展指标》及《地方竞争力评比指标》作为绩效衡量参考指标，再由地方政府依实际业务性质调整规划。台湾的文化指数可能更接近绩效评估的意义。但统计框架距离指数仍有一定距离。所以还需要对文化统计的具体形式进行考查。在《地方永续发展指标》中，专门对文化和艺术进行了指标设计，如《台湾永续发展决策支持系统之建构》中所表述：台湾应致力维护多元文化与文化遗产，鼓励艺术创作与发扬地方特色，营造优质的艺文发展与休闲活动空间，以保障及提高民众参与健康休闲与文化艺术活动的机会与

① 窦亚南：《两岸三地公共文化服务绩效评估综述》，载《科技信息》2007 年第 11 期。

质量。

由台湾“行政院文建会”委托“台湾智库”提出《台湾文化指标》（Taiwan Culture Indicators）是对联合国教科文组织文化统计框架的本土化运用，并结合了经济和社会统计数据。该文化指标架构包括“创造力”（关于作品与创作的价值）、“文化积累”（文化精神资产的累积）、“可亲近性”（社会各阶层接触文化的机会）、“多元共存”（不同文化的尊重和包容，尤其是弱势文化以及生态多样性）四大核心价值及“经济效益”与“培力效益”两项指针，每项核心价值下设有若干指标。该指标体系通过从联合国教科文组织的文化统计项目中筛选出适合的指标，再加上台湾本土的特有指标之后形成，具有国际通用性高、便于操作的优点。①

（六）其他国家和地区公共文化服务绩效评价实践

加拿大、澳大利亚、新西兰等国在文化绩效评估方面也较为健全。其中加拿大与美国的文化体制相近，其主要的文化管理机构是加拿大遗产部（Department of Canadian Heritage）。以公共广播为例，加拿大广播公司向联邦政府、国会及公众负责，并通过加拿大文物部部长向国会提交公司计划和年报。下议院的加拿大传统常设委员会可以传召加拿大广播公司的人员，就该公司的营运及使用公共资源的情况作证。同时加拿大广播公司按照其所领牌照的规定，向加拿大视讯管理局提交年报，说明其遵守广播牌照条件的情况。加拿大审计局局长最少每五年审查一次加拿大广播公司的财务及管理制度。加拿大广播公司也通过其网址公开有关的资料，告知公众其政策和运营情况。澳大利亚传播、信息科技暨艺术部（The Department of Communications, Information Technology and the Arts）、新西兰文化与遗产部（Ministry for Culture &Heritage）也以发布年报方式公布其业绩、资金利用情况，并对其公民的文化参与、文化公平等进行调查。②

二、发达国家和地区公共文化服务绩效评估的借鉴

20 世纪 80 年代以来，西方公共文化制度发生了重要转型，公共文化所有权和经营权相分离，呈现出多元化的倾向，在公共文化的国家治理中引入市场机制。西方国家将企业经营中重视成本、绩效管理、服务质量、顾客满意等策略注入政府运营中，其公共文化服务的绩效评价体系对我国有以下几点启示意义。

---

① 窦亚南：《两岸三地公共文化服务绩效评估综述》，载《科技信息》2007 年第 11 期。

② 张波：《主要西方国家公共文化服务发展之比较》，载《沈阳师范大学学报》（社科版）2008 年第 6 期。

（一）重视公共文化服务评估的立法保障

从国外经验来看，公共文化服务绩效评估并不难完成，关键是有没有制度要求与体制保证。从法理上看，政府提供的公共文化服务是宪法赋予公民的权利。评价公共文化服务的绩效自然成为文化权利的“衍生权利”。公共文化服务绩效评估具有宪法背景与依据。中国行政管理学会课题组总结了目前国内各地政府推行的绩效评估模式，其中有一些成功的经验，已经试行的方法包括：（1）与目标管理责任制相结合的绩效评估；（2）以改善政府及行业服务质量，提高公民满意度为目的的政府绩效评估；（3）专业职能部门开展的政府绩效评估；（4）以效能监察为主要内容的绩效评估；（5）与政务督察相结合的绩效评估；（6）由“第三方”专业评估机构开展的政府绩效评估；（7）引入通用模型进行的绩效评估。而这些方法的推行都需要以法律和政策作为刚性规制与保障。从英、美、日等国的成功经验看，政府公共文化服务绩效评估有助于提高政府的服务水平和社会的满意度。《国家“十一五”时期文化发展规划纲要》要求“建立政府对公共文化事业投入的绩效考评机制”，因此，公共文化服务的绩效考评已经具有法律依据，只待补充具体的规章制度与细则。①

（二）公共文化服务绩效评估主体的多元化

国外的成功经验显示：公共文化服务体系是一个复杂的运作体系，不能仅依靠政府单一治理主体的力量，政府应发挥“元治理”的角色，推动社会多元力量参与公共文化服务，形成政府主导、文化事业单位、企业、非政府组织、社区及农村居民等多元主体共同参与、协商与对话的“交互理性”的治理格局。而公民参与，意味着要对公民的作用重新定位。现代社会，公民不仅仅是传统意义的“投票人”、“托管人”，也不只是单纯的消费者，而是服务质量的评估者，作为公共服务的接受者有权利和责任对此进行评估。他们积极参与公众事务，利用自己丰富的“地方知识”识别和架构共同关注的问题，提供建议，使政府机构得以把公民的偏好和价值观融入其行动规划中。故在多元主体参与政府绩效评估过程中，公民等各社会主体与政府应是平等的伙伴关系。

（三）以顾客满意度为绩效考量标尺

公共文化服务目的是满足广大公众日益增长的文化生活需求，保障公众的文化权利。因此，我国公共文化服务绩效评估必须关注公众对于公共文化生活的满意度。公共文化产品与服务的供给，是否切实满足了公众的实际需要，公共文化政策的制定与实施是否真正体现了公民的文化权益，社会公众最有发言权。民意成为绩

① 张喜萍，陈坚良：《论公共文化服务的绩效评估》，载《湖南商学院学报》2013 年第 2 期。

效考核的重要组成部分，也是绩效考核最精准的标尺。①

（四）坚持以人为本的价值取向

自西方公共管理理论诞生以来，公共部门绩效评估一般主要体现于顾客至上价值、公共责任价值、投入与产出价值等三个方面，强调的是增长、公平、民主、稳定、自由、进步。美国著名公共行政学家尼古拉斯·亨利认为，绩效评估就是对执行公共方案时产生的一系列数据定期进行收集与报告，这些数据包括输入、工作量、输出、效果（如灵敏度、顾客满意度、责任心）和生产率（即单位成本的输出）。在社会主义社会里，制度的设置要做到一切为了人，一切服务于人，一切有益于人的全面发展。马克思曾经指出：实现人的全面发展是社会主义的本质特征和全人类的重要目标，社会主义是“以每个人的全面自由的发展为基本原则的社会形式。”因此，公共文化服务绩效评估应当坚持以人为本的价值取向，就是要把不断满足人民日益增长的精神文化需求作为公共文化服务的出发点和落脚点，充分重视社会公众的满意度，要根据最广大人民的根本利益来考虑问题和制定政策，用人民拥护不拥护、赞成不赞成、高兴不高兴、答应不答应来衡量一切决策，在公共文化服务绩效评估过程中广泛深入发动人民群众，坚定不移依靠人民群众，真心诚意造福人民群众，赋予公民更多的知情权、表达权、监督权，以人民的需要和利益作为公共文化服务绩效评估的出发点、落脚点和最终检验标准。

（五）重视绩效激励

科学的激励需要奖励与惩罚并举。通过建立奖勤罚懒，奖优罚劣机制，把公共文化服务绩效评估提高到树立正确政绩观的高度，建立责任制，落实责任人。首先要转变理念。文化部门及工作人员应该正确地运用行政权力，更好地实践为人民服务的宗旨，重视产出和降低成本的驱动力，提高公共文化资源配置的质量和效益、增强人民群众的满意度和信任度，提升执行力和公信力。其次，要采取利益激励。公共文化服务绩效评估结果与文化服务部门的荣誉及工作人员的待遇等联系起来，对作出突出贡献的文化服务工作者或文化服务单位予以表彰奖励；对不履行或者未正确履行法定职责，以致影响行政秩序和行政效率的行为，进行责任追究，将公共文化服务绩效评估作为行政问责的重要依据，逐步形成“岗位靠竞争，收入凭奉献，升迁讲能力”的运行机制。这一机制的建立尤其能为做出努力的优秀工作人员提供物质和精神上的回报，从而激发他们不断提高工作效率。②

---

① 李少蕙：《转型期中国政府公共文化治理研究》，载《学术论坛》2013 年第 1 期。

② 李少惠，余君萍：《公共治理视野下我国农村公共文化服务绩效评估研究》，载《图书与情报》2009 年第 6 期。

第二节　民族地区公共文化服务评估的原则与内容

一、民族地区公共文化服务评估的原则导向

（一）以人为本原则

公共文化服务绩效评估必须坚持以人为本，注重人的全面发展。以人为本的理念是政府绩效改善的终极价值所在，政府存在的合理性是基于对个体无法实现的公共利益的实现和维护。目前，民族地区的公共文化需求处于增长趋势，传统的政府办文化、政府管文化、政府评文化模式导致公共文化供给与需求脱节，而公共文化服务绩效评估需要充分了解对文化需求，并以此为依据来设计评估指标。因此，民族地区公共文化服务绩效评估的目标是以最大限度地满足公众文化需求为旨归的。

（二）绩效激励原则

民族地区公共文化绩效评估指标需要对文化支出具有激励性，原有的支出方式是在固定预算模式下，公共文化服务产品提供得越多，文化单位预算结余越少；预算与人员编制挂钩，导致人浮于事、效率低下。为体现激励性，需要方案设计将一部分拨款预算与绩效挂钩在民族地区公共文化服务绩效评估指标体系中，每一个单项指标的选取都应考虑到其在整个指标体系中的地位和作用，以确定某一特定研究对象的权重。激励性不仅需要体现在文化经费支出方面，还需要体现在以下几个方面：一是对民族地区文化精英从事公共文化事业的激励；二是对民族地区各种优秀的民间文化保护、开发、发扬和研究活动的激励；三是对民族地区自办文化团体开展农民喜闻乐见的文化活动的激励；四是对民族地区公众参与先进或优秀的文化形式的激励。

（三）目的性原则

在公共文化服务评估指标体系中，在决定每一个单项指标时，都应考虑这个指标在整个指标体系中的地位和作用，依据它所反映的某一特定研究对象的特征，确定该指标的名称、含义和口径范围。就民族地区公共文化本身而言，有许多指标可供选择，究竟确定哪些指标用来科学地对所研究的公共文化建设加以评估和分析，则必须充分考虑民族地区公共化建设的持续性和有效性。

（四）绩效反馈原则

民族地区公共文化服务绩效评估有助于政府及其文化部门树立责任意识。责任意识关键在于政府要回应群众的文化需求并满足其需求。绩效反馈原则在民族地区公共文化绩效评估中的体现，要求文化部门把各种相关信息如部门职能、办事规程、政策法规、服务种类及服务质量等向农民群众公开，接受农民群众的监督并承担相应的责任。因而，评估机制在一定程度上推动了政务公开，提高了民族地区公共文化服务的透明度，使公众享有知情权和话语权，在此基础上可以逐步建立起公众监督机制和责任追究机制。①

二、民族地区公共文化评估的内容指标

民族地区公共文化服务体系绩效评估主要包括以下三个方面：一是文化对经济、社会发展的反作用所体现出来的总体指标；二是公共文化服务的有效供给指标；三是公共文化服务的保障指标。具体而言包括以下几方面的内容。

（一）总体指标

完善的公共文化服务体系可以为构建社会主义和谐社会提供有力的思想保证、强大的精神动力、牢固的精神纽带、坚实的智力支持，它将极大地促进经济、社会的持续、稳定、协调发展。这是政府公共文化服务体系强的外部性的结果，可以用以下指标来进行衡量。

1. 经济发展

GDP 增长率。良好的政府公共文化服务体系必然带来高速的 GDP 增长，这里以我国潜在 GDP 增长速度作为标准值。

劳动生产率。良好的政府公共文化服务体系有利于形成良好的企业文化，可以让劳动者万众一心、意气风发，极大地提高劳动生产率。这里以我国潜在的劳动生产率作为标准值。

2. 社会稳定

基尼系数。良好的公共文化服务体系有利于经济协调发展，有利于收入差距的缩小。该指标反映一国国民收入分配的均等化程度，国际上以 0.4 为基尼系数的警戒点，结合我国二元结构的特点，可以将该项指标评估标准值确定为 0.35。该指标

① 蒋建梅：《政府公共文化服务体系绩效评价研究》，载《上海行政学院学报》2008 年第 4 期。

是一个逆向指标。①

治安案件发案率。良好的政府公共文化服务体系有利于社会治安的稳定。该指标也可采用刑事案件发案率。不过，公共文化服务体对治安案件发案率影响更大，因而该指标的代表性更强。该指标的理想值为零，也是一个逆向指标。

3. 民主活力

万人专利数。该指标体现了社会文化的活力，反映了经济的长远发展，体现了政府公共文化服务体系的促进社会创新的目标。根据相关专家估计，万人专利率要求 $x \geqslant 6$。

高等教育入学率。高等学校是培养和储备高级专门技术人才的殿堂，是提高全社会整体素质的摇篮，是培养和造就良好人文气氛的动力。发达的高等教育是良好的政府公共文化服务体系的必然结果，目前我国已经进入了高等教育大众化阶段。结合我国实际可以设立 40% 为标准值。②

（二）供给指标

政府公共文化服务体系的供给是人们实实在在感觉得到的，是政府公共文化服务体系绩效实现的关键。它主要体现为公共文化设施和公共文化服务。

1. 公共文化设施

公共文化设施是公共文化活动的物质载体，是文化发展和文明进步的实物标志。随着经济的发展，我国政府普遍加大了对文化建设的投入，逐步兴建了群艺馆、文化馆、图书馆、博物馆、影剧院等大批公共文化设施，为组织开展群众文化活动，丰富活跃群众文化生活，创造了良好的条件。主要考虑以下指标。

绿化覆盖率。森林是地球的“肺”，是政府公共文化服务体系的最基础性设施。标准值为世界绿化覆盖率平均值。

公园。它是人民群众休闲娱乐的地方，由每 10 万人拥有的公园面积来衡量。参考值为 OECD 国家平均值。

影剧院、美术馆。由每 10 万人拥有的院、馆的数量来衡量。参考值为 OECD 国家平均值。

公共图书馆。图书馆是知识的宝库，在精神文明建设和现代化建设中有举足轻重的作用。可以采用国际图联人均 2 册的国际标准或者国际平均水平每 2 万人拥有一个公共图书馆来衡量。2006 年全国公共图书馆人均藏书量仅为 0.38 册。

文化馆（群艺馆）、文化站。文化馆和群众艺术馆是提高一个城市人文品味的

---

① 朱艳鑫，赵立波：《公共文化服务绩效评价：基于 DEA 的实证研究》，载《山东行政学院学报》2013 年第 1 期。

② 李景源，陈威：《中国公共文化服务发展报告》，社会科学文献出版社，2007 年第 231－235 页。

重要设施。由每 10 万人拥有的馆、站的数量来衡量。参考值为 OECD 国家平均值。①

博物馆。博物馆是人类认识自然和人类自身的重要窗口，由每 10 万人拥有的博物馆数量来衡量。参考值为 OECD 国家平均值。

宗教场所。民族地区群众大多具有宗教信仰，宗教场所是信众开展宗教仪式的聚集地。因此，宗教场所的分布密度以及可及性也是衡量民族地区公共文化服务建设的一项重要指标。

免费的电台、电视台、互联网的数量。参考值为 OECD 国家平均值。

2. 公共文化服务

公共文化设施是公共文化活动的工具，任何公共文化设施的建设，都应该是以充分而有效的使用为基本目的，这取决于政府公共文化服务质量的高低。公共文化服务单位要掌握运用现代管理手段，不断创新公共文化服务体制机制，提倡一馆（室）多用，一场多用，提高现有文化设施的利用率和贡献率；要努力增加活动内容，变换活动形式，增强活动的吸引力；要坚持公益原则，降低进入门槛，延长开放时间，扩大公共文化服务的覆盖率；要面向社会，面向大众，贴近社会，贴近群众，使公共文化活动场所真正成为广大人民群众的文化乐园。最大限度地发挥公共文化设施的作用，使公共文化资源能够被最广大的人民群众所充分使用和享有。具体考虑以下指标。

公共图书馆年内人均流通次数。标准值设置为 1 人/次。

博物馆年内人均参观次数。标准值设置为 1 人/次。

免费的电台、电视台平均日播出时间。标准值设置为 24 小时。

文化知识普及率。政府应该在全社会广泛、不间断开展人文社科、文艺欣赏、法制、科技卫生等

基础知识的普及工作，普及率达 100%。

平均受教育程度。教育是促进个体社会流动，分享较好的社会经济地位、精神文明的重要机制，受教育程度是政府公共文化服务目标有效实现的前提。我们以平均受教育程度来衡量教育现状，参考值为 OECD 国家平均值。

（三）保障指标

政府公共文化服务体系的保障是实现政府公共文化目标，甚至社会目标的前提，其需要资金、人才、技术等方面的保障；还需要有效的组织管理来保驾护航；更需要广大的社会参与来共同提高。

1. 资金、人才、技术等方面的保障

文化事业费投入。文化事业费财政拨款占财政收入的比重。当前我国对公共文

① 蒋建梅：《政府公共文化服务体系绩效评价研究》，载《上海行政学院学报》2008 年第 7 期。

化领域的财政投入过低，比较理想的应该为 GDP 的 5% 至 8%。结合我国实情取 5% 作为标准值。

农村文化事业费投入。由农村文化事业费占文化事业费投入的比重来衡量，增加农村文化事业费投入，促进公共文化资源配置合理化，提高公共文化资源配置效率。

人才。政府公共文化服务体系绩效高低取决于高素质合格人才的数量，我们用专业与技术人才的比例来衡量，标准值是我国制造业专业与技术人才的比例。

义务教育普及率。九年义务教育是国家实现公平教育的底线保障，标准值应该为 100%。

广播电视发射转播台（站）、互联网公共信息服务点、文化信息资源共享工程的覆盖率。覆盖率应该为 100%。

2. 组织管理

文化立法、文化发展战略和文化政策。只有存在完善的法律政策支持体系和监管体制，科学的文化发展战略和文化政策，才能保障公共文化服务体系的有效建立和可持续发展。

公民满意度。经济增长不一定能同步带来人们对生活满意程度的提高，只有完善、高效管理的政府公共文化服务体系才能让人们准确把握社会，知足常乐，感觉更幸福。

3. 社会参与

居民人均文化消费。居民人均文化消费反应了我国居民的文化需求的满足程度，完善的公共文化服务体系能有效地提高人均文化消费量。该指标的理想值为同等发展水平国家的平均值。①

居民公共文化活动参与率。公共文化服务的对象是人民群众，服务主体与服务对象的良性互动是衡量其发展水平的一个标准。可以由参与公共文化服务的居民人数和比率等指标综合而成。该指标的理想值为 100%。

社会机构公共文化活动参与率。提高政府公共文化服务体系的效率需要多方努力，共同发展。我们要创新机制，大力倡导社会力量办文化，鼓励社会资金兴办公益性文化事业，资助文化机构和文化活动，创办民间职业剧团。具体用社会办非营利文化机构数来衡量，该指标的理想值为同等发展水平国家的平均值。②

① 余君萍：《公共治理视野下我国农村公共文化服务绩效评估研究》，兰州大学学位论文，2010 年。

② 彭益民：《农村公共文化服务评价指标体系的探讨》，载《湖南行政学院学报》2013 年第 6 期。

第三节　民族地区公共文化绩效评估的运行与实施

一、民族地区公共文化绩效评估的主体

绩效评价主体是民族地区公共文化绩效评估的核心要素，同时也是推动民族地区公共文化绩效评估体系运转的轴心。由于受到历史与现实的双重影响，民族地区公共文化绩效评估主体多以上级评估下级的形式出现，缺乏社会组织和公众的有效参与。在这种体制中，上级文化服务部门根据自身需要确定评估标准，下级文化部根据上级需要予以迎合，公共文化绩效理性评价机制常常被扭曲，以致地方公共文化部门难以根据公众文化需求来安排公共文化活动，这就与服务型政府的公民本位理念产生了冲突。因此，新形势下民族地区公共文化绩效评估科学的主体安排应该凸显公众和社会组织在绩效评估中的分量，并寻找出公众参与绩效评估的路径。在开放性评估系统中，政府、公众、社会中介评估组织都是公共部门绩效评估的重要构成部分。在构建我国民族地区公共文化绩效评估主体系统过程中，这三大主体也是必不可少的。

（一）政府

在我国，由于受传统社会经济形态的影响，整个政府系统处于自我封闭的状态，致使政府在绩效评估过程中处于超然的权威地位，成为公共部门绩效评估唯一的主体构成。评估对象自身作为评估主体，这个问题是具有争议性的，作为一种传统的考核方式，单一的评估主体能力有限、且其本身具有“自利性”特征，易导致不科学的评估，使公共部门绩效评估流于形式。但是，政府作为评估主体，只要指标设计合理，其内部评估还是有一定优势的。由于政府了解内部运作机制，便于把握业绩，可以发挥简化评估程序、节约评估成本的作用，这就需要评估组织和专家共同努力，构建出能够具体量化的指标，用业绩指标的客观性来抵制内部评估过程中可能出现的主观性。为保证民族地区公共文化绩效多元评估主体的有序运作，政府在多元主体中有必要保留权威和主导地位，但其作为唯一的评估主体地位需要废止。

（二）社会公众

社会公众作为民族地区公共文化服务的对象，与民族地区公共文化服务的质量

有着息息相关的利益。犹根·哈贝马斯则认为："公众领域的一部分有各种对话构成，在这些对话中，作为私人的人们来到一起，形成了'公众'"。公众有权参与民族地区公共文化绩效评估，其参与程度也直接影响到公共文化服务供给质量。传统官僚制形态下的公共文化绩效评估主体建构中，由于受传统文化价值观念的影响和压力型体制的安排，公众在公共文化绩效评估过程中参与不足或被排除在评估体制之外，因而无法适应新形势下服务型政府"公众本位"理念的要求，这就促使我们重新思考作为公共文化提供者的政府，其绩效水平评估所要确立的价值取向和选择的主体类型。美国国家公共生产力中心主任马克·霍哲教授很重视公众作为绩效评估主体的作用，他指出，只有政策制定者和公众积极地参与到绩效评估过程，这样评估的多重目标才能实现。公众作为民族地区公共文化服务对象，一旦成为公共文化服务绩效评估主体，可以最直接地体现出评估的满意性特征，并运用这种"使用者介入"机制，把事实和价值取向融合起来，从而增加评估模式的社会相关性。

（三）社会中介评估组织

社会中介组织，指依法设立的运用专门的知识和技能，按照一定的业务规则或程序为委托人提供中介服务，并收取相应费用的组织，它不以利润最大化为经营目标，而是以服务为主的特殊经济组织。社会中介组织包括各种行业性、部门性评估机构、各类专家委员会、高校研究评估机构以及由专家学者、公民代表等组成的综合性委员会，同样作为外部评估主体，它发挥着不同于群众满意度评估的独特作用，例如反映社会诉求、捍卫公共文化利益、合理高效配置公共文化资源；从事评估、监督、协调等专业性服务活动，提高社会的自我管理能力，形成政府与社会之间的良性互动等。社会中介评价组织的特点是评价活动由与政府部门无隶属关系和利益关系的第三方主持和组织实施，评价的标准或内容也主要由主持方拟定。这一形式典型的可分为独立评价和委托评价两类，例如美国民间评价机构——锡拉丘兹大学坎贝尔研究所，该所每年对美国各州和市政府绩效进行评价，并发布评价报告，是独立的外部评价方式。社会中介评价更侧重社会监督和导向，有利于引导社会的公共治理，且相比较而言，第三方组织评价能够更加客观、公正地反映公共部门绩效情况。由社会中介组织参与的公共文化部门绩效评估，更有利于将评估由过程导向转为结果导向，从而使公共文化部门把目光从"上级"转向"公众"，提高服务效能。①

① 李宁：《农村公共文化服务绩效评估机制构建研究》，载《宁夏大学学报》（哲学社会科学版），2009年第6期。

二、民族地区公共文化服务评估的方法

（一）民族地区公共文化服务评估的模式选择

自开展政府绩效评估以来，政府绩效评估历经了三种模式，一是“政府主持——政府评价”模式，主要实行以GDP为核心的经济评价体系，都是在政府内部实现的；二是“政府主持——公众参与”模式，即在政府主持下，公众作为一般评价主体参与绩效评价活动，对政府活动进行评估和衡量。此模式推行于本世纪初，目前处于主导地位；三是“非政府机构主持——公众参与”模式，这是一种新的模式，它是由政府以外的组织和机构主持评价，由此可以看出，第三方评价制度开始运作，民众对政府活动的评价有了可能的、可行的路径。

将公众参与和技术理性加以有机结合的复合型政府绩效评估模型是一种优化选择。复合型政府绩效评估模型的核心是政府在绩效评估中合理引入公众和专家评估主体。我国政府重视的“公众参与、专家论证、政府决策”的决策体制结构实质上是公众、专家和政府之间相互合作与制约的机制。这一模型在构建过程中需要考虑以下要素：第一，注重公共文化软指标的硬约束，通过选择若干可量化的指标，从数量上描述反应公共文化服务的总体状况，并注重数量指标与质量指标相结合；第二，评价主体需设计公众、专家、政府三方并存的多元评价主体制度；第三，根据不同评价主体和评价对象而分别设计指标体系，结合各评价主体自身优势，对民族地区公共文化服务绩效实施对角度、全方位评估；第四，在评价方式上，避免缺乏数据支持和科学分析，尽量做到指标的量化处理，并坚持长期与短期的评估相结合；最后，重视公众、专家之间直接的沟通和信息交流，使专家理解公众的价值偏好，同时也使公众了解专家知识的关注点，这样一种机制有助于绩效评价的新政策的制订或修改。

（二）民族地区公共文化服务评估的模型选择

1. 权数的确定

权数的确定是综合评价的重要因素之一，如何科学而符合实际地确定权数确实颇费斟酌。一般而言，在很难明确各指标的重要性时，我们可以假设它们的重要性相当，尽量采取将同一级指标权重平均化的办法，以避免人为因素对各指标分值的影响，最终造成综合得分的偏差。一级指标可用德尔菲法（Delphi）来确定，其余指标都是经过反复筛选得到，其重要程度相当，权数主要采用平均赋权法。

2. 参考值的确定

参考值的确定，既要反映其动态的变化，又不能脱离我国的现实国情，这是最大的难度所在。一般而言，参考值的确定采取四种方式：一是根据国际上公认的标

准为参考值：二是根据国际上平均标准作为参考值；三是将上年该指标的实际值作为参考值：四是将某一指标理论上的理想值作为参考值。

3. 确定评价指标体系中指标的无量纲方法

对于每个定量指标评价值可以采用指数法来确定。对于正向指标（指标值越大越好的指标），指标评价值 = 某指标的实际值/该指标的参考值，大于1的取1。对于逆向指标（指标值越小越好的指标），指标评价值 $=\frac{1-\text{某指标的实际值}}{1-\text{该指标的参考值}}$，大于1的取1。主观指标量化成非常满意、比较满意、一般、不太满意、非常不满意五个层次，每个层次评价值分别以100、80、60、40、20来计量，然后将所调查的公众评价表的评价结果加权平均，并以与定量指标评价模型一样的计算方法来计算总体指标的满意度。

4. 模型运用

在模型评价方法上，我国宜采用综合评价方法对民族地区公共文化服务体系绩效进行评价。其中每个分层指数都从不同的侧面反映民族地区公共文化服务实践，可以采用多目标线性加权函数法，即常用的综合评分法来进行评价，其函数公式为：

$B_i = \sum C_j Y_j$；

$A_m = \sum B_i Z_i$；

$F = \sum A_m W_m$.

上式中，B_i 是某二级评估指标的评价值，C_j；是某三级评估指标的评价值，Y_j 是某三级评估指标在层次下的权重；A_m 是某一级评估指标的评价值，Z_i；是某二级评估指标在层次下的权重；F 是总评估指标的评价值，W_m 是某一级评估指标在层次下的权重。①

三、民族地区公共文化绩效评估中应注意的问题

首先，在解决民族地区公共文化的投入规模和投入结构方面的问题的同时，必须注重财政效率。所谓财政效率是指通过公共效果与公共资源相比而确定或评价的政府活动的有效性。财政效率实现的制度基础是政府全方位的绩效评估体系的构建。公共文化服务绩效评估的基本内容，首先在公共文化预算环节，使预算的形成、拨付、分配、执行、审计、验收可监督、可问责，形成“花钱买服务、花钱买效果”的预算观。在绩效评估环节，把经费投入与提供的服务水平和服务质量直接挂钩，并确保适时调整资金的投向和力度。

其次，确立绩效评估的量化指标，使民族地区公共文化服务的绩效具体与明确

① 卓萍：《构建公共项目绩效评估模型的开发思路》，载《华东经济管理》2009年第9期。

化。绩效评估指标包括三方面：一是经济性指标，二是程序性指标，三是公众满意度指标。绩效评估指标量化便于检查、监督与管理，以及评估与考核。例如在江苏省，政府将推进乡镇文化站建设确定为省文化厅全年工作的重中之重，厅机关处室及各直属单位都与基层建立了挂钩联系。省文化厅、财政厅与有关县（市、区）的领导签订责任书，同时将赴农村、基层演出的指标量化，纳入艺术专业职称晋升的重要考评内容，规定今后未参加为农村、为基层演出的演职人员，不能申报高一级艺术职称。这样做使乡镇文化站的建立、文化“三下乡”活动的开展以及各种文化设施的提供等落到实处，农民群众真正得到了实惠。①

最后，积极引导民族地区群众参与公共文化服务的评估，发挥少数民族群众的创造性，把群众的需求作为公共服务提供和生产的出发点。在民族地区公共文化服务绩效评估过程中，应该提高其对公共文化服务的决策、融资、生产、监督、评价的参与度，增强政府和服务提供者对顾客的回应性，使顾客对公共服务拥有更多的选择权和控制权，确保公共文化服务供给的公平性和高质量。一方面，要大力开展民族地区群众参与性较强的文化活动。积极组织开展群众自己熟悉和喜欢的民族舞蹈、戏曲、音乐、杂技、剪纸、美术、灯彩、演艺、编织、劳动技能等的比赛、演出和展出等活动，让群众在参与中享受文化的愉悦，在愉悦中受到潜移默化的教育，不断提高综合素养；另一方面，把民族地区大批艺术人才组织起来开展形式多样的文艺活动，让其发挥自身优势，自己演，演自己。通过各级专业文艺团体的传、帮、带，帮助扶持建设民族地区文化队伍，激发群众的文化自豪感、表演欲和文化活力，创造民族地区本土文化，使民族地区公共文化事业真正繁荣发展。②

结　语③

文化作为一个民族的灵魂，不但是民族凝聚力和创造力的重要源泉，而且是一个国家和地区持续、协调、全面发展的重要内容和精神动力。作为一个统一的多民族国家，民族地区公共文化服务由于所处的经济、政治和地理等条件的影响，公共文化服务依然存在着多方面的问题。所以，积极发展以公益性文化为主的公共文化服务体系，创新公共文化服务理念，实现公共文化服务模式的多样化，满足民族地区公众对不同公共文化产品和服务的需求，成为摆在民族地方各级政府面前亟待研究和解决的问题。

① 李宁：《农村公共文化服务绩效评估机制研究》，载《宁夏大学学报》（人文社科版）2009年第6期。

② 焦德武：《公共文化服务体系的绩效评价》，载《安徽农业大学学报》（哲学社会科学版），2011年第1期。

③ 周晓丽：《论民族地区公共文化服务创新》，载《云南行政学院学报》2011年第6期。

一、理念创新：民族地区公共文化服务和管理的先导

理念不但决定了人们的精神和素质，而且在任何时候都是行动的先导。民族地区公共文化服务体系的创新，首先是通过理念的创新为尽可能多的民族地区广大公众提供便利的公共文化产品和服务，使民族地区的公众享受到基本的文化权益。具体来说，理念创新主要体现在以下几个方面。

首先，人本理念。以人为本的理念不仅是一种价值追求，也是一种文化取向。由于民族地区公共文化服务的主体是民族地区的广大社会公众，所以，民族地区公共文化服务和管理中的"以人为本"理念，就是以实现民族地区社会公众的文化权利和意愿作为公共文化服务和管理的出发点，以民族地区人民群众的满意作为公共文化服务的目标，使公共文化服和管理真正做到"权为民所用、情为民所系、利为民所谋"，把关注民生、反映民意、凝聚民心、符合民意，提供多样化的、丰富多彩的文化物品和服务当作政府公共文化服务和管理的重要内容。

这就要求民族地区政府一是要与当地公众建立密切的沟通机制。通过政府与当地公众建立在信任基础上的沟通与回应，一方面让公众明白政府在公共文化方面所作的努力，另一方面也使政府了解公众对公共文化产品和服务的现实需求，以便在供给方面，根据民族地区公众对公共文化的实际需求，有计划地建设县、乡级文化设施，真正做到乡乡都有文化站，村村农民有书看，让所有公民根据实际共享文化果实。二是必须建立政府与公众之间的信息反馈机制。公共文化产品和服务的供给是否有效，质量是否优质，有赖于民众的评判。只有民众将公共文化产品的需求、供给和质量反馈给政府，使民族地方政府及时对公共文化产品和服务做出调整，才能使产品和服务达到人民满意。三是建立民族地区公共文化财政投入考评制度。民族地区公共文化财政投入考评是考核当地各个部门对财政资金的投入和使用效果，提高民族地方政府工作透明度的重要方面。通过专家咨询，中介机构的评价以及公众参与真正使民族地区有限的资金用到急需之处。反之，如果公共文化服务不能以人为本和贴近大众，切实维护和保障公民文化权利和文化权益就成为空中楼阁。①

其次，公平理念。由于"自由民主制度的最基本承诺是对它的个体公民的自由与平等的承诺"，② 并且"只有当个人遭受的侵权通过政府公平而可预期地得到矫正，个人才能在法律而不是在道德意义上享受权利"。③ 所以，任何国家或地区，如果没有公平，则该国家或地区就无法获得可持续发展，个人的权利也就无法真正

① 周晓丽，毛寿龙：《论我国公共文化服务及其模式选择》，载《江苏社会科学》，2008 年第 1 期。

② ［加拿大］威尔·金尔卡：《多元文化公民权：一种有关少数族群权利的自由主义理论》，上海译文出版社，2009 年第 43 页。

③ ［美］史蒂芬·霍尔姆斯，凯斯·R·桑斯坦：《权利的成本》，北京大学出版社，2004 年第 26 页。

有效保证。同时，由于发展进程的深化需要有效的法律和政策支持，如果发展的成果不能被广泛地分享，可持续发展同样只是梦想。公共文化服务由于其公共性，公平正义必然是其不变的价值取向，政府不能因为个人的地域、民族、出身、财产等不同而区别对待，因此民族地区的社会公众应该享有与其他地方的公众同等的公共文化权利。然而在现实中，我国公共文化事业的发展极不平衡，一是民族地区与发达地区的差距巨大。据统计，2005 年，农村文化站覆盖率西藏和青海分别只有 24.1% 和 42.9%。民族 8 省区除宁夏外，图书馆人均购书经费不及全国水平的一半，最低的蒙古和贵州人均不足一角钱，仅为全国平均水平的 1/6，每百人每天拥有报纸数，民族地区也全部低于全国平均水平，最高的新疆也只有 4.84 份，最低的贵州省仅 2.05 份，不及上海的 1/10。[①] 二是民族地区城乡之间的差别。在民族地区许多的公共文化服务设施，如，大型广场、文化宫、博物馆、电影院、图书馆等只有在城市才能看到，在农村只能看到的是有限的农家书屋和村民活动室。由于受财力的限制，民族地区农村公共文化设施资金缺乏，场地缺乏，人员缺乏，设备老化问题严重。

坚持基本公共文化服务公平发展的方向，就必须打破文化在资源配置上的不均衡，缩小城乡文化资源配置的巨大差距和文化资源配置的阶层差异，实现全国各地的均衡发展，保证社会的高度和谐统一。[②] 一是要加大财政投资的倾斜力度。分税制的实施，加强了中央政府的宏观调控能力。但是民族地区由于受地理位置、自然环境、生产方式的影响，政府提取资源的渠道有限，财政自给率相对于发达地区要低得多。政府在公共文化物品的供给方面是心有余而力不足。所以，为了提高民族地区公共文化的发展速度，必须将民族地区的公共文化服务纳入中央和省级公共财政体系，提高公共文化产品和服务的财政支撑能力。二是以确立普遍均等和惠及全面的公共文化服务理念。普遍均等是公共文化服务提供的过程和手段，而惠及全民则是公共文化服务提供所致力实现的目标。普遍均等要求其全体公民平等获得最低限度的公共文化服务和公共文化服务平等对待每一个公民和向民族地区的所有公民开放，即政府提供的公共文化服务是一种普遍性服务，任何具备某种最低限度资格和条件的公民都有权利获得公共文化服务。三是出台文化扶持方面的政策。保护民族地区社会公众的文化权利，缩小发达地区和民族地区的文化差距，必须要在文化投入总量、资源配置等方面给予政策方面的倾斜，加大对民族文化的扶持力度，从而通过政策工具创新实现民族地区普遍均等和惠及全面的公共文化服务理念。

再次，责任理念。责任不仅是民主政治时代的一种基本价值理念，也是公务员与生俱来的一种内在要求。根据责与权同在的原则，社会公众在让渡自己的权利给

---

① 李景源，陈威主编：《中国公共文化服务发展报告》（2007），社会科学文献出版社，2008 年第 413 页。

② 周晓丽，毛寿龙：《论我国公共文化服务及其模式选择》，载《江苏社会科学》2008 年第 1 期。

行政人员之时，也赋予了他们责任；公务员在接受职位，履行权力之时，公务员也必将承担与权力相应的责任。总之，责任是公务员的工作灵魂。公务员必须具有高度的责任感，没有高度责任感的公务员，就不是一名合格的公务员。正如有的学者所说，“公共文化服务是一个相互关联的、严密的涉及公共文化服务全过程的体系。其主要职责来自于公共文化服务组织对公共文化服务责任的认识、理解、感受和全社会对公共文化服务的信赖，是公共文化服务组织忠实履行职责和义务的内在驱动力，其客观责任则是指政府公共管理部门客观应尽的义务和责任，对社会公共利益负责，对公共文化服务负责”。[①] 民族地区公共文化服务体系的创新要求政府工作人员树立责任理念，对民族地区的社会公众负责，对当地的纳税人负责，对自己的服务对象负责，才能赢得民众的支持，才能保障公共文化活动的顺利开展。政府工作人员只有具备了强力的责任理念，才能避免“文化工作挣不了票子，吹吹打打保不住位子，唱唱跳跳饱不了肚子，付出努力提升不了官位子”的自利思想；政府工作人员只有具备了强力的责任感，才能促进民族地区经济、社会、文化的协调和可持续发展。政府工作人员责任理念的缺失只能使民族地区公共文化事业的发展成为“说起来重要，做起来次要，忙起来不要”的事情。

要顺利开展民族地区的公共文化事业，培养和强化政府公务员的责任意识，一方面要把公共文化事业的发展列入公务员的考评机制，在考评中注重官员经济、社会和文化的协调发展，摈弃以“GDP”看官员的考核理念。另一方面，随着社会的发展，政府将部分公共文化产品的供给职能让渡给一些社会组织和团体，这并不意味着政府公共文化服务监管责任的让渡。政府要有效地承担起对社会组织进行监督与控制的职责，确保公共文化产品和服务的供给始终以民族地区社会公众的利益和需求为导向。

最后，效率理念。由于效率是评价政府公共服务活动的一个重要标准，没有效率的行政犹如缺水之鱼，即使生命力再强，也生存难望。这就要求政府把降低服务成本作为改进服务工作的目标，把效率的高低作为衡量服务工作的标准。目前，由于民族地区社会组织的发展相对较弱，政府公共财政投入在未来仍然是民族地区公共文化服务生产和供给资金的主要来源。所以，民族地区公共文化服务设施的建设和资金的投入，一是要充分考虑国家的财政可承载度和民族地区政府资金投入的能力，在量入为出的原则下考虑公共文化服务设施的建设和投入。二是要避免已建成设施的闲置和浪费。另外，民族地区政府在公共文化服务供给，特别是对于农村地区，不能按照发达地区或城市地区的做法，而应结合民族地区社会公众居住分散的特点，按照实际需求，以服务半径并结合服务人数来有效提供公共服务，在提高人力资源配置效率的同时满足民族地区社会公众对文化服务的需求。政府投入要注重经济效益与社会效益，短期利益与长期利益的有机结合。

---

① 罗争玉：《文化事业的改革与发展》，人民出版社，2006 年第 85 页。

事实上，责任、效率、公平之间并不是相互矛盾的，而是相互作用的统一体。“实现效率确实需要决策者能够得到有关公民偏好的信息，这和实现责任是一样的。有效聚集这类决策信息的制度安排，有助于实现效率，同时也有利于增进并促进再分配目标的实现”。[①] 同时，没有对民族地区社会公众文化生活的关心，责任、效率和公平的实现可能需要更加漫长的等待。

二、模式创新：民族地区公共文化供给的必然选择

按照传统的经济学理论，政府最重要的职能是提供公共产品和服务。民族地区公共文化作为一种公共服务，其供给理所当然是民族地方政府最重要的职责。但这并不意味着民族地区公共文化服务的供给必须完全由政府来提供的思维模式。“在政府或公共部门垄断的情况下，一些公益性公共文化服务设施只是承载了书写政府政绩的作用。总的来说，发展公共文化服务，就要打破‘政府是唯一公共文化服务提供者’的观念，打破公共部门的垄断地位，政府在加大对公共文化服务的投入的同时，必须创新机制，进一步探索公共文化服务的社会化与市场化道路，寻求社会力量的合作，放手让其他的组织和部门积极参与公共文化服务体系的建设”，[②] 形成一种多种主体提供不同类型的公共文化服务，满足不同层次的公民文化需求，从而形成一种良好的、动态的、有竞争与合作的、可持续性的公共文化服务供给模式。

事实上，民族地区公共文化供给要确立的这种政府主导、市场、社会组织和公民参与的合作供给模式，有其存在的理论和现实可能性。从理论上来说，一是“公用地悲剧”的存在。1968 年，英国学者加雷特・哈丁列举了一个对所有人都开放的牧场，在这个牧场中，由于受个人自利动机的影响，每个放牧人都有增加越来越多牲畜的动力，承担的只是公共牧场退化而造成成本的一部分。所以，他认为“在共享公共事物的社会中，每个人，也就是所有人都追求各自的最大利益，这就是悲剧所在。每个人都被锁在一个迫使他在有限范围内无节制地增加牲畜的制度中，毁灭是所有人都奔向的目的地，因为在信奉公共事物自由的社会中，每个人均追求自己的最大利益，公共事物中的自由给所有人带来了毁灭。”[③] 同样，公共文化的政府垄断经营也会再现“悲剧”。一方面是政府直接的财政支出日益膨胀，另一方面，由于社会公众要承担政府部门的各种支出成本和对公共文化的管理成本，所以纳税人的负担也日益加重。特别是政府管理的诸多博物馆、展览馆等都由政府全额拨

---

① ［美］埃莉诺・奥斯特罗姆，拉里・施罗德和苏珊・温，毛寿龙译：《制度激励与可持续发展》，上海三联书店，2000 年第 133 页。

② 周晓丽，毛寿龙：《论我国公共文化服务及其模式选择》，载《江苏社会科学》2008 年第 1 期。

③ Garett Hardin："The Tragedy of the Commons"，in science，VOL. 162. DEC. 1968.

款，同样会出现悲剧现象。另外，政府在提供公共文化产品和服务时，无法应对多层次的差异化的需求，造成一些社会公众无法享受到相应的公共文化产品和服务，难以实现资源的有效配置，同样可能使悲剧出现。

二是公共文化物品和服务生产与供给的可分割性。奥斯特罗姆夫妇从产业的角度来看待公共服务，并认为在公共领域，供给与生产的区分是相当重要的。生产指的是将投入变成产出的更加技术化的过程，制造一个产品，或者在许多情况下给予一项服务。而供给这个词指的是通过集体选择机制对以下问题作出的决策：由指定的一组人提供各类物品和服务；被提供物品和服务的数量与质量；与这些物品和服务有关的私人活动被管制的程度；如何安排这些物品和服务的生产；如何对这些物品和服务的供给进行融资；如何对生产这些物品和服务的人进行管理。① 如果政府作为消费单位想得到满意的公益物品，可以有以下制度选择：经营自己的生产单位；与私人公司签约；确立服务的标准，让每一个消费者选择私商，并购买服务；向家庭签发凭单，允许他们从任何授权供给者购买服务；与另外一个政府单位签约；某些服务有自己生产，其他服务则从其他管辖单位或者私人企业那里购买。②

三是公共文化物品和服务的直接生产和间接生产。根据奥斯特罗姆教授的观点，为了最大限度地实现产出效率，生产各种公益物品的各个公共部门都应该借助于与其他产业部门的分工，通过专业化机构协作进行生产，而不必由一个公共部门垄断一种公益物品的所有生产环节。"协作生产涉及常规生产性努力与消费生产者努力的组合。这一组合可以直接发生，包括在同一生产进程中的协作性努力，或者间接通过独立的但相互关联的常规生产者和消费者的努力。"③ 另外，奥斯特罗姆通过对警察的巡逻、交通控制和犯罪调查服务的分析，认为每一项直接的生产都可以借助于协作性的生产模式，并且即使存在困难，"我们预料公共服务供给方面会越来越受到关注，并且依靠协作性生产的安排……如果这一切都发生了，人们就可能逐步认识到，协作生产是一种有效的替代方案，再满足日益增长的服务需求方面不再更多地依靠常规生产者"。④

从现实来看，由于民族地方政府财政能力的制约和政府供给效率的限制，使得单一的政府供给处于无效或者低效地状态。所以政府对公共文化的管理要实现微观到宏观的转变，要实现从办文化到为文化发展服务转变，从管理单位向提供公共文化设施转变，从行政手段管文化向经济、法律手段转变，赋予文化事业单位自主权，自主开展生产、经营和服务活动，从而推动文化事业健康发展。

据此，民族地方公共文化产品可以有以下几种生产和供给方式：一是公共生

① ［美］埃莉诺·奥斯特罗姆，拉里·施罗德和苏珊·温，毛寿龙译：《制度激励与可持续发展》，上海三联书店，2000年第87页。

② ［美］迈克尔·麦金尼斯，毛寿龙译：《多中心体制与地方公共经济》，三联书店，2000年第113页。

③ ［美］迈克尔·麦金尼斯，毛寿龙译：《多中心体制与地方公共经济》，三联书店，2000年第505页。

④ ［美］迈克尔·麦金尼斯，毛寿龙译：《多中心体制与地方公共经济》，三联书店，2000年第515页。

产，公共提供。即有民族地方政府直接安排公共文化产品和服务的生产，并由政府部门免费向社会公众提供。这些公共文化产品主要是指对民族地方经济、社会和文化发展具有较强外部性的公共设施及服务项目。二是公共生产，市场提供。即由民族地方政府或公共部门直接组织文化物品和服务的生产，由市场主体按照营利的原则提供文化物品和服务。这些产品通常是有较强的外部性和营利性，采取公共生产方式有助于保证文化产品内容的政治性和质量的可靠性，采用市场提供方式则有助于借助于市场主体的力量最大占领文化市场。三是公共生产，混合提供。即由民族地方政府或公共部门对一些准公共文化产品，采取抵用券或少量收费以及通过价格管制让市场或其他社会组织提供公共文化服务的形式。四是非公共生产，公共提供。由私人部门或者公私部门联合进行文化物品和服务的生产，民族地方政府通过采购等形式获得产品的所有权，并无偿向社会提供相应的服务。五是非公共生产，混合提供。即由私人部门或者公私部门联合进行文化产品生产，再由政府部门、市场主体或者二者联合以有偿方式向社会提供。六是非公共生产，市场提供。即由私人部门或者公私部门联合组织公共文化产品生产，多元市场或私人生产为主，政府或公共部门提供必要的指导、协调和服务，之后由市场按照商业性文化的原则向社会提供产品或服务。[①] 正是因为公共物品和服务的直接生产和间接生产的分离性，生产和供给的可分割性，所以政府在民族地区公共文化服务的生产和供给方面，可以借助于直接生产和协作生产相结合的方法，政府、市场以及民族地区的其他区社会组织都可以参与民族地区公共文化产品的生产以及服务的供给，从而形成政府主导，市场加盟，公民参与的多元合作的供给模式。

三、选择权创新：民族地区公众文化偏好显示的关键

民族地区公共文化的生产和供给，其目的是为了满足民族地区社会公众不断增长的文化需求，所以应该为民族地区的社会公众提供什么样的公共文化产品和服务，必须尊重当地公众的自由选择权，不是像在计划体制下那样强制性地让公众接受政府所提供的产品和服务。但是由于官员自利性的存在，有些民族地方政府在公共文化建设过程中，置公共利益于不顾，化公为私，甚至把公共文化产品的供给当成是谋求政绩的工具，完全不顾当地民众的需求和公众的利益，纷纷制造“形象工程”和“政绩工程”。不仅导致了资源投入的浪费，财政的紧张，而且公众的文化需求无法满足，生活质量无法提高。

要尊重各民族地区公民对公共文化的选择权，首先要尊重民族文化的多样性。“一般少数族群权利的批判者和维护者都接受的假设，……应遵循族裔文化中立的

① 王胜章：《民族自治地方州政府公共服务研究》，云南大学博士论文，2006 年第 132 页。

原则。……尊重其公民的族裔文化认同并对族裔文化群体的生存不加干涉。”① 目前，我国有55个少数民族，分布在全国大部分地区，在长期的发展演变中，都形成了具有各民族特色的文化活动或艺术。如许多地方的音乐舞蹈、节日庆典、戏曲艺术等无不具有浓郁的民族风情。可以说，每一个民族的文化都有自己的精髓。民族地区公共文化就是要将民族精神渗透于其中，通过公共文化设施、场所与活动弘扬民族文化的精髓，尽可能在社会范围内实现对民族性的固守以及对民族精神的维系、继承和发扬。具体来说，一是在公共文化建设过程中有选择地、发展并彰显民族性特征，是保持公共文化个性的重要途径，也是积极弘扬优秀民族文化，发扬民族文化精华的有利契机。二是在公共文化发展和文化学习中要尊重差异，理解特性，共同发展。体现在公共文化服务上，可以通过举办民族文艺会演等公共文化活动，活跃民族地方公众的社会生活。其次要尊重不同公众的选择权。民族地区公共文化投资和建设提高的标准主要看社会需求度，看对目标消费群体的适应性。每个公共文化产品理论上讲是面对全体国民的，实际上一定是对部分国民。如果从年龄段来讲是对青少年的，就不见得对中、老年合适。假如是针对妇女的，就不见得对于男性公民合适。社会公众是各种各样成分的一个个群体，因此，对公共文化服务的需求存在复杂的差异、这是规律，也是难题。② 另外，国外也有学者认为应该创立青年文化。并且使“青年文化回归到一种包容性的模式，青年人因之得以参与和积极介入地方组织、定义的文化中去”。③ 所以，公共文化产品的生产要考虑年龄、性别、职业、民族等多方面地因素，既要有总体规模又要有分体结构方面的具体安排，来满足不同人群的消费需求。

民族地区社会公众选择权的创新，体现着适应公众需求，意味着公共文化服务中重新树立以公民为本，以居民为本的思想，代替传统上以政府为本，以公共服务供给者为本的理念。但是政府提供的公共文化服务是否满足公众的偏好，必须通过确立相应的主观指标评估体系和客观指标体系来认知。主观指标体系主要是面向公共服务的消费者和享受者，通过设计一系列与公共文化服务衡量标准相关的问卷，来对居民有关公共文化服务的态度、看法、评价和意见等信息进行收集。客观指标体系一般是通过对投入指标、过程指标、产出指标和效果和影响指标等④来分析投入的效率和公众的满意度，以便为今后应该提供什么公共文化产品、提供多少，由谁提供的问题提供一个良好的反馈，改变公共文化产品供给中低效和无效的问题。

① ［加拿大］威尔·金尔卡：《少数的权利、民族主义、多元文化主义和公民》，上海译文出版社，2005年第10页。

② 沈望舒：《以改革视角思考社会公共需求与公共文化服务指标体系》，北京文化发展蓝皮书（2006），中国文联出版社，2006年。

③ ［英］尼克·史蒂文森编，陈志杰译：《文化与公民身份》，吉林出版集团有限责任公司，2007年第280页。

④ 荣华：《地方政府公共服务供给模式创新》，载《中国行政管理》，2009年第2期。

民族地区公共文化产品和服务的供给不仅是检验政府以人为本和衡量社会公众享用文化权利的重要标尺，而且是我国公共服务型政府建立的重要方面。随着政府管理方式向治理的转变，社会治理结构由一元向多元的发展，建立政府主导、公众参与、市场竞争、有机结合、多元共治的公共文化服务模式是公共文化服务体系的应有之义。民族地区公共文化事业的发展是一项艰巨的系统工程，需要民族地方政府转变理念，促使各部门和社会组织与公众的共同努力，才能使民族地区的公共文化服务真正达到公众满意。

参考文献

一、著作类

［1］于群，李国新主编：《文化蓝皮书：中国公共文化服务发展报告》(2012)，社会科学文献出版社，2012。

［2］上海高校都市研究院：《2011 年全国 31 个省市自治区公共文化服务指数蓝皮书》，商务印书馆，2012 年。

［3］张彦博主编：《公共文化服务的创新与跨越——全国文化信息资源共享工程建设研究论文集》，北京图书馆出版社，2011 年。

［4］巫志南：《社区公共文化服务》，北京师范大学出版社，2012 年。

［5］孙浩：《农村公共文化服务有效供给研究》，中国社会科学出版社，2012 年。

［6］陈瑶主编：《公共文化服务：制度与模式》，浙江大学出版社，2012 年。

［7］刘悦笛主编：《公共文化服务的"嘉兴模式"》，社会科学文献出版社，2012 年。

［8］廖小东主编：《社会治理与文化体制改革研究》，经济科学出版社，2012 年。

［9］曹爱军，杨平：《公共文化服务的理论与实践》，科学出版社，2011 年。

［10］张若璞，李俊清主编：《中澳公共服务与少数民族文化保护学术研讨会论文集》，2011 年。

［11］江蕾：《基于自主创新的区域创新体系建设研究》，科学出版社，2010 年。

［12］柯平等著：《公共图书馆的文化功能》，上海交通大学出版社，2010 年。

［13］王列生，郭全中，肖庆：《国家公共文化服务体系论》，文化艺术出版社，2009 年。

［14］李景源，陈威：《文化蓝皮书：中国公共文化服务发展报告》(2009)，社会科学文献出版社，2009 年。

［15］陈威：《公共文化服务体系》，新华出版社，2008 年。

[16] 王世伟：《城市图书馆公共文化服务体系论丛》，上海社会科学院出版社，2008 年。

[17] 何志平，陈云根著：《文化政策与香港传承》，中华书局，2008 年。

[18] 孙萍：《文化管理学》，人民大学出版社，2008 年。

[19] 许和隆：《冲突与互动——型社会政治发展中的制度与文化》，中山大学出版社，2007 年。

[20] 张泉，沈望舒：《2007：北京文化发展报告：文化创意与城市精神》，社会科学文献出版社，2007 年。

[21] 李景源，陈威：《文化蓝皮书：中国公共文化服务发展报告》（2007）社会科学文献出版社，2007 年。

[22] 叶辛，蒯大申：《2006－2007 年：上海文化发展报告：构建公共文化服务体系》，社会科学文献出版社，2007 年。

[23] 沈望舒：《以改革视角思考社会公共需求与公共文化服务指标体系》，北京文化发展蓝皮书（2006），中国文联出版社 2006 年。

[24] 张成福，党秀云：《公共管理学》（修订版），中国人民大学出版社，2007 年。

[25] 陈威：《公共文化服务体系研究》，深圳报业集团出版社，2006 年。

[26] 周赢，赵川芳：《新农村文化服务》，中国社会出版社，2006 年。

[27] 陈鸣：《西方文化管理概论》，书海出版社、山西人民出版社，2006 年。

[28] 罗争玉：《文化事业的改革与发展》，人民出版社，2006 年。

[29] 席恒：《利益、权力与责任——公共产品供给机制研究》，中国社会科学出版社，2006 年。

[30] 赵立波：《公共文化事业》，山东人民出版社，2003 年。

[31] 俞可平编：《治理与善治》，社会科学文献出版社，2000 年。

[32] [美] 詹姆斯·罗西瑙：《没有政府统治的治理》，剑桥大学出版社，1995 年。

[33] [美] P. A. 萨缪尔森：《经济学》，中国发展出版社，1922 年。

[34] [美] 塞缪尔·P. 亨廷顿等：《文化的重要作用——价值观如何影响人类进步》，新华出版社，2002 年。

[35] [英] 尼克·史蒂文森编，陈志杰译：《文化与公民身份》，吉林出版集团有限责任公司，2007 年。

[36] [加拿大] 威尔·金尔卡：《少数的权利、民族主义、多元文化主义和公民》，上海译文出版社，2005 年。

[37] [加拿大] 威尔·金尔卡：《多元文化公民权：一种有关少数族群权利的自由主义理论》，上海译文出版社，2009 年 .

[38] [美] 埃莉诺·奥斯特罗姆，拉里·施罗德和苏珊·温，毛寿龙译：《制

度激励与可持续发展》，上海三联书店，2000 年。

［39］［英］马林诺夫斯基：《文化论》，中国民间文艺出版社，1987 年。

［40］［美］克鲁克洪等著：《文化与个人》，浙江人民出版社，1986 年。

［41］［美］珍妮特·V·登哈特，罗伯特·B·登哈特：《新公共服务：服务而不是掌舵》，中国人民大学出版社，2004 年。

［42］［美］特里·L·库柏：《行政伦理学：实现行政责任的途径》，中国人民大学出版社，2001 年。

［43］［英］简·莱恩：《新公共管理》，中国青年出版社，2004 年。

［44］［美］迈克尔·麦金尼斯，毛寿龙译：《多中心体制与地方公共经济》，三联书店，2000 年。

［45］［美］史蒂芬·霍尔姆斯，凯斯·R·桑斯坦：《权利的成本》，北京大学出版社，2004 年。

［46］［美］乔治·弗雷德里克森：《公共行政的精神》，中国人民大学出版社，2003 年。

［47］［美］尼古拉斯·尼葛洛庞帝，余智骄译：《创新的空气》，2004 -3 -8。

［48］［德］柯武刚，史漫飞：《制度经济学》，商务印书馆，2002 年。

二、期刊文集

［1］丁煌：《构建公共文化服务体系》，《深圳文化研究参考》2006 年第 2 期。

［2］郭俊民：《构建河南公共文化服务体系的思考》，《学习论坛》2007 年第 3 期。

［3］黄振平：《论建立公共文化服务体系》，《江海纵横》2007 年第 6 期。

［4］郝新凤：《关于公共文化服务体系建设的思考》，《学习论坛》2006 年第 8 期。

［5］何继良：《关于构建公共文化服务体系、保障人民基本文化权益的若干问题思考》，《毛泽东邓小平理论研究》2007 年第 12 期。

［6］刘淑兰：《政府创新与新农村公共文化服务体系的构建：以福建省为例》，《福建农林大学学报》（哲学社会科学版）2008 年第 2 期。

［7］黄燕：《浅议公共文化服务信息平台的建设》，《群文天地》2011 年第 6 期。

［8］侯玉兰：《新公共服务理论与建设服务型政府》，《国家行政学院学报》2005 年第 4 期。

［9］江逐浪：《中国公共文化服务事业发展中的几个内在问题》，《现代传播》2010 年第 5 期。

［10］孔繁斌：《治理对话统治——一个政治发展范式的阐述》，《政治学研究》

2005 年第 11 期。

［11］李少惠，穆朝晖：《非政府组织参与西部农村公共文化产品供给的路径分》，《四川师范大学学报》（社会科学版）2010 年第 5 期。

［12］刘芳芳：《农村地区公共文化产品供给状况分析》，《传承》2010 年第 3 期。

［13］王列生：《论构建公共文化服务体系的意识形态前置》，《文艺理论与批评》2007 年第 2 期。

［14］巫志南：《现代服务型公共文化体制创新研究》，《华中师范大学学报》2008 年第 7 期。

［15］羊守森：《构建农村公共文化服务体系的策略思考》，《安徽农业科学》2008 年第 12 期。

［16］袁雪松，卢璐：《纯度视角下公共文化产品供给机制探讨》，《常熟理工学院学报》（哲学社会科学）2010 年第 9 期。

［17］于慎澄，马秀贞：《山东省构建公共服务供给机制的现状与路径》，《青岛农业大学学报》2008 年第 3 期。

［18］章建刚：《公共文化的范畴与提供方式的创新趋势》，《深圳文化研究参考》2006 年第 2 期。

［19］张天学，阙培佩：《我国现行农村公共文化产品供给的制度困境》，《社会主义新农村建设理论月刊》2011 年第 5 期。

［20］张晓明，李河：《公共文化服务：理论和实践含义的探索》，《出版发行研究》2008 年第 3 期。

［21］左惠：《文化产品有效供给及转型期文化产品供给特征剖析》，《经济问题探索》2008 年第 6 期。

［22］左惠：《文化产品的公共物品属性及其供给模式选择》，《中州学刊》2009 年第 5 期。

［23］周晓丽，毛寿龙：《公共文化服务及其模式研究》，《江苏社会科学》2008 年第 1 期。

［24］周晓丽：《论民族地区公共文化创新》，《云南行政学院学报》2011 年第 6 期。

［25］周晓丽：《农村公共文化服务：问题与对策分析》，《理论月刊》2010 年第 9 期。

［26］周晓丽：《创新文化：理念、环境与制度建构》，《商丘师范学院学报》2012 年第 8 期。

［27］周晓丽：《美国社区公共文化服务的经验及其借鉴》，《商丘师范学院学报》2013 年第 8 期。

［28］孟建伟：《论创新文化之魂》，《新视野》2005 年第 4 期。

［29］荣华：《地方政府公共服务供给模式创新》，《中国行政管理》2009 年第 2 期。

［30］刘玉堂，黄南珊，刘保昌：《构建新农村公共文化服务体系研究——以湖北省为个案》，《学习与实践》2007 年第 4 期。

［31］闫平：《试论公共文化服务体系建设》，《理论学刊》2007 年第 12 期。

［32］蒋建梅：《政府公共文化服务体系绩效评价研究》，《上海行政学院学报》2008 年第 4 期。

［33］吴理财：《非均等化的农村文化服务及其改进对策》，《华中师范大学学报》（人文社会科学版）2008 年第 3 期。

［34］夏国锋，吴理财：《公共文化服务体系研究述评》，《理论与改革》2011 年第 1 期。

［35］吴理财：《公共文化服务的运作逻辑及后果》，《江淮论坛》2011 年第 4 期。

［36］唐亚林，朱春：《当代中国公共文化服务均等化的发展之道》，《学术界》2012 年第 5 期。

［37］苏红：《论农村公共文化服务体系及其构建》，《兰州大学学报》（社会科学版）2009 年第 4 期。

［38］李少惠，王苗：《农村公共文化服务供给社会化的模式构建》，《国家行政学院学报》2010 年第 2 期。

［39］章剑华：《江苏农村公共文化服务体系的构建与发展》，《艺术百家》2006 年第 6 期。

［40］嵇亚林，李娟莉：《公民文化权利与公共文化服务——对构建江苏公共文化服务体系的分析与思考》，《艺术百家》2006 第 7 期。

［41］李少惠：《公共文化服务体系建设的主体构成及其功能分析》，《社科纵横》2007 年第 2 期。

［42］王大为：《公共文化服务的基本特征与现代政府的文化责任》，《齐齐哈尔师范高等专科学校学报》2007 年第 3 期。

［43］李少惠，崔吉磊：《论我国农村公共文化服务内生机制的构建》，《经济体制改革》2007 年第 5 期。

［44］闫平：《服务型政府的公共性特征与公共文化服务体系建设》，《理论学刊》2008 年第 12 期。

［45］向勇，喻文益：《公共文化服务绩效评估的模型研究与政策建议》，《现代经济探讨》2008 年第 1 期。

［46］焦德武：《公共文化服务体系的绩效评价》，《安徽农业大学学报（社会科学版）》2011 年第 1 期。

［47］付春：《新农村公共文化服务体系建设及其基本思路》，《农村经济》

2010 年第 4 期。

[48] 陈坚良：《民族地区公共文化服务体系构建的思考》，《学术论坛》2009 年第 5 期。

[49] 喻虹：《民族文化在公共文化服务体系中的推动作用》，《图书馆学刊》2010 年第 1 期。

[50] 乔雪梅：《发展构建民族文化服务体系》，《中国民族》2010 年第 11 期。

[51] 向远道，李睿颉：《重庆：完善公共服务是少数民族文化大繁荣的重要支点》，《中国民族》2010 年第 11 期。

[52] 张小东：《民族文化传承在社区文化服务建设中的现实意义》，《兰州学刊》2005 年第 1 期。

[53] 张序，李俊霞：《少数民族公共文化服务与和谐社会建设》，《中华文化论坛》2012 第 6 期。

[54] 赵玲，李嘎欧：《云南藏区公共文化服务模式探析》，《云南行政学院学报》2013 年第 2 期。

[55] 姜鑫磊：《民族地区基层公共文化服务体系建设现状的思考——以西宁市为例》，《邢台学院学报》2013 年第 2 期。

[56] 陈乐齐：《关于少数民族文化体制改革的若干思考》，《中南民族大学学报》（人文社会科学版）2011 年第 6 期。

[57] 邓晓颖，周智生：《浅析少数民族地区农村公共文化服务体系的构建》，《宜春学院学报》2011 年第 2 期。

[58] 曹萌，丛溆洋：《东北边境少数民族地区公共文化服务体系建设现状、问题与对策》，《民族教育研究》2011 年第 2 期。

[59] 孙健：《西北民族地区农村公共文化服务体系的完善——以青海为例》，《青海社会科学》2011 年第 2 期。

[60] 陈坚良，张喜萍：《论公共文化服务体系的创新要素——以湘西民族地区为例》，《湖南师范大学社会科学学》2011 年第 4 期。

[61] 周正兵：《关于乌兰牧骑制度的一种规范性分析——基于少数民族公共文化服务的视角》，《北方民族大学学报（哲学社会科学版）》2011 年第 6 期。

[62] 陈坚良，张喜萍：《民族地区公共文化服务体系建构的实践与思考——以湘西民族地区为例》，《湖南师范大学社会科学学报》2012 年第 2 期。

[63] 陈金龙，朱永梅：《少数民族文化发展繁荣与民族地区发展方式的包容性转向》，《广西社会科学》2012 年第 7 期。

[64] 索晓霞，蒋萌：《试论民族地区公共文化服务体系建设的特殊性》，《贵州民族研究》2012 年第 4 期。

[65] 陈坚良：《论民族地区公共文化服务体系的构建》，《贵州民族研究》2008 年第 2 期。

[66] 罗明华：《构建民族地区公共文化服务财政保障机制》，《云南社会科学》2008 年第 6 期。

[67] 胡税根，宋先龙：《我国西部地区基本公共文化服务均等化问题研究》，《天津行政学院学报》2011 年第 1 期。

[68] 缈建珍：《加强西部少数民族地区高校图书馆多元文化服务的研究》，《新疆农垦科技》2011 年第 1 期。

[69] 曹萌，丛溆洋：《东北边境少数民族地区公共文化服务体系建设现状、问题与对策》，《民族教育研究》2011 年第 2 期。

[70] 王志诚：《建设事业繁荣、产业发达、人才荟萃、实力雄厚的民族文化强区》，《实践》（思想理论版）2011 年第 4 期。

[71] 孙东宁，邹静：《浅析政府文化职能中的少数民族文化建设》，《商业文化》（上半月）2011 年第 4 期。

[72] 高福安，刘亮：《国家公共文化服务体系建设现状与对策研究》，《现代传播（中国传媒大学学报）》2011 年第 6 期。

[73] 苗遂奇，翁淮南，刘文韬，冯静：《走中国特色文化发展道路，建设社会主义文化强国——高层领导谈贯彻落实十七届六中全会精神》，《党建》2011 年第 11 期。

[74] 王三运：《大力发展公益性文化事业，保障人民基本文化权益》，《求是》2011 年第 24 期。

[75] 李锦：《民族地区公共文化服务的未来》，《四川党的建设》（城市版）2011 年第 12 期。

[76] 孙浩：《农村公共文化服务有效供给的体制性障碍研究》，《甘肃行政学院学报》2011 年第 6 期。

[77] 杨跃红：《论公共文化设施服务与民族文化传承》，《科技创新导报》2012 年第 5 期。

[78] 周林兴，王婷婷：《基于公共文化服务体系建设的档案信息资源规划研究》，《档案学通讯》2012 年第 2 期。

[79] 刘於清：《西部民族地区农村公共文化服务体系完善的路径选择》，《克拉玛依学刊》2012 年第 1 期。

[80] 王春林：《加快改善广西文化民生的思考》，《桂海论丛》2012 年第 3 期。

[81] 黄峻：《构筑公共文化惠民新体系，助推民族文化繁荣新发展——从云南文化建设实践到云南文化建设经验》，《民族艺术研究》2012 年第 3 期。

[82] 陈金龙，朱永梅：《少数民族文化发展繁荣与民族地区发展方式的包容性转向》，《广西社会科学》2012 年第 7 期。

[83] 索晓霞，蒋萌：《试论民族地区公共文化服务体系建设的特殊性》，《贵州民族研究》2012 年第 4 期。

［84］崔榕：《民族地区公共文化服务体系建设的主要问题及对策研究》，《西北民族大学学报》（哲学社会科学版）2012 年第 5 期。

［85］李建平，覃振锋，过竹，王绍辉，王建平，李燕宁，黄璐：《2011 年广西文化建设与产业发展报告》，《沿海企业与科技》2012 年第 7 期。

［86］张序，李俊霞：《少数民族公共文化服务与和谐社会建设》，《中华文化论坛》2012 年第 6 期。

［87］张燕：《基于公共文化空间视角上的鄂尔多斯地区的博物馆旅游开发创新模式浅析》，《鄂尔多斯文化》2012 年第 6 期。

［88］王俊莲：《现代政府管理视阈下的公共文化服务体系构建》，《生产力研究》2013 年第 2 期。

［89］赵玲，李嘎欧：《云南藏区公共文化服务模式探析》，《云南行政学院学报》2013 年第 2 期。

［90］周纯杰，黄文聪，包银山，李博：《关于我区公共文化服务体系建设状况的调查与思考》，《内蒙古宣传思想文化工作》2013 年第 3 期。

［91］王克岭：《西部民族地区文化产业发展中的政府作用——基于微观视角的解读》，《企业经济》2011 年第 10 期。

［92］张琰飞：《民族地区文化软实力提升策略研究》，《吉首大学学报（社会科学版）》2010 第 3 期。

［93］潘思柳：《民族地区基本公共文化服务差异研究——基于泰尔指数的分析》，《中国文化产业评论》2012 年第 2 期。

［94］陈烨，宝音：《民族及民族地区图书馆是开展多元文化服务的重要角色》，《内蒙古民族大学学报》（社会科学版）2011 年第 5 期。

［95］克·巴特尔：《免费开放环境下少数民族地区图书馆的多元文化服务》，《西域图书馆论坛》2012 年第 5 期。

［96］万俊：《湖北民族地区文化建设的现状与对策思考》，《湖北民族学院学报》（哲学社会科学版）2007 年第 3 期。

［97］雷振扬：《我国民族地区基本公共服务存在的问题与对策思考》，《中南民族大学学报》（人文社会科学版）2008 年第 6 期。

［98］苏文宁：《对少数民族地区文化建设的思考》，《宁夏党校学报》2008 年第 5 期。

［99］王岚霞，李高峰，陈永平，屈冠军：《西部民族地区图书馆多元文化服务及其实现》，《情报资料工作》2010 年第 2 期。

［100］陈永平，李高峰，王岚霞，屈冠军：《构建少数民族地区图书馆多元文化服务体系的思路与模式》，《图书馆理论与实践》2010 年第 9 期。

［101］蹇莉：《民族地区文化产业发展的困境和对策——以四川藏区为例》，《西南民族大学学报》（人文社会科学版）2013 年第 8 期。

[102] 沈淑渝：《试论少数民族地区文化信息资源共享工程的建设》，《西南民族大学学报》（人文社会科学版）2013 年第 8 期。

[103] 樊泳湄，吴静：《文化融合：云南少数民族地区城乡文化一体化的核心》，《中共云南省委党校学报》2012 年第 5 期。

[104] 尹光华，李海燕：《文化多样性与民族地区图书馆的多元文化服务——以宁夏回族自治区图书馆为例》，《图书馆理论与实践》2012 年第 10 期。

[105] 胡税根，宋先龙：《我国西部地区基本公共文化服务均等化问题研究》，《天津行政学院学报》2011 年第 1 期。

[106] 于志敏：《少数民族地区文化共享工程网站群的建设》，《图书馆学刊》2011 年第 2 期。

[107] 陈路，和军：《社会主义核心价值体系与边疆民族地区文化建设》，《云南社会科学》2008 年第 1 期。

[108] 赵丽：《民族地区农村文化服务体系中存在的问题及对策》，《中国西部科技》2009 年第 9 期。

[109] 张春霞：《健全基层公共文化服务体系：边疆主流意识形态构建的路径选择》，《社会主义研究》2010 年第 4 期。

[110] 乔雪梅：《发展构建民族文化服务体系》，《中国民族》2010 年第 11 期。

[111] 陈永平，李高峰，王岚霞，屈冠军：《构建少数民族地区图书馆多元文化服务体系的思路与模式》，《图书馆理论与实践》2010 年第 9 期。

[112] 刘云山：《大力推动边疆民族地区文化建设，让各族人民群众共享文化发展成果》，《民族翻译》2010 年第 4 期。

[113] 高宏存，卜晓菲，刘超：《创新中不断推进的国家公共文化服务——2011 年我国公共文化服务发展成就综述》，《长春市委党校学报》2013 年第 2 期。

[114] 门胜利，董志强：《对边境少数民族地区文化建设存在困难的调查》，《内蒙古财会》2002 年第 2 期。

[115] 赵丽珍：《云南边疆民族地区文化建设初探》，《民族工作》1995 年第 5 期。

[116] 陈学璞：《推进民族地区文化体制改革》，《桂海论丛》2003 年第 2 期。

[117] 吴善茂：《民族地区文化发展战略初探》，《民族论坛》1987 年第 3 期。

[118] 吴善茂：《少数民族地区文化发展战略研究》，《新疆社会科学》，1988 年第 3 期。

[119] 红梅：《民族地区政府在文化产业发展中的主要职能分析——以内蒙古自治区为例》，《内蒙古科技与经济》2009 年第 24 期。

[120] 曹淑英：《推动民族地区和谐文化建设》，《国家行政学院学报》2007 年第 1 期。

[121] 马海涛，龙军：《公共文化服务体系建设与财税政策支持——基于原

理、制约和路径的分析》，《铜陵学院学报》2007 年第 6 期。

［122］黄福佳：《浅议我国西部少数民族地区农村文化建设》，《群文天地》2011 年第 16 期。

［123］崔晨光：《浅析少数民族地区数字图书馆建设》，《西域图书馆论坛》2012 年第 1 期。

［124］赵志红：《留存民族记忆，传承民族文化，服务民族区域——刍议民族地区城建档案的特色功能》，《城建档案》2012 年第 8 期。

［125］李润梅：《鄂尔多斯市公共文化服务体系建设浅析》，《鄂尔多斯文化》2012 年第 4 期。

［126］赵萍萍：《公共文化服务体系建设的路径选择》，《中华文化论坛》2012 年第 6 期。

［127］高宏存，卜晓菲，刘超：《创新中不断推进的国家公共文化服务——2011 年我国公共文化服务发展成就综述》，《长春市委党校学报》2013 年第 2 期。

［128］门胜利，董志强：《对边境少数民族地区文化建设存在困难的调查》，《内蒙古财会》2002 年第 1 期。

［129］涂斌：《公共文化服务体系财政投入：规模、结构与效率——一个理论研究综述》，《代经济》2011 年第 24 期。

［130］张志兰，宋立新，张蕾：《关于加强牧区基层图书馆建设构建公共文化服务体系的思考》，《内蒙古财经学院学报》（综合版）2011 年第 5 期。

［131］白韦昌：《公共文化服务体系的现代化》，《鄂尔多斯文化》2012 年第 1 期。

［132］牛华：《内蒙古公共文化服务现状及发展路径探析》，《内蒙古师范大学学报（哲学社会科学版）》2012 年第 2 期。

［133］杨先农，黄家周：《毛泽东统筹兼顾思想与公共文化服务体系建设》，《理论学刊》2012 年第 5 期。

［134］姚永琴：《论少数民族地区文化事业发展——以门源县为例》，《现代商贸工业》2012 年第 15 期。

［135］王征国：《公民文化需求与城乡文化一体化发展》，《理论学习》2013 年第 2 期。

［136］宋琳：《加快民族地区群众文化建设　促进民族地区社会和谐》，《攀登》2009 年第 5 期。

［137］韩雪梅：《民族文化生态建设与文化软实力及法律保障》，《青海社会科学》2009 年第 6 期。

［138］彭庆军：《国家认同视角下民族地区乡镇政府公共服务职能探析》，《上海行政学院学报》2010 年第 4 期。

［139］傅才武：《国家公共文化服务体系建设的价值评估及政策定位》，《江汉

大学学报》(人文科学版)2010年第6期。

[140] 嵇亚林，李娟莉：《公民文化权利与公共文化服务——对构建江苏公共文化服务体系的分析与思考》，《艺术百家》2006年第7期。

[141] 莫光辉：《和谐文化是民族地区和谐发展的潜质内核——以文化广西的建设为例》，《桂海论丛》2007年第3期。

[142] 周庠聪，莫光辉：《我国民族地区和谐文化建设探讨》，《内蒙古农业大学学报》(社会科学版)2007年第3期。

[143] 赵堂高：《民族地区的文化和谐与和谐文化建设》，《传承》2008年第2期。

[144] 勾学海：《我国公共文化服务体系研究状况述略》，《河南图书馆学刊》2008年第5期。

[145] 彭庆军：《国家认同视角下民族地区乡镇政府公共服务职能探析》，《上海行政学院学报》2010年第4期。

[146] 龙爱华：《加快推进新疆公共文化服务体系建设》，《中共伊犁州委党校学报》2010年第4期。

[147] 萧洪恩，高婕，杜云素：《新农村建设背景下湖北民族地区村落文化建设研究》，《中南民族大学学报》(人文社会科学版)2007年第2期。

[148] 李秉文，赵利生：《文化资本与民族地区城乡一体化》，《云南社会科学》2011年第4期。

[149] 肖建飞，阿依登·卡斯拉汗：《新疆公共文化服务体系建设的目标和重点——基于新疆社会文化产品的高“公共性”》，《黑龙江民族丛刊》2012年第2期。

[150] 曹萍：《加强青海公共文化服务体系建设研究》，《攀登》2013年第2期。

[151] 阿拉坦其其格：《少数民族地区公共图书馆藏书建设的思考》，《才智》2013年第15期。

[152] 李友仁：《论公共文化服务体系与公共文化服务均等化路径》，《民族艺术研究》2013年第3期。

[153] 陈烁，张爱胜：《全球化与西部民族地区的文化安全》，《贵州民族研究》2004年第3期。

三、网络资源

[1] 北京市统计局，国家统计局北京调查总队：《北京统计年鉴2012》，http://www.bjstats.gov.cn/nj/main/2012-tjnj/index.htm

[2] 文化发展论坛：http://www.ccmedu.com.cn/

［3］新华网:《国家“十一五“时期文化发展规划纲要》，2006 年 9 月 13 日，http：//news. xinhuanet. com/politics/2006－09/13/content_ 5087533. htm

［4］中国网：《2010 年政府工作报告》 http：//www. china. com. cn/policy/txt/2010－03/15/content_ 19612372. htm

［5］中央政府门户网站:《中共中央关于深化文化体制改革，推动社会主义文化大发展大繁荣若干重大问题的决定》，http：//www. gov. cn/jrzg/2011－10/25/content_ 1978202. htm

四、外文资料

［1］Franco Bianchini and Michael Parkinson：Culture policy and urban regeneration：the west European experience，Manchester University Press，1993.

［2］Marguerite S. Shaffer：Public culture：diversity，democracy，and community in the united states，University of Pennsylvania Press 2008.

［3］Keith E. Yandell and John I. Paul. Public culture：encounters and identities in modern south India，Richmond Surrey：Curzon，2000.

［4］C. F. Primitive Culture：Researshes into the Mythology，Philosophy，Religion，Art and Custom. VOL1：Origins of Culture，1958，Gloncester，Mass：Smith.

［5］Marguerite S. Shaffer. Public Culture：Diversity，Democracy，and Community in the United States. University of Pennsylvania Press，2008.

［6］James，M. Buchanan. An Economic Theory of Clubs Economic，New Series，V01. 32，No. 125（Feb，1965）.

［7］Root，Hilton L. Small Countries，Big Lessons：Governance and the Rise of East Asia. HongKong：Oxford University Press，1996：161.

［8］Frederickson，H. G. Toward a Theory of the Public Administration for Public Administration. Administration and Society 22（4），1991：415－416.

［9］Held，V. the Public Interest and Individual Interest. New York：Basic Books，1970.

［10］Mosher，Frederick C. Democracy and the Public Service，Second Edition，New York：Oxford University Press，1982.

［11］Behn，Robert. Rethinking Democratic Accountability. Washington，DC：Brookings Institution，2001.

［12］Kaufman，Herbert. Emerging Conflicts in the Doctrines of Public Administration，American Political Science Review，50（4）：1057－1073，1956.

［13］Robert B. Denhardt and Janet V. Denhardt. the New Public Service，Serving Rather than Steering. Public Administration review 60（6）：549－559，2000.

[14] Sudhir Vyas. Keynote Address at the Opening of the Second International Seminar on Bhutan Studies 'Media and Public Culture in Bhuta'. Journal of Bhutan Studies, 2006.

[15] Dustin Kidd. Public Culture in America: A Review of Cultural Policy Debates. The Journal of Arts Management, Law, and Society, 2012, 421.

[16] Baden Offord. The Queer (y) ing of Australian Public Culture Discourse: Activism, Rights Discourse, and Survival Strategies. International Journal of Sexuality and Gender Studies, 2004, 63.

[17] H. Shimizu, Y. Kato. A Study on Grasping Situation of Self – Development Programs, Plan Capability, Use of Information of External Organizations and Cooperation with External Organizations of Public Culture Halls and Their Typification. Cultural Economics, 2006, 52.

[18] Bates Benjamin R. Public culture and public understanding of genetics: a focus group study. Public understanding of science (Bristol, England), 2005, 141.

[19] Per Skålén, Tore Strandvik. From prescription to description: a critique and reorientation of service culture. Managing Service Quality, 2005, 153.

附件 1：

临夏县文化建设及文化产业发展之现状和存在的问题

一、文化设施建设

（一）“三馆一中心”工程建设

该工程将图书馆、文化馆、博物馆和青少年活动中心合并建设。在县城东区即双城新城区征地 9.5 亩，总建筑面积 6026 平方米，新建框架结构五层双面综合楼 1 幢，内设球类活动室、舞蹈活动室、电子游艺室、儿童活动室、书报储藏室、资料室、棋类活动室、手工制作室、雕刻摄影展览室、书画展览室等。

“三馆一中心”综合楼工程建设是我县精神文明建设和小康文化建设的重大举措，它的开工修建标志着新城区建设，科技文化建设的全面启动，对提高全县广大人民群众的思想道德素质和科学文化素质，培养“四有”新农民，巩固农村思想文化阵地，推动全县社会又好又快发展奠定基础。

（二）乡镇综合文化站建设

2009 年实施的乡镇综合文化站项目有 5 个，项目资金由省上给每个文化站下拨项目资金 20 万元，县上配套 4 万元，建设面积在 300—350 平方米，共投入项目资金 120 万元，分别在马集、土桥、桥寺、莲花、坡头五个乡镇实施，截至年底均已完成建设任务并投入使用。

（三）“农家书屋”惠民工程建设

“农家书屋”项目由省新闻出版局出资配置图书 1223 个种类，1406 册，音像制品 85 种，117 张，赠送期刊 8 种，总价值超过 2300 元，州上给每个农家书屋配置书柜 6 个，阅览桌 3 张，椅子 12 把，县上配置三项制度牌并建立文体档案及电子档案。2008 年 50 个农家书屋建成并开展工作。2009 年经文体局多次与上级部门联系，在全州 424 家农家书屋新建指标中争取到 99 家农家书屋的建设指标，现正在实施当中。其余 72 个农家书屋指标正在争取。

（四）文化信息资源共享工程建设

文化信息资源共享工程主要运用数字化手段整合文化资源，通过互联网络、卫星传输、光盘下发等，是一项促进现代文明，传播先进文化，消除城乡数字鸿沟的有效载体。为了满足全县人民群众的文化需求，进一步改善县级图书馆的服务职能和水平，我县已向省文化厅上报了文化信息资源共享工程建设项目，争取得到国家和省财政支持，切实促进图书馆数字化建设，开展文化资源加工和文化资源共享工程。2009 年 11 月份派 2 名业务人员参加了甘肃省文化厅文化共享工程县级支中心培训班学习，并收到国家财政和省财政给每个县级支中心配备的 68 万元文化信息资源共享工程设备，现正在加紧实施当中。

（五）博物馆建设

县博物馆已经由县人民政府批准，县发改局立项，省文物局报请国家文物局，列为全州 4 个对外开放的博物馆之一。新建博物馆为双城新城区“三馆一中心”综合工程楼建设项目之一，建筑面积 846 平方米，将开设《历史文物》、《民俗文物》两个展厅，《历史文物》重点对出生于临夏县的河州“三马”进行史料展示，《民俗文物》展示民族书画，砖雕技艺，民族刺绣，葫芦雕刻，石刻碑记等，约需征集费 128.5 万元，正在向省、州、县领导汇报，积极争取资金开馆展览。

（六）非物质文化遗产项目管理和保护工作

在保护措施的落实过程中针对项目特点进行合理的开发利用，在不失其传统的前提下，开发特色化的文化产业，使文化遗产与经济建设和谐共存、互相促进、共同发展，其中，我县的《马五哥与尕豆妹》、《民间下方》、《金氏接骨术》等 3 个非遗项目已通过省州非遗部门的验收认证，并积极准备冲刺上报国家级非遗项目。

二、特色文化产业及产品

（一）尹集刺绣文化站

尹集镇文化站站长马秀兰领头创办的河州民族刺绣培训中心，是我县民间自发创办的第一家以挖掘民间传统刺绣工艺内容的文化产品实体。培训中心在挖掘、整理传统刺绣工艺的基础上，改进、推出民族刺绣产品 4 大类 100 多个花色品种。按照“公司 + 农户 + 基地 + 服务”的一条龙运作模式投入生产，农村妇女农忙干活、农闲刺绣、分散生产、集中包装，不受时间、场地、环境、气候等影响，使农村妇女足不出户，年增收入 3000 多元。公司与国内北京、上海、广州、南京等地客商签订了长期的供货合同，产品已远销国外，甚至打进中东市场。在从事刺绣工艺品加工的同时，公司还注重技术培训。目前，已通过劳务系统农民工技能渠道完成了本县西南片18个乡镇的民族刺绣家庭妇女劳务技能培训班30期1500人（次）。公司现有固定技术员580多人。民族刺绣培训中心的创办，不仅拯救了濒临失传的优秀民间刺绣艺术，同时也带动了文化产业的发展。

（二）临夏能成古典建筑装饰有限责任公司

临夏能成古典建筑装饰有限责任公司始建于1979年，公司于2000年引进了国内领先的故宫文物仿制技术中的软膜铸制技术，成功地研制出适合临夏砖雕批量生产的水泥软膜铸造工艺技术。该技术继承了临夏砖雕的传统文化底蕴，实现了临夏砖雕由传统的单件生产向现代化批量生产的转变，提高了产品的致密性和表面质量。水泥砖雕既是砖雕艺术的再现，更具有强度大、坚固耐用的特点，完美结合古朴的风格、生活的需求和艺术的美感。公司先后承建了兰州市水车园、五泉山公园、天沁神龙公司山庄、兰州白云观、西宁南山公园、青海湟中县康城清真大寺、塔尔寺、新疆库车公园、天池公园，伊利林则徐纪念馆和上海浦东红星房地产公司装饰等景观装饰工程。凭借产品精美的外观，低廉的价格，安装简便的优势，在市场销售中受到客户普遍好评，目前，公司年生产能力达到10000平方米。年产值达2000多万元。

（三）临夏神韵砖雕有限公司

临夏神韵砖雕有限公司至目前，已经发展成为一家集砖雕产品开发、设计、制作、培训、安装为主要业务的传统工艺砖雕公司。公司由临夏州砖雕艺术协会会长毛兴文担任董事长，副高级砖雕艺术师、国家级非物质文化遗产传承人沈占伟担任总设计、技术总监。公司已于2006年向国家商标局申请注册“河州砖雕”商标。在生产和发展中，公司以“诚信、求精、创新”为宗旨，牢牢把创新精品，打造品牌作为立身之本，发展之策，走科学发展、创新发展之路。在秉承临夏砖雕传统工艺的同时，大胆探索，勇于创新，取得了10多项创新成果，其中5项成果已向有关部门申报专利。同时，把创新求发展贯穿于公司生产经营的全过程，取得了显著的社会效益和经济效益。公司由于坚持自主创新，在临夏砖雕行业独占鳌头，在技术、工艺、设计、品牌上遥遥领先，在国内外声名远扬。同时，公司注重企业自身发展，不断扩大生产规模，提升产品档次，有力地带动了砖雕产业发展。公司将生产场地由原来的400多平方米扩大为6700多平方米，并改扩建了产品展览厅、设计室等。截至目前，公司先后培训了砖雕学徒30名，大多安排在本公司就业；公司现有一批技术精湛，技艺高超的骨干队伍，有员工80多名，年生产砖雕产品5000平方米、砖雕艺术品1000多件，砖雕专用砖50000块，产值920万元。公司的不断发展壮大，促进了砖雕特色经济发展步伐，带动了相关产业的发展，有效增加了旅游资源，传承和发扬了传统文化，增加了社会就业岗位和农民收入，产生了显著的经济效益和社会效益。

（四）临夏葫芦雕刻

雕刻葫芦是临夏地区民间文化艺术手工艺品的典型代表，是具有独特风格的艺术产品。2006 年，经临夏市制作申报，雕刻葫芦被列入第一批甘肃省非物质文化遗产名录。葫芦雕刻艺人广泛散布于我县北塬地区及临夏市和永靖县。目前，临夏市工艺美术公司和临夏县桥寺乡江川村是临夏雕刻葫芦的主要生产加工基地，每年生产加工雕刻葫芦 10 万个，收入达 100 多万元。我县桥寺乡江川村，雕刻葫芦已成为该村的一大产业，形成了雕刻葫芦的种、产、订单销售网络，产品供不应求。全村现有 80 户 120 多人从事葫芦雕刻，年雕刻葫芦 8 万个，经济收入达 60 多万元，户均 7500 元。2007 年生产雕刻葫芦 6000 多件，产值 70 多万元。我县的葫芦产品的兴起是自非物质文化遗产保护工程实施以来带动地方经济发展的典型例证。

三、文化产业存在的困难和问题

（一）砖雕方面

1. 缺乏理论研究

临夏作为临夏砖雕艺术的发祥地，至今没有专门从事砖雕艺术研究的人才，也没有一部专门研究砖雕的专著。近几年散见于报刊的零星研究砖雕的文章，没有触及砖雕的实质性问题，而是仅仅描摹砖雕的皮毛而已，一鳞半甲，一叶障目，很稚嫩，很肤浅。没有把砖雕研究从建筑学、民族学、历史学等深层学科的角度予以调查研究，因而至今还未搞清砖雕的历史渊源，砖雕的民族属性，砖雕与木雕、石雕、彩绘的源流等问题。

2. 没有响亮的品牌

“河沿面片”源自临夏广河人，在洮河沿经营的小饭馆，因价廉实惠受到顾客的青睐一举成名，并成为一个响亮的饮食品牌而风靡西北。具有千年传承历史的砖雕艺术，至今却没能创出一个属于自己的文化品牌。正如临夏砖雕工程技术研发中心主任、能成古典装饰公司经理成小娇所言，理论和学术研究上的空缺，让临夏砖雕的发展一直处于一个低水平，低档次的阶段。

3. 艺人出现“断代”

新中国成立以来，由于长达 30 年的冷落与沉寂，临夏砖雕艺术的传承与其他艺术的传承一样，也发生了严重的“断代”，一些砖雕大师后继乏人，例如东公馆砖雕制作者，著名砖雕大师绽成元孙辈中，已无从事砖雕者。加之从事砖雕环境恶劣，体力消耗大，收入较低，一些原来著名砖雕匠人的后代已不再从事这一祖传行业而另谋出路，致使一些优秀的砖雕技艺濒临失传。

4. 缺乏艺术素养

临夏砖雕作为一种知识和技艺相辅相成的艺术门类，要求该行业的人员，要有一定的文化和艺术素养，要懂得诗文、绘画、选题、构图、布局、修饰、安装等全部砖雕工序。据调查在临夏从事砖雕的 2500 多人中，没有一个高中学历，也没有一个“全能”的砖雕艺人，因而造成题材、绘图、雕刻、修饰、加工、安装等环节相互脱节的现象，成为分段“流水”作坊式作业，成品“匠气”有余，艺术成分不足。从而破坏了传统砖雕所要求的一气呵成的创作过程，砖雕作品整体缺乏风格上的统一性和连贯性，也缺乏传统砖雕生动的艺术氛围和气韵。

（二）民间刺绣和葫芦雕刻方面

桥寺乡葫芦雕刻和尹集镇民间刺绣有一个共同点：虽然都有固定的加工区域，但属于家庭式的零星小作坊生产，自产自销，没有形成规模，也没有形成经济产业链，因此，只能称作文化产品，不能称其为文化产业。从产业开发的角度分析，政府缺乏统一的规划、协调指导和有效地支持，不适应市场经济发展的需求。

四、今后的发展建议

（一）由政府倡导，砖雕协会和砖雕企业具体实施，培养和造就一批对砖雕文化有兴趣，有感情的文化工作者，对砖雕文化进行全方位的挖掘、开发，研究其深厚的文化底蕴和内涵，提升其文化品位及艺术价值，扩大临夏砖雕在全国的影响力，争创砖雕文化品牌。

在砖雕企业中引进艺术院校和建筑工程技术学院大中专毕业生，让他们发挥各自特长，在实践中得到锻炼，还要积极引进、聘请省内外知名专家来培养技术人才，在科技创新中发现人才，凝聚人才，为现有的企业管理人员、技术人员创造学习机会，提高他们的自主创新能力，技术研发能力，激励他们创造出更多核心技术成果，从而彻底解决砖雕生产品种单一，设计守旧，材质较差，包装落后的问题，才能实现砖雕产业由量变到质变的飞跃。

要按照科学发展观的要求，立足当前，着眼长远，与省内外相关高等院校，科研院所建立长期稳定的技术合作关系，重点在技术、人才、资金、项目等方面进行多层次的合作，实现科研、网络技术等科技资源的共享。加大在科研仪器设备的投入力度，改进技术研发硬件条件。通过有力的资金和科研设备支持，增强科研及开发能力，更好地为砖雕产业发展提供技术服务，运用现代工业技术改造和提升砖雕传统工艺，增加产品种类，扩大生产规模，促进砖雕产业向规模化、综合化、集约化方向发展。

（二）建议开发双城园区文化产业园，以临夏砖雕作为文化产业龙头企业，将民间刺绣、葫芦雕刻、枹罕奇石、木雕、彩绘、仿陶等纳入文化园区建设，统一规划，统一布局，把这些民间艺术推向市场，打造文化品牌，扩大产业规模，形成文化经济链条，将文化产业园区建成文化产业制作销售基地，展览展示中心，研发与观摩于一体的重点旅游景区。只有这样，才能大大提高临夏县的知名度和影响力，而且还为我县经济发展旅游和文化产业必将产生巨大的推动作用。

临夏县文化体育局
2010 年 3 月 17 日

附件 2：

临夏砖雕产业发展现状之思考

一、临夏砖雕历史渊源与现状

临夏砖雕有着悠久的历史，源于宋金，成熟于明清。1980 年，在临夏县南龙乡发掘出土一座金代砖墓，距今已有 800 多年的历史，从墓内出土了大量砖雕作品。其中的《龙腾图》、《仕女图》、《飞天》等，雕刻技术已经达到相当高的水平。临夏砖雕分为刻雕、捏雕、仿雕三种，构图新颖生动，刻工精细，技法多样，层次分明。尤其是多层次的雕刻，即“浅浮雕”、“高浮雕”、“阳浮雕”，如同绘画中的近、中、远景一般，透视分明，是临夏砖雕的精华之所在。一幅砖雕，往往由三四层图案构成，重重叠叠，内外呼应，宛如一刀刻成，给人以强烈的立体感。临夏砖雕还讲究和主体建筑的风格统一和谐。常常因物设图，从内容到形式都与建筑物浑然一体。临夏红园和东公馆是河州砖雕艺术保存最完整的地方。

随着改革开放，经济的快速发展，人民生活的不断提高，建筑业的蓬勃兴起，城市建设和宗教场所、民居庭院、公园酒楼、文化广场、旅游景点对砖雕产品的需求量空前增加，一批砖雕艺人迅速成长起来，砖雕产业已初步形成，前景非常看好。

二、近几年临夏砖雕产业发展动态

近两年来，州委、州人大、州政府、州政协主要领导对发展临夏砖雕产业十分重视，先后多次组织有关部门，深入实地，认真考察，调查研究，对如何加快发展临夏砖雕产业提出了许多宝贵的、指导性的意见，有力地推进了砖雕产业的发展。

为了保护、传承和发展临夏砖雕这一传统艺术，由临夏县人民政府首先着手对这一文化遗产进行了翔实的调查、论证，经县文化馆组织申报，2006 年被国务院列入第一批国家级非物质文化遗产名录。

为提升临夏砖雕的知名度和市场竞争力，州商务局组织临夏砖雕参加了 2005 年第十三届中国兰州投资贸易洽谈会，2006 年 8 月临夏回族自治州成立五十周年名优特新产品展，同年 8 月下旬省商务厅主办的“多彩甘肃，精品陇原”展。10 月上旬参加了第 100 届广交会，临夏砖雕受到国务院总理温家宝、副总理吴仪等领导的关注。

2007年7月，临夏州砖雕艺术协会成立。2008年1月州砖雕协会举办临夏州首届砖雕艺术品展品会。2008年5月临夏县委、县政府与州科技局，邀请省城高校部分专家召开临夏砖雕产业发展座谈会。

2009年6月，临夏砖雕与庆阳香苞绣制，酒泉夜光杯雕一道作为甘肃省有代表性的非物质文化遗产，参加成都国际“非遗节”。

近年来，临夏县全力实施特色经济发展战略，加强特色文化产业开发，着力打造经营性文化拳头产品，推动传统优势转化为经济优势，按照“小产品、大市场”的产业开发思路，从砖雕艺人技艺的传承保护、提升传统工艺水平、解决“小而散”问题、走好深度开发和规模化生产的路子入手，广泛开展招商引资，成功引进了临夏能成古典建筑装饰工程有限责任公司和神韵砖雕有限公司。最近能成公司申报了临夏砖雕软膜复制技术开发工程项目，神韵公司申报了临夏砖雕机电一体化项目。为了挖掘和发展这一优势资源，积极为企业的生产发展创造条件，不断扶持壮大砖雕企业生产规模。在加大砖雕产业园的建设进度、推进砖雕产业的上档升级的基础上，狠抓技术培训和销售网络建设，积极开发砖雕新艺术新技法。建成以电脑辅助设计、雕刻为主的能成高技术雕刻车间，实现传统工艺的高位嫁接改造，力争达到规模化生产，产业化开发。同时，县上去年3月下旬积极帮助解决砖雕企业人才匮乏的问题，对260名农民工进行了砖雕技能培训，为年底实现砖雕产值1.03亿元奠定了基础。

三、临夏砖雕产业发展中存在的问题

临夏砖雕是一种文化产品，文化产品的发展壮大离不开文化的挖掘和开发。有着悠久文化传统的临夏砖雕艺术面临的却是文化的空缺和艺人的断代。

临夏作为临夏砖雕艺术的发祥地，至今没有专门从事砖雕艺术研究的人才，也没有一部专门研究砖雕的专著。近几年散见于报刊的零星研究砖雕的文章，没有触及砖雕的实质性问题，而是仅仅描摹砖雕的皮毛而已，一鳞半甲，一叶障目，很稚嫩，很肤浅。没有把砖雕研究从建筑学、民族学、历史学等深层学科的角度予以调查研究，因而至今还未搞清砖雕的历史渊源，砖雕的民族属性，砖雕与木雕、石雕、彩绘的源流等问题。

“河沿面片”源自临夏广河人，在洮河沿经营的小饭馆，因价廉实惠受到顾客的青睐一举成名，并成为一个响亮的饮食品牌而风靡西北。具有千年传承历史的砖雕艺术，至今却没能创出一个属于自己的文化品牌。正如临夏砖雕工程技术研发中心主任、能成古典装饰公司经理成小娇所言，理论和学术研究上的空缺，让临夏砖雕的发展一直处于一个低水平，低档次的阶段。

新中国成立以来，由于长达30年的冷落与沉寂，临夏砖雕艺术的传承与其他艺术的传承一样，也发生了严重的“断代”，一些砖雕大师后继乏人，例如东公馆砖雕制作者，著名砖雕大师绽成元孙辈中，已无从事砖雕者。加之从事砖雕环境恶劣，体力消耗大，收入较低，一些原来著名砖雕匠人的后代已不再从事这一祖传行业而另谋出路，致使一些优秀的砖雕技艺濒临失传。

临夏砖雕作为一种知识和技艺相辅相成的艺术门类，要求该行业的人员，要有一定的文化和艺术素养，要懂得诗文、绘画、选题、构图、布局、修饰、安装等全部砖雕工序。据笔者调查在临夏从事砖雕的2500多人中，没有一个高中学历，也没有一个“全能”的砖雕艺人，因而造成题材、绘图、雕刻、修饰、加工、安装等环节相互脱节的现象，成为分段“流水”作坊式作业，成品“匠气”有余，艺术成分不足。从而破坏了传统砖雕所要求的一气呵成的创作过程，砖雕作品整体缺乏风格上的统一性和连贯性，也缺乏传统砖雕生动的艺术氛围和气韵。

四、临夏砖雕产业发展的建议

由政府倡导，砖雕协会和砖雕企业具体实施，培养和造就一批对砖雕文化有兴趣，有感情的文化工作者，对砖雕文化进行全方位的挖掘、开发，研究其深厚的文化底蕴和内涵，提升其文化品位及艺术价值，扩大临夏砖雕在全国的影响力，争创砖雕文化品牌。

在砖雕企业中引进艺术院校和建筑工程技术学院大中专毕业生，让他们发挥各自特长，在实践中得到锻炼，还要积极引进、聘请省内外知名专家来培养技术人才，在科技创新中发现人才，凝聚人才，为现有的企业管理人员、技术人员创造学习机会，提高他们的自主创新能力，技术研发能力，激励他们创造出更多核心技术成果，从而彻底解决砖雕生产品种单一，设计守旧，材质较差，包装落后的问题，才能实现砖雕产业由量变到质变的飞跃。

要按照科学发展观的要求，立足当前，着眼长远，与省内外相关高等院校，科研院所建立长期稳定的技术合作关系，重点在技术、人才、资金、项目等方面进行多层次的合作，实现科研、网络技术等科技资源的共享。加大在科研仪器设备的投入力度，改进技术研发硬件条件。通过有力的资金和科研设备支持，增强科研及开发能力，更好地为砖雕产业发展提供技术服务，运用现代工业技术改造和提升砖雕传统工艺，增加产品种类，扩大生产规模，促进砖雕产业向规模化、综合化、集约化方向发展。到2015年，实现全县砖雕企业产值2.8亿元。

通过上述措施的逐步落实，临夏砖雕不仅会大大提高自身的知名度和影响力，而且会为临夏经济发展和旅游、文化产业将带来强有力的推动作用！

临夏县文化体育局
2011年8月10日

后　记

文化作为一个民族的灵魂，是国家和地区持续、协调、全面发展的重要内容和精神动力。现实中，不同地区的社会公众对公共文化产品和服务的需求不同。特别是在多民族聚居的地区，由于受民族、历史、经济状况、风俗习惯的影响，不同族众对公共文化产品和服务的需求存在巨大的差异性。如何根据民族地区不同公众的需求提供令人满意的公共文化产品和服务是公共文化服务体系建设中必须面对和解决的问题。

本课题在中央民族大学管理学院“985工程”经费的资助下，开展对民族地区公共文化建设的研究。主要运用访谈、问卷调查等方法来发现民族地区公共文化建设中存在的问题。在课题组负责人申请项目和拟定研究框架之后，吸收了课题组成员马子博、向星、张薇、李玉莹、杜建卿、卢婷玉、罗娟、张璐、李虹、罗娟等。具体写作分工如下：

导　论、第一章、结　语　周晓丽

第二章　周晓丽、马子博、杜建卿、向星、张薇、李玉莹等

第三章　周晓丽、李虹、张璐

第四章　卢婷玉、罗娟

第五章　马子博

可以说，没有课题组成员的积极参与和有效合作，就没有课题的顺利完成。所有的课题参与人员共同开展课题资料的收集整理、分工进行调查研究和写作，最终才使课题顺利完成，在此表示衷心的感谢！

另外要感谢调研过程中各地方相关领导和工作人员的大力支持和配合，使我们能够更加有效地获取相关资料，保证课题的顺利完成。

由于时间和本人的能力有限，书中疏漏和不足之处还请各位专家和读者见谅。同时对课题研究中提供帮助的相关组织和人员表示深深的谢意！

课题负责人：周晓丽

2013年10月10日